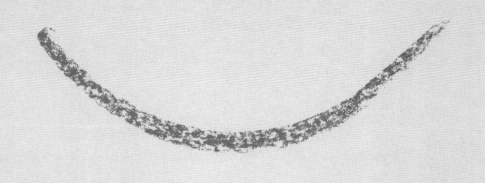

Yves de La Taille

Humor e tristeza:
O direito de rir

Capa	Fernando Cornacchia
Foto de capa	Rennato Testa
Coordenação	Ana Carolina Freitas e Beatriz Marchesini
Copidesque	Beatriz Marchesini
Diagramação	DPG Editora
Revisão	Edimara Lisboa, Isabel Petronilha Costa e Julio Cesar Camillo Dias Filho

Dados Internacionais de Catalogação na Publicação (CIP)
(Câmara Brasileira do Livro, SP, Brasil)

La Taille, Yves de
    Humor e tristeza: O direito de rir/Yves de La Taille. – Campinas,
SP: Papirus, 2014.

Bibliografia.
ISBN 978-85-308-1146-4

1. Humor 2. Humor (Psicologia) 3. Tristeza 4. Psicologia – Aspectos
morais e éticos I. Título.

14-07012   CDD-158.1

Índice para catálogo sistemático:

1. Humor e tristeza: Psicologia aplicada   158.1

1ª Edição – 2014

Exceto no caso de citações, a grafia deste livro está atualizada segundo o Acordo Ortográfico da Língua Portuguesa adotado no Brasil a partir de 2009.

Proibida a reprodução total ou parcial da obra de acordo com a lei 9.610/98.
Editora afiliada à Associação Brasileira dos Direitos Reprográficos (ABDR).

DIREITOS RESERVADOS PARA A LÍNGUA PORTUGUESA:
© M.R. Cornacchia Livraria e Editora Ltda. – Papirus Editora
R. Dr. Gabriel Penteado, 253 – CEP 13041-305 – Vila João Jorge
Fone/fax: (19) 3272-4500 – Campinas – São Paulo – Brasil
E-mail: editora@papirus.com.br – www.papirus.com.br

Sumário

Introdução 7

Riso, humor e tristeza 11

O direito de rir. 139

Referências bibliográficas. 251

Introdução

O pequeno livro sobre o riso e o humor que agora submeto ao leitor nasceu de um interesse, de um desejo e também de uma preocupação.

O *interesse*. Sempre apreciei as boas comédias, as piadas inteligentes, os chistes criativos, as caricaturas reveladoras e outras formas mais de humor. E, já na década de 1990, comecei a me interessar pelo que os estudiosos do riso e do humor haviam escrito. Assim, sem critério especial, comprei alguns livros que achei por acaso em livrarias. Por exemplo, o livro de Françoise Bariaud (que, por coincidência, viria a conhecer pessoalmente depois num contexto de cooperação científica) sobre a gênese do humor na criança, o de Robert Escarpit sobre o humor em geral, o de Marcel Pagnol sobre o riso, o de Georges Minois sobre a história do riso e da irrisão, e outros mais. Mas, na época, totalmente dedicado às minhas pesquisas e reflexões na área da psicologia moral, não tinha a intenção de dar a minha contribuição acadêmica pessoal sobre o tema. Porém, em 2009, ousei considerar a possibilidade de dar tal contribuição. Reli então os textos já referidos e li vários outros a fim de me equipar para a nova empreitada. Mas por que essa decisão?

O *desejo*. Ao longo dos anos 1990 e 2000, tive como foco de meu trabalho a elaboração de uma perspectiva teórica que batizei de *Personalidade ética*. Publiquei em 2006 um livro – *Moral e ética: Dimensões intelectuais e afetivas* (Artmed) – que continha os elementos teóricos e empíricos dessa abordagem. Decidi então, de certa forma, "testar" a perspectiva teórica

Humor e tristeza | 7

por mim construída com a colaboração de outros autores, procurando verificar se, com ela, seria possível fazer uma leitura crítica da cultura contemporânea chamada de pós-modernidade. Esse "teste" deu origem ao livro *Formação ética: Do tédio ao respeito de si* (Artmed, 2009). Ora, a decisão de me debruçar sobre o riso e o humor nasceu, além do meu interesse de longa data pelo tema, do mesmo desejo de verificar se a perspectiva teórica por mim adotada poderia servir para lançar algumas luzes sobre, por exemplo, as razões pelas quais os seres humanos riem, as motivações de quem decide criar obras de humor, as dimensões morais do humor e outras facetas mais do meu novo objeto de reflexão. Mas não foi apenas por motivos acadêmicos que refleti sobre o riso e o humor: é também porque o seu lugar na cultura atual me preocupa.

A preocupação. Eu já havia escrito o livro *Formação ética: Do tédio ao respeito de si* não somente com o objetivo de empregar conceitos e análises que me são caros para pensar a cultura contemporânea, mas também porque tal cultura apresentava, para mim, várias dimensões ética e moralmente inquietantes: por exemplo, o culto das celebridades, o hiperconsumismo, o afã de tudo se transformar em espetáculo, as estatísticas de depressão e suicídio, a vaidade, o tédio, a violência e outros elementos mais. Ora, em relação ao riso e ao humor, outras preocupações estão presentes, preocupações estas, aliás, que estão relacionadas àquelas que analisei no livro que acabo de citar. Fico perplexo, por exemplo, com a onipresença do humor na mídia, que criou até canais de televisão por assinatura a ele exclusivamente dedicados. Fico incomodado com a oposição sem nuances entre aqueles que afirmam que os humoristas não têm responsabilidade social, que se pode rir de tudo, de todos, e de qualquer jeito, que, afinal, "uma piada é apenas uma piada", e aqueles outros, chamados pejorativamente de *patrulheiros* ou de *politicamente corretos*, que se arrepiam a cada piada sobre portugueses, a cada esquete que tenha mulheres como objeto, a cada charge que tenha uma celebridade como alvo. Fico indignado quando reparo que muitos empregam a alegação de que fazem coisas "para rir" ou "de brincadeira" para tornar anódinas humilhações e injúrias cometidas. E também fico desconfortável com o humor que hoje em dia domina a cena cultural: confesso, rio cada vez menos.

Desse interesse, desse desejo e dessa preocupação nasceu então o livro que hoje entrego à crítica do leitor. Ele é composto de dois capítulos. No primeiro procuro analisar a dimensão ética do humor por intermédio de sua relação com o sentimento de tristeza. No segundo, dedicado ao que chamo de "direito de rir", meu objetivo não é escrever uma espécie de código que resolva normativamente a questão, mas sim apresentar critérios morais, sociais e políticos para balizar o referido direito. No final de cada um dos dois capítulos, proponho ao leitor uma rápida avaliação do riso e do humor na contemporaneidade, na qual falo de minha perplexidade e de minha preocupação acima referidas.

Antes de abrir o primeiro capítulo, preciso ainda ocupar um pouco o tempo do leitor com dois esclarecimentos.

O primeiro é a definição dos termos *ética* e *moral* assumida no livro: por convenção, e seguindo autores como Ricoeur (1990), Savater (2000) e Willians (1990), reservo o conceito de ética ao tema da *vida boa* (a pergunta ética é "que vida eu quero viver?") e o conceito de moral ao tema dos deveres (a pergunta moral é "como devo agir?"). A opção que acabo de explicitar foi adotada por uma razão de ordem psicológica decorrente de meus estudos sobre a moralidade.

O segundo esclarecimento diz respeito à definição de humor que será adotada. Alguns autores reservam o conceito de humor a uma categoria especial das criações que fazem rir. Por exemplo, André Comte-Sponville (1995) opõe humor a ironia; para ele, o humor seria *amoroso* e a ironia *maldosa*, arma para ferir quem dela é objeto. Para outro autor, Lucien Guirlinger (1999), ironia e humor não se opõem, mas se complementam e levam ao pensamento filosófico: a primeira etapa seria a da ironia que nos permite a tomada de consciência crítica, a segunda seria a do humor como sublimação da contrariedade provocada pela ironia, e, finalmente, a terceira etapa seria a da filosofia entendida como adesão refletida ao ser. Citemos ainda Jean Marc Moura (2010), que não vê oposição entre criações que fazem rir nem as coloca em hierarquia, mas se limita a classificá-las em oito categorias: humor, espírito, ironia, sátira, piada, nonsense (absurdo), sarcasmo e cinismo. No início de minhas reflexões até pensei em empregar diferenciações como as declinadas por Moura, mas logo desisti e acabei concordando com Robert Escarpit (1960) – que intitula a introdução de seu livro "Por que não podemos definir o humor" – e com Eric Blondel (1988) quando nos faz notar que, se consultarmos os especialistas, os dicionários e os filósofos para saber o que significa a palavra *humor*, teremos muita sorte se conseguirmos alguma clareza a respeito do termo. Como não tive essa *sorte*, resolvi chamar de humor (e não sou o único a fazê-lo) qualquer criação humana que tem o objetivo de nos fazer rir. Logo, chistes, ironias, sátiras, piadas, nonsense, sarcasmo, entre outros mais, serão considerados como formas de humor no livro que acabo, agora, de introduzir.

Riso, humor e tristeza[*]

---

[*] Serão citados em francês os nomes das obras, mesmo quando houver edição em português, sempre que tais tiverem sido as fontes consultadas. (N.E.)

Não terá passado despercebida de ninguém a estranha proximidade entre dois opostos: rir e chorar. São opostos porque, enquanto o riso costuma remeter ao prazer e à alegria, o choro evoca dor e tristeza. Porém, emprega-se a expressão "chorar de rir", que traduz uma realidade biológica: às vezes, de tanto rir, as lágrimas vêm aos olhos. Há também certa semelhança entre os espasmos que caracterizam o riso e aqueles do choro; tanto é verdade que, ao ver alguém com tais espasmos, podemos não saber ao certo se está rindo ou chorando.[1] E notemos que há casos nos quais choro e riso sucedem-se em questão de segundos ou se superpõem. É o caso das pessoas que choram de alegria: choram e riem ao mesmo tempo. É também o caso das pessoas que acabaram de passar por um grande susto: o medo as fez chorar, mas, ao perceberem que nada de mais grave havia acontecido, o riso entremeia-se ao choro ainda persistente. Tal cena se produz com frequência nas crianças, esses seres que choram e riem muito.

---

1. No filme *Vida de cachorro*, de Charles Chaplin, há uma cena na qual Carlitos começa a rir, pois interpreta o choro da pessoa que está ao lado dele como risada. O engano de Carlitos faz eco à dúvida do espectador: ficamos também sem saber ao certo se a personagem ri ou chora. No final da cena compreendemos que se trata de tristeza porque o chorão se zanga com a má interpretação do vagabundo.

Porém, todos sabem, ou pelo menos intuem, que a relação chorar/rir é humanamente mais profunda do que uma coincidência biológica, fisiológica ou apenas devida a emoções básicas, como o medo.

Estados de espírito de quem ri

A distinção e a oposição entre *riso positivo* e *riso negativo*, que devemos a Marcel Pagnol (1990) – ele mesmo humorista de talento –, podem ser entendidas de duas formas. Uma delas é moral: rir de um chiste bem elaborado não apresenta problemas morais; contudo, rir da desgraça alheia, sim. Tratarei dessa delicada questão no próximo capítulo, dedicado ao *direito de rir*. A outra é ética: que lugar ocupa o riso nos sentimentos do sujeito que ri.

Vejamos situações em que, do ponto de vista do sujeito, o riso pode ser considerado positivo.

Quase todas elas correspondem a diversas situações de alegria. Digo *quase todas* porque cenas estranhas podem causar riso (por exemplo, uma voz bizarra, certos comportamento animais, o quique inesperado de uma bola etc.) e, nesses casos, não é a alegria que está em jogo. Tampouco se trata necessariamente de alegria quando o riso é desencadeado por alguma forma de humor; tanto é verdade que até uma pessoa em estado de tristeza poderá rir de um bom chiste ou de uma boa piada. Mas voltaremos ao humor, tema central do presente texto, mais adiante. Antes vejamos algumas situações de alegria que causam o riso e, depois, algumas situações opostas que também levam as pessoas a rir.

A satisfação motivada por algum sucesso é uma das fontes mais frequentes do riso: quando alguém obtém boas notas num exame, vence uma partida ou prova esportiva, ganha um prêmio ou é homenageado, consegue ser eleito para algum cargo, vê seu time conquistar um título etc. Em tais casos, como em outros semelhantes, o riso é causado por um sentimento de superioridade, sentimento este escolhido por muitos autores como motivação incontornável do riso (voltarei a esse importante tema). Mas a alegria pode vir de outras causas, como, por exemplo, ter recebido uma boa notícia, participar de uma festa, estar entre amigos, entre familiares, reencontrar alguém que não se vê há muito tempo, apreciar uma boa comida e uma boa bebida, celebrar uma data importante, e assim por diante. Outro exemplo de riso positivo é aquele chamado por Eugène Dupréel (1949) de *riso de acolhimento*. Trata-se do riso alegre com o qual os membros de um grupo acolhem outro membro que aparece de repente. É também aquele que, provocado por alguma cena inusitada, surge entre pessoas reunidas que não se conhecem, o qual cumpre a função de "quebrar o gelo" e aproximá-las, transformando-as momentaneamente num pequeno grupo, por mais efêmero que ele seja. Com efeito, o "rir junto", expressão de cumplicidade, é poderoso meio de aproximação social. Podemos terminar os exemplos de alegria lembrando o simples bom humor que leva a pessoa a rir mesmo sem motivo preciso: nesse caso, diz-se que a pessoa "ri à toa".

Paradoxalmente, o riso pode advir de situações opostas às que acabamos de citar.

Vimos que o orgulho decorrente de um sucesso pode provocar o riso: ora, como bem notou Charles Darwin (1998) em seu estudo sobre a expressão das emoções, a vergonha, oposta ao orgulho, também pode ser causa de riso em quem a experimenta: trata-se de um riso forçado, de uma forma de disfarçar o sentimento negativo perante outrem. A timidez e a insegurança, que certamente não são motivos de alegria, mas sim de desconforto, também causam o riso em alguns indivíduos: por exemplo, veem-se pessoas, mais frequentemente mulheres, fazerem acompanhar as suas falas, seja qual for o assunto, mesmo o mais sério, de repetidas pequenas risadas. Tal fenômeno poderia ser interpretado como tentativa de expressão de simpatia para com o ouvinte (nesse caso, o riso seria positivo), mas creio eu que geralmente se trata de expressão de insegurança, como se quem ri passasse a seguinte mensagem: antes que vocês riam do que eu falo, eu mesmo já rio. Trata-se de riso negativo, pois exprime algum sentimento penoso – oposto à alegria, portanto.

Outro exemplo de riso negativo é aquele que pode ser chamado de "histérico", por traduzir-se pela expressão exagerada e incontrolada da emotividade: a raiva e a frustração podem assim ser expressas pelo riso. Por exemplo, Sempé, grande cartunista francês que passou a infância entre um pai e uma mãe que brigavam cotidianamente a socos, conta que durante algumas dessas cenas bélicas lhe acontecia de rir desbragadamente. Acabemos nossos exemplos com mais uma oposição: ao riso de acolhimento opõe-se o *riso de exclusão* (Dupréel 1949), aquele que um grupo faz soar para mostrar a alguém que o acham ridículo. Dupréel dá o exemplo de um grupo de autóctones que riem de turistas que se perdem em algum beco sem saída. Podemos dar outro: membros de uma torcida que riem da tropeçada de um jogador da equipe adversa. Alguém poderá aqui dizer que, nesses exemplos de riso de exclusão, quem ri está alegre em razão das desventuras alheias e que, portanto, estaríamos perante um riso positivo. É verdade que tal alegria pode existir, porém, acompanhada de desprezo e até mesmo de ódio, que são sentimentos negativos. Logo, há razoável diferença entre rir de algum sucesso ou de alguma boa notícia, em uma situação prazerosa – situações de pura alegria nas quais nenhum sentimento negativo está presente –, e rir das desgraças alheias, o que revela, no mínimo, uma mistura de alegria e raiva ou desprezo. A mesma coisa pode ser dita da insolência, que não raramente se traduz por pequenas risadas cujo caráter maldoso é conscientemente explicitado por quem as manifesta. Se na risada da insolência pode haver algum átomo de alegria, ela certamente revela mais contrariedade do que satisfação. Falta falar do pior dos risos negativos, que chamarei de *riso de humilhação*: aquele que é manifestado quando da humilhação de alguém ou de um grupo e que também é fruto de um sentimento de ódio ou forte inveja em relação à pessoa rebaixada.

Em resumo, o riso pode decorrer de um estado de espírito eufórico, mas também de um estado de espírito disfórico ou no qual euforia e disforia estão juntas. Dito com outros termos, o riso pode tanto acompanhar a alegria quanto sentimentos estranhos a ela: vergonha, ódio, raiva, insegurança, insolência, inveja, entre outros.

Pode-se então falar que o riso pode provir tanto da alegria quanto da tristeza?

O conceito de tristeza não é científico, logo não é claramente definido a não ser por uma referência vaga a um estado de espírito que causa sofrimento psíquico. O envergonhado, o inseguro, o raivoso estarão tristes quando da experiência desses sentimentos? Creio que podemos dizer que sim, pois tais sentimentos correspondem a estados de infelicidade. Sempé (2011, p. 36), disse que às vezes ria quando "estava estranhamente infeliz". Ora, de quem padece de infelicidade, passageira ou crônica, pode-se dizer que está triste.

Chegamos, portanto, a uma primeira conclusão: ri-se na alegria e ri-se na tristeza, o que torna o riso uma reação e um comportamento importantes para o plano ético, plano este que justamente diz respeito ao usufruto, ou não, de uma *vida boa*. Todavia, é no humor, e não apenas em reações isoladas, que a relação entre alegria e tristeza encontra seu mais importante e significativo aspecto, que deverá nos ajudar a compreender melhor o lugar paradoxal do riso. Para tanto, vamos deixar de pensar no sujeito que ri para nos debruçarmos sobre o objeto que o faz rir e sobre os criadores desse objeto.

Humor e tristeza: Indícios

O humor é uma das causas mais poderosas e frequentes do riso (ou do sorriso). Sua particularidade, que a distingue das outras causas, é ser fruto de uma *criação* (que pode até ser involuntária).

Tal criação pode ser, por assim dizer, espontânea: é quando alguém, subitamente inspirado por algo que viu ou ouviu, profere uma sentença espirituosa ou faz um gesto engraçado. A ironia é frequentemente usada nesse tipo de situação. Mas pode também ser uma zombaria ou um trocadilho como este, atribuído por Freud (1940) a uma senhora italiana que, diante do comentário de Napoleão Bonaparte de que *"Tutti gli Italiani ballano cosi male"*, teria respondido: *"Non tutti, ma buona parte"*. Um segundo antes de Napoleão fazer a sua crítica à qualidade dos dançarinos italianos, a senhora em questão não tinha a mínima ideia do que diria um segundo depois.

Ao lado das intervenções humorísticas espontâneas, há as obras pacientemente elaboradas para fazer rir: piadas, comédias, chistes, imitações, crônicas, pantomimas, esquetes, letras de música, poemas, sátiras, programas de televisão, caricaturas etc. Alguns fazem desse tipo de humor uma exclusividade profissional, seja na escrita, seja como atores, ou ambos. Outros o fazem às vezes, pois suas obras vão para além das fronteiras do humor.

Vejamos agora, por intermédio de alguns *indícios*, como o sentimento de tristeza está às vezes intimamente associado ao humor, deixando de lado obviamente o humor espontâneo, do qual poucos exemplos foram registrados na literatura.

Comecemos por falar dessa personagem universal que une intimamente nela própria o riso e o choro, o cômico e o trágico, a alegria e a tristeza: o *palhaço*. Será nosso primeiro indício.

O palhaço

Edith Piaf, grande cantora francesa, interpretava uma canção intitulada "Bravo pour le clown" ("Bravo para o palhaço", escrita por Henri Contet e Louis Louiguy Guglielmi), cuja letra ilustra bem os lados cômicos e trágicos do palhaço.

Canta ela:

O palhaço é ridículo
Seu nome se escreve em bofetões maiúsculos
(...) Pelo seu nariz que se ilumina, Bravo!
Pelos seus cabelos depenados, Bravo!
Você come pratos
Sentado num jato d'água
Você rói palhetas
Torto num barril.

Tais versos evocam o lado risível do palhaço, que se expressa tanto na maquiagem que o torna identificável quanto nas suas ações. Há o inevitável nariz vermelho, os lábios também vermelhos, faces pintadas de várias cores, sem contar os trajes extravagantes, o chapéu ridículo, os cabelos espetados e os sapatos desmedidos. Quanto a suas ações, embora algumas demonstrem habilidades raras (tocar vários instrumentos, malabarismos, equilíbrio etc.), trata-se quase sempre de trapalhadas, quedas, bofetões, água ou tinta derramadas – enfim, situações que sublinham o caráter desastrado da personagem.

E a plateia ri.

Mas o palhaço não ri!

Pelo contrário, ele parece triste. Aliás, do que riria? Das desgraças que lhe acontecem? A rigor, não é ele quem faz rir intencionalmente. São seu aspecto grotesco e as coisas que lhe acontecem à sua revelia que despertam as risadas. Às vezes o palhaço é representado como um ingênuo, que nem ficaria triste por não entender o que com ele se passa. Mas pode-se representá-lo consciente de sua desgraça. A letra cantada por Piaf acentua esse cenário:

A multidão com suas grandes mãos

Pendura-se nas suas orelhas

Rouba-lhe os prantos

Seu coração despedaçado

Não pode entristecê-la

É então que ela aplaude

A sua vida fracassada.

Se os primeiros versos cantados por Edith Piaf remetem ao palhaço cômico, estes últimos falam de outra figura clássica: a do *palhaço triste*, cuja maquiagem é composta de lábios e sobrancelhas caídas, uma lágrima desenhada debaixo do olho. Note-se, aliás, que não raramente os atores que representam palhaços misturam, na sua maquiagem, elementos de alegria e tristeza, como era o caso do palhaço brasileiro Arrelia.[2]

A canção de Piaf acaba com este magnífico verso que resume a figura ambígua do palhaço, ao qual é dada a palavra: "Eu tenho risos que sangram".

Esse verso vai ao encontro do que escreveu o escritor André Suares: "A arte do palhaço vai muito além do que se pensa. Ele não é nem trágico nem cômico. Ele é o espelho cômico da tragédia e o espelho trágico da comédia".[3] O pensamento do escritor francês pode ser em parte aplicado ao nosso tema: além de o humor ir muito além do que se pensa, pode-se dizer que ele é *o espelho da tristeza*. Mas precisamos de mais indícios para demonstrá-lo.

---

2. Na letra da canção francesa, o público é representado como impiedoso, mas não necessariamente isso acontece, pois o lado triste do palhaço pode inspirar-lhe compaixão, como às vezes acontece com crianças sensíveis que não riem, mas choram ao assistir às desgraças e às expressões do palhaço.

3. Disponível na internet: http://evene.lefigaro.fr/citations/andre-suares, acesso em 18/6/2014, trad. nossa.

Já falamos do palhaço, esse ser cômico e trágico, essa figura que faz rir e chorar, essa personagem que não raramente tem semblante triste. Ora, não poucos atores que desempenham papéis humorísticos também têm semblantes tristes. É o nosso segundo indício.

Semblantes

Não existisse a figura do palhaço, provavelmente Charles Chaplin não teria tido fonte de inspiração para criar a sua personagem Carlitos. Por um lado, o *vagabundo* é desengonçado, anda de forma estranha, sofre inúmeras quedas, mete-se inconscientemente em trapalhadas, embora tenha habilidades raras como, por exemplo, a de andar maravilhosamente bem de patins (nos filmes *Tempos modernos* e *Sobre rodas*). Muitas das cenas nas quais estão presentes os elementos que acabamos de lembrar poderiam ser chamadas de circenses. Aliás, no filme cujo nome é justamente *O circo*, não é por acaso que Carlitos recebe um emprego de palhaço para fazer, na arena, o que ele naturalmente faz na vida cotidiana (no filme, o vagabundo sintomaticamente não sabe que está sendo empregado como artista). Por outro lado, alguns aspectos das vestimentas da famosa personagem também se inspiram nos trajes dos palhaços – por exemplo, calças largas, chapéu, bengala e sapatos compridos.

Será o seu rosto também o de um palhaço? A resposta é negativa se elegermos como critério a farta maquiagem das figuras circenses. Carlitos tem um rosto que *parece limpo*, um rosto de pessoa normal, tão normal, aliás, que lhe permitirá ser sósia de um cruel ditador alemão (*O grande ditador*). Mas a resposta é positiva se repararmos que seu semblante pode ser visto tanto como cômico quanto como triste, e isso sem que Chaplin tenha que rir ou chorar explicitamente. Dito de outra forma, Carlitos, personagem humorística por excelência, alia, no seu semblante, alegria e tristeza.

Ora, embora não seja regra geral, encontramos o mesmo fato em vários atores cômicos, como, por exemplo, Fernandel, Bourvil, Stan Laurel (o "magro" da dupla O Gordo e o Magro), Marcel Marceau, Woody Allen, Jacques Tati, Raymond Devos, Fernand Raynaud. Alguns desses atores se maquiam para aliar alegria e tristeza (Devos, Marceau, Laurel), os demais têm naturalmente algo de cômico e triste em suas feições. Digo que não é regra geral pois há vários humoristas cujos rostos, maquiados ou não, não evocam tristeza, como, por exemplo, Louis de Funes, Oliver Hardy (o "gordo" da dupla já citada), Jô Soares, Lírio Mário da Costa (Costinha), Ronald Golias, Nicolas Canteloup. Neles, o aspecto cômico reina isolado em seus semblantes. Todavia, tal fato, que poderia parecer como natural e dominante em se tratando de humor, tampouco é regra geral, pois, como vimos, artistas de semblantes tristes não somente são capazes de fazer rir, como estão entre os maiores humoristas, cujas obras resistem ao tempo.

Nosso próximo indício da associação entre humor e tristeza será justamente a referência a algumas grandes obras classificadas como comédias.

Obras

Comecemos por citar um clássico filme de humor cujo argumento central é justamente a ambiguidade de um rosto: *Le Schpountz*, de Marcel Pagnol (autor do cenário, dos diálogos, e também diretor). Nele, a personagem principal é Irénée Fabre, um jovem que sonha em deixar o armazém do tio para seguir outra carreira. "Eu tenho certeza de ter um dom" – diz ele à sua família – "um dom natural, de nascença; um dom divino". O dom ao qual se refere é o de ator de cinema. "Eu sei que sou um ator nato", eis a convicção de Irénée. O acaso faz com que uma pequena companhia de cinema passe pelo vilarejo onde ele mora. Pensando tratar-se de um desígnio de Deus, Irénée não hesita em ir ao encontro dos artistas e lhes contar seu projeto de se tornar um grande artista interpretando papéis dramáticos. Os membros da companhia decidem então pregar-lhe uma peça: após dizerem admirar seu porte, sua voz e seu talento de artista, entregam a Irénée um falso contrato de trabalho com uma produtora de cinema. Apesar dos conselhos do tio, que percebe a farsa, Irénée, crédulo, parte no dia seguinte para Paris, a fim de iniciar a desejada carreira de ator. Uma vez na capital francesa, ele imediatamente vai à referida produtora e nela não demora a descobrir o cruel trote a que foi submetido. Sem dinheiro, na mais profunda desilusão e morto de vergonha perante a simples ideia de voltar derrotado à sua cidade, Irénée acaba aceitando um pequeno emprego de contrarregra que Françoise, uma das autoras da farsa (e com a qual Irénée se casará no final do filme), lhe propõe, à guisa de compensação. Mas acontece que Françoise acaba por perceber que Irénée é "naturalmente engraçado, pois não sabe que é cômico". Ela lhe propõe então que desempenhe um pequeno papel num filme, papel este que, conforme o desejo de Irénée, será o de uma cena de amor destinada a comover o público. Na noite da *première*, nosso herói, ansioso, prefere não ver o filme, mas apenas ouvir as reações do público, escondido atrás da tela. E ele ouve o *público rir*... Mas não cogita nem por um segundo que as risadas sejam causadas pelas cenas que ele quis tristes e comoventes. Ele pensa que riem de outros atores. Quando, no final da apresentação, Françoise vem lhe contar que sua apresentação como ator foi um enorme sucesso, ele não quer acreditar, pois não ouviu o público se emocionar, chorar. E quando sua amiga lhe diz que o enorme sucesso se deve ao fato de a plateia ter explodido em gargalhadas justamente nas suas cenas de amor, ele, num primeiro momento, se desespera: "Quando eu choro, eles riem?". Segue-se a essa cena uma rica discussão sobre o valor do riso e daqueles que fazem rir, que acaba convencendo Irénée a seguir a carreira de ator cômico.

Uma vez escritos o roteiro e os diálogos de *Le Schpountz*, Marcel Pagnol teve de escolher um artista para o papel principal, o de Irénée.

Precisava ele de alguém cujo semblante fosse *naturalmente engraçado*, como o diz a personagem Françoise. "Naturalmente" significa que devia ter algo de engraçado nas feições e nas expressões, mesmo que o ator não procurasse ser cômico. Mas Pagnol tinha outro desafio: tal semblante também deveria ter algo de triste, do contrário não soaria verossímil a personagem sonhar com papéis trágicos e dramáticos. Ora, vimos que alguns atores possuem justamente essa dupla característica: ter semblantes que inspiram tanto a alegria quanto a tristeza. Imagino que um Dustin Hoffman, um Woody Allen e um Jacques Tati teriam desempenhado bem o papel de Irénée. O escolhido foi o ator francês Fernandel, também já citado, que se adapta tão bem à personagem que se tem a impressão de Pagnol ter escrito o filme pensando nele.

Isso posto, deixemos de falar de semblantes e debrucemo-nos sobre a obra. Não há como negar que *Le Schpountz* é um filme humorístico: a história é baseada numa espécie de trote aplicado a um pobre interiorano, os diálogos são engraçados como também são engraçadas muitas cenas nas quais o teimoso Irénée faz de tudo para entrar na companhia cinematográfica da qual é sistematicamente enxotado. Numa locadora, o filme seria colocado na categoria "comédia" (também caberia em "clássicos", como, aliás, todos os filmes de que vamos falar logo mais). Sim, mas nem tudo é humorístico em *Le Schpountz*. Há pelo menos uma cena triste e comovente: quando Irénée não somente se dá conta de que foi enganado como toma consciência de que não passa de um ser ingênuo e pretensioso. Ele começa por dizer a seus "algozes" que sabia de tudo desde o começo e que tinha jogado o jogo para saber até onde eles iriam. Mas a maneira de Fernandel interpretar o monólogo mostra bem a seus interlocutores que se trata de patética mentira. Em seguida, a sós com Françoise, ele confessa não ter dinheiro algum, não ter aonde ir, estar desesperado. E quando sua futura esposa lhe responde que o que aconteceu não é um drama, ele responde: "É um drama, sim! Eu acreditava ser alguém e acabo de perceber que não sou ninguém. E isso faz uma grande diferença". A cena é de uma profunda tristeza. E quando

24 | Papirus Editora

Irénée é contratado como contrarregra, o lado humorístico do filme volta a dominar.

Em suma, *Le Schpountz* associa comédia a drama, associa riso a choro, alegria a tristeza. Ora, tal associação, longe de ser rara, encontra-se em muitos outros filmes cômicos.

Citemos alguns, começando por quatro clássicos de Charles Chaplin. Em *O grande ditador*, paródia sobre Hitler e seus projetos de grandeza, cenas tristes e até trágicas mesclam-se às múltiplas cenas cômicas. Por exemplo, veem-se os "nazistas" (policiais da Tomânia, dirigida por Adenoid Hinkel) martirizando judeus, mas, quando encontram o pequeno barbeiro amnésico, seguem-se momentos cômicos no estilo circense. É trágica também a cena em que Hannah (namorada do barbeiro) e sua família, refugiados em lugar idílico (Osterlich), veem chegar os soldados de Hinkel que invadiram a localidade, como são hilárias as imitações que Chaplin faz do feroz ditador e as cenas em que este negocia com Benzino Napaloni, ditador de Bactéria (paródia de Benito Mussolini). E, naturalmente, deve-se evocar o fim do filme, quando o barbeiro, confundido com Hinkel, faz um emocionado discurso a favor da paz e da democracia. Em *Tempos modernos*, excelente comédia crítica do capitalismo selvagem, há referências ao desemprego, à orfandade e à violência policial. A cena da morte do pai da moça (interpretada por Paulette Godard, que também interpreta Hannah no filme *O grande ditador*) é tão triste quanto são cômicas as cenas em que Carlitos trabalha numa linha de produção ou de guarda-noturno numa loja de departamentos. O filme de Chaplin que talvez nos reserve as cenas mais trágicas é *O garoto*, notadamente quando o menino recolhido pelo vagabundo é arrancado de suas mãos para ser levado para um orfanato. Nem por isso, *O garoto* deixa de ser um filme essencialmente cômico. Finalmente, comentemos o filme *O circo*: diferentemente dos citados anteriormente, a dimensão humorística domina praticamente todo o filme (digo *praticamente* porque há uma cena na qual se vê um pai surrando a filha); todavia, a cena final é triste: o circo vai embora e Carlitos volta à sua profunda solidão.

Os temas da solidão e da exclusão estão bem presentes nos filmes de Jacques Tati, humorista renomado, mas infelizmente pouco conhecido do público brasileiro. Neles, devemos esperar o final para que a tristeza seja evocada de forma clara. Em *As férias do senhor Hulot*, quando é chegada a hora de os turistas deixarem a praia e o hotel onde passaram as férias, vê-se Hulot desprezado pelos demais, deixado de fora dos cumprimentos de despedida e da troca de endereços. Ele se refugia junto a crianças. Assiste-se a situação parecida no final de *Meu tio*: o tio Hulot é "exilado" pelo marido de sua irmã e toma o avião para bem longe do seu simpático bairro de Saint Maur. Finalmente, no filme *Trafic*, vemos o mesmo Hulot, agora trabalhando de desenhista numa sociedade que fabrica automóveis, ser injustamente despedido por seu chefe, apesar do sucesso do carro que projetou.

Poderíamos multiplicar os exemplos de filmes humorísticos que inserem aqui e ali cenas tristes. Também poderíamos citar romances nos quais o mesmo acontece, por exemplo, nos de Marcel Pagnol, como *A glória de meu pai*, e até mesmo histórias em quadrinhos como *Tintim no Tibete*, de Hergé;[4] nela, o Capitão Haddock, como de costume, nos faz rir em vários momentos, mas há outros de profunda tristeza, como quando Tintim desiste momentaneamente de prosseguir na busca de seu amigo Tchang, vítima de um acidente de avião. A cena final também é triste: vê-se o abominável homem das neves profundamente abalado por ver partir o menino Tchang, cuja vida salvou e de quem cuidou durante semanas. Hergé mostra um homem das neves sensível – e nada abominável, como quer a lenda.[5]

---

4. A personagem Tintim ganhou fama internacional, o que levou o presidente francês Charles de Gaulle (também herói da resistência na Segunda Guerra Mundial) a dizer: "No fundo, eu somente tenho um rival internacional: Tintim".

5. Note-se que as personagens criadas por Hergé para compor o círculo de relação de seu herói Tintim são todas cômicas: Dupont e Dupond, Professor Girassol e o Capitão Haddock. Somente o jovem repórter belga é sempre sério, embora não triste.

Em resumo, parece que humor e tristeza não somente podem caminhar juntos como representam um bom casamento. Contrariamente ao que se poderia pensar, fazer rir não implica não fazer chorar.

Finalizemos as referências ao nosso indício "obras", voltando ao cinema e lembrando um filme que alia alegria e tristeza de forma diferente dos já citados: *A vida é bela*, de Roberto Benigni.

A obra começa no estilo pastelão, levando o público a crer que assistirá a mais um filme exclusivamente cômico. Mas a segunda parte joga o espectador em pleno drama: o pai (Guido, mostrado até então como simpático trapalhão inveterado) e seu filho são levados para um campo de concentração nazista. Uma vez nesse lugar sórdido, Guido faz de tudo para que seu filho (criança bem pequena) não tome consciência de onde está. Como ele consegue tal feito? Fazendo o filho acreditar que tudo o que se passa no campo é apenas uma espécie de jogo, de fantasia, de brincadeira. E a plateia volta a rir dos engenhosos truques de Guido. Porém, as risadas são brutalmente interrompidas no final: Guido é friamente assassinado por um soldado alemão.

Em que categoria um filme como *A vida é bela* poderia ser colocado? Em "drama" (tragédia)? Sem dúvida. E dos mais fortes. Em "comédia"? Sem dúvida também. Tal pergunta não se aplicaria aos filmes anteriormente citados. Por quê? Porque neles podemos dizer que alegria e tristeza se revezam, com clara predominância da parte humorística. No filme *O garoto*, à cena dramática do sequestro do menino pelas autoridades competentes que pretendem levá-lo ao orfanato segue-se outra cômica, de Carlitos recuperando seu pequeno companheiro. No filme *Meu tio*, a cena final de exílio apenas fecha uma obra repleta de momentos humorísticos. Assim como Chaplin não nos faz rir do orfanato, Tati não nos faz rir da exclusão. Em compensação, Benigni nos faz rir *no* drama e *do* drama. Rimos *num* campo de extermínio e também *do* campo de extermínio.[6] Há, portanto,

---

6. Pode-se fazer comentário semelhante sobre o filme *Um rei em Nova York*, de Chaplin. O final (o choro do garoto Rupert, ao ser obrigado pelas autoridades americanas

nesse caso, uma relação diferente entre humor e tristeza, relação esta que costuma responder pelo nome de *humor negro*. É nosso próximo indício.

Humor negro

O humor negro, por definição, tem como tema aspectos dramáticos, trágicos e até macabros da vida. Nele, portanto, a associação entre humor e tristeza é assumida. Poder-se-ia então pensar que o humor negro é a pura tradução do famoso adágio "é melhor rir do que chorar". Porém, nem sempre é o caso, como vamos ver a seguir por intermédio de variados exemplos.

Todos devem conhecer a velha piada de português (na França, é piada de belga) que passo a contar:

> Joaquim vai viajar para o exterior e lá ficar algum tempo. Ele então pede a seu compadre Manuel que fique cuidando de sua gatinha de estimação e também de sua mãe. Um dia, ele recebe uma carta de Manuel que lhe conta que sua gatinha morreu numa queda. Joaquim então responde a seu compadre que ele não deveria mandar uma notícia triste dessas sem antes *preparar* o destinatário. Explica que teria sido melhor Manuel mandar uma primeira carta contando que sua gata subiu no telhado. Na seguinte, escreveria que ela estava com dificuldades para descer. E numa última, poderia finalmente dar o desfecho: a gata caiu e morreu. Passa algum tempo e Joaquim recebe nova carta de Manuel, na qual se lê: "Meu caro Joaquim, escrevo-lhe para lhe dizer que a senhora sua mãe subiu no telhado. Depois mando mais notícias".

Trata-se de piada de humor negro? Se considerarmos o tema (a morte), a resposta é evidentemente positiva (e ela é dada como exemplo desse tipo de humor em algumas coletâneas). Porém, o humor não recai

---

adeptas das ideias de McCarthy a se tornar um delator), assim como no filme *A vida é bela*, lembra ao espectador que, apesar da comédia, tudo aquilo é muito sério, tudo aquilo é trágico.

sobre a morte em si, mas sim sobre a dimensão intelectual do compadre. A referência à morte é apenas para dar verossimilhança ao pedido de Joaquim de ser *preparado* para receber notícia ruim. O foco da piada é sublinhar o aspecto tosco de Manuel que interpreta ao pé da letra os conselhos de seu colega.

A mesma análise pode ser feita de outra piada clássica, no formato de notícia de jornal: "Extra! Extra! Helicóptero cai sobre um cemitério de Lisboa: até agora os bombeiros resgataram mais de 500 corpos". Novamente o tema é a morte, o que pode nos levar a classificar tal piada como humor negro, mas o efeito humorístico está no caráter absurdo do resgate e, decorrentemente, da notícia.

Um último exemplo é retirado de um esquete de Coluche, humorista francês, no qual ele interpreta um belga (o "português" dos franceses, como já comentado) que explica que, antes de haver contraceptivos, o povo da Bélgica usava espingardas "para atirar nas cegonhas". Humor negro de Coluche? Sim, uma vez que fala em matança de pássaros e consequentemente de crianças. Mas a graça está na ingenuidade dos belgas que *acreditam* na lenda das cegonhas como entregadoras de bebês.

Em suma, nas três histórias até agora analisadas, embora um aspecto triste da realidade esteja presente, o humor não recai sobre ele. Logo, não são bons exemplos de articulação entre humor e tristeza, pois não se aplica a eles a expressão "é melhor rir do que chorar".

Vamos mostrar outras formas do chamado humor negro, bem diferentes daquelas que acabamos de citar. Mas antes vejamos uma que guarda algo das mencionadas até agora, mas que já contém elementos das próximas:

Um homem cruza com um colega na rua:

— Olá, Alberto, tudo bem?

— Bem... Sabia que minha sogra morreu, na semana passada?

– Céus! Eu não sabia. O que ela tinha?

– Quase nada: uma quitinete, alguns livros, um armário...

O tema continua sendo a morte, daí a piada ser classificada como humor negro nas coletâneas. Como nas histórias anteriores, há um foco que não é a morte em si: é a ganância ou o egoísmo do genro, que interpreta "o que ela tinha" não como pergunta sobre a causa da morte, mas como referência a posses das quais será herdeiro. Porém, há algo mais que não aparecia nas três primeiras piadas: o desprezo pela pessoa morta, sua desvalorização como ser humano. Com efeito, na piada dos compadres, não se vê desprezo nem crueldade em relação à falecida mãe de um deles. Nas duas outras, tampouco há desprezo pelos cadáveres do cemitério de Lisboa ou pelas cegonhas e os bebês. Em compensação, tal desprezo existe claramente na última história apresentada: não se chora a morte da sogra, mas se a trata de forma fria, pérfida. Ora, tal é o caso de várias das histórias classificadas como humor negro, o que faz alguns dicionários escreverem que se trata de humor *cruel*.

Vejamos alguns outros exemplos de "piadas" nos quais apenas tal crueldade em relação a aspectos tristes e trágicos está presente, sem outro foco.

O filho:

– Mamãe, não gosto da vovó.

A mãe:

– Não tem problema, filho. Deixe-a na borda do prato e acabe o seu purê.

O leitor terá reparado que acima coloquei a palavra *piada* entre aspas: faço assim cada vez que uma história não me parece de bom gosto. Escreveu Daniel Sibony (2010, p. 15): "Uma piada maldosa é mais maldosa que engraçada". Concordo. Mas deixo ao leitor a tarefa de retirar tais aspas se de mim discordar.

Nessa história a morte é o foco exclusivo, e a desvalorização da pessoa falecida fica clara com a referência ao canibalismo.

Outra "piada":

É a história de um cara que acaba de passar por exames de saúde no hospital. O médico lhe anuncia que está gravemente doente e lhe propõe tomar banhos de lama.

— Isso vai me curar?

— Não. Mas vai acostumá-lo à terra.

Deixo ao leitor apreciar o valor da "piada". Cabe-me apenas sublinhar que ela traduz um desprezo pela pessoa condenada, uma total falta de compaixão, assim como acontece na próxima:

Um homem entra numa borracharia.

— O senhor pode consertar meu pneu?

— Claro. Mas o que aconteceu para ele ter ficado tão estragado?

— Passei em cima de uma garrafa.

— E o senhor não a viu?

— Não. O cara a tinha no seu bolso.

Novamente: pura frieza e crueldade em relação ao pedestre atropelado.

Woody Allen também é autor de histórias cruéis desse tipo:

Eu perguntei a ela o que pretendia fazer no sábado à noite e ela me respondeu que ia se suicidar. Então, perguntei-lhe se ela tinha previsto alguma coisa para a sexta à noite.

Na próxima, e última, o desprezo pelos mortos é acrescido do amor ao crime:

No primeiro dia de aula, uma criança chega aos prantos à escola. A professora se aproxima dela e pergunta:

— O que foi, menino?

— Essa manhã a mamãe foi afogar seis gatinhos que tinham acabado de nascer.

— Sim, é muito triste. Mas não é uma razão para chorar.

— É sim! A mamãe tinha prometido que era eu que ia afogar os gatos.

A "piada" fala por si só.

Havia-me perguntado se das três primeiras histórias citadas poderíamos falar em articulação entre humor e tristeza e cheguei à conclusão de que não era o caso, porque os aspectos tristes serviam apenas de pretexto ou contexto para se brincar com a falta de inteligência e a ganância. No último rol de "piadas" transcritas, tais aspectos são, de fato, o foco das histórias. Mas nota-se que a tragédia e a tristeza são *negadas*, no sentido de destituídas de valor, ou até mesmo de *pretexto para a alegria*. São negadas nas histórias da herança ("o que ela tinha?"), do canibalismo ("não gosto da vovó"), do atropelamento e do encontro a ser marcado com uma potencial suicida. E são pretexto para alegria na história do médico que aconselha sadicamente banhos de lama ao doente terminal e na da criança que revela desejar matar gatinhos. Ora, quando a tristeza é negada ou é objeto de júbilo, a articulação entre humor e tristeza se dá de tal forma que a ela não se aplica o "rir para não chorar". O adágio, no caso, mais seria "rir do chorar", o que é bem diferente. Nos meus termos, eu diria que *não se ri de um mundo cruel, se ri cruelmente do mundo*.

Vejamos, finalmente, algumas reflexões nas quais não se ri do chorar e, portanto, não se nega a tristeza.

Devemos a Philippe Bouvard a seguinte reflexão:

Nos cemitérios, o salgueiro-chorão chora mais tempo que as famílias.

Mais uma vez, o tema da morte está presente: humor negro, portanto, se aceitarmos a definição ampla deste. Mas aqui a morte não é pretexto para se fazer piada sobre inteligência ou ganância, e tampouco seu valor é negado ou motivo de júbilo. Pelo contrário: a reflexão de Bouvard é uma forma espirituosa de dizer que as famílias rapidamente esquecem seus parentes falecidos. É forma humorística de falar da tristeza da morte, confirmando-a no seu valor dramático.

Como analisar então a reflexão de Pierre Doris?

Os mortos têm sorte: eles somente veem as suas famílias uma vez por ano, no dia de Finados.

Aqui o foco são as relações familiares, apresentadas como negativas. Mas, embora seja dito que os mortos "têm sorte" (forma de júbilo), não é negada a tristeza da pobreza das relações familiares. Pelo contrário: ela sai reforçada.

Voltando a um comentário que foi feito anteriormente, as duas reflexões que acabamos de transcrever não são cruéis: *é o mundo que é cruel!* É a crueldade apresentada de forma humorística, mas não é humor cruel.

Podemos notar a mesma característica em outras reflexões espirituosas, começando por esta de Oscar Wilde:

Um verdadeiro amigo é aquele que te apunhala pela frente.

Aqui, a triste realidade das amizades é sublinhada humoristicamente, mas não é negada, assim como não é negada aquela despertada pela solidão na jocosa lembrança de Rita Rudner:

Quando eu era pequena, tinha duas amigas secretas. E elas nunca queriam brincar comigo.

Woody Allen fala humoristicamente da falta de amor da família:

No dia em que meus pais entenderam que eu realmente havia sido sequestrado, eles agiram prontamente: alugaram meu quarto.

Estilo parecido é empregado por Frank Carson:

Penso que minha mulher não gosta muito de mim. No dia em que tive uma crise cardíaca, ela escreveu uma carta para chamar uma ambulância.

Vamos finalizar com a referência a uma charge de Sempé. Nela, vê-se um túmulo no qual se lê:

ANDRÉ PAUL POULOT

1908 – 1961

FIM DA

PRIMEIRA PARTE

É uma maneira de rir-se do fim inelutável, sem deixar de sublinhar sua dramaticidade.

Acabamos de notar que o que se chama de humor negro, embora sempre tenha como tema algo triste, dramático ou trágico, traduz em pelos menos três formas esse tema. A primeira: trazer um evento triste como pretexto para zombar de algo que lhe é estranho. A segunda: remeter-se a um evento triste, mas negando-lhe justamente a tristeza que deveria inspirar. Nesse caso, *ri-se cruelmente do mundo*. A terceira: apresentar um evento triste de forma humorística que não aniquila a tristeza, mas antes a sublinha. Nesse último caso, *ri-se de um mundo cruel*. Portanto, nas três formas, a relação entre humor e tristeza apresenta-se diferentemente. Na primeira, ela é mero acaso. Na segunda, ela é negada. Na terceira, ela é assumida.

Logo, apenas a terceira pode nos servir de indício para a relação entre humor e tristeza, pois, nas duas outras, tal relação é inexistente ou pervertida (fato que não acontece com os indícios anteriormente apresentados).

Prossigamos então na busca de mais indícios.

Temos mais dois. Diferentemente dos anteriores, eles não são identificados nas representações e obras de humor, mas sim nos próprios criadores destas.

Criadores

O que haverá em comum entre criadores como, por exemplo, Jacques Tati, Gustave Flaubert, Chico Buarque de Hollanda, René Magritte, Marcel Pagnol, Erik Satie, Jacques Brel? Temos na lista um ator e diretor de cinema, dois compositores de música popular, um de música erudita, um pintor e dois romancistas. Os que eles têm em comum não é, portanto, a área de criação. É outra coisa: todos eles, e outros que vou citar adiante, criaram obras tristes (ou das quais emana a tristeza) e também obras humorísticas, às vezes aliando as duas características numa obra só. O novo indício é o fato de existirem (e não são raros) criadores que tanto sabem fazer chorar quanto fazer rir.

Vamos aos exemplos. Já demos alguns no item "Obras".

Comecemos com o cinema de Charles Chaplin. Em vários curtas-metragens do início de sua carreira, temos apenas humor, ao passo que num de seus últimos filmes, *Luzes da ribalta*, a tristeza predomina. Na maioria de seus outros longas-metragens, Chaplin reveza humor e tristeza; por exemplo, em trabalhos como *O garoto*, *O grande ditador* e *Tempos modernos*. Mesma coisa acontece com Jacques Tati em *As férias do senhor Hulot*, *Meu tio* e *Trafic*. Roberto Benigni alia tristeza e humor no seu filme *A vida é bela*.

Humor e tristeza | 35

Marcel Pagnol faz o mesmo em seu *Le Schpountz*, e também em outros filmes como *Topaze* e *La fille du puisatier*.

Falemos agora de romances. O mesmo Marcel Pagnol, em romances como *Jean de Florette* e *Manon des Sources*, criou cenas de profunda tristeza, as quais convivem com cenas genuinamente humorísticas. Mark Twain também nos brindou com essa versatilidade em romances como *O príncipe e o mendigo* e *As aventuras de Tom Sawyer*, assim como o fez Hergé em seu *Tintim no Tibete*. Citemos ainda Gustave Flaubert, que, ao lado de livros sérios e tensos como *Madame Bovary* e *L'éducation sentimentale*, escreveu o engraçado *Bouvard et Pecuchet* e seu jocoso *Dictionnaire des idées reçues*. E não nos esqueçamos de Machado de Assis, que aliava desolação e ironia (*Memórias póstumas de Brás Cubas*, *O alienista*, por exemplo). Escreveu ele no prólogo de *Memórias póstumas*: "A obra em si mesma é tudo. Se te agradar, fino leitor, pago-me da tarefa; se não te agradar, pago-te com um piparote e adeus".

Nas artes plásticas, parece-me mais difícil encontrar criadores que tenham realizado obras que inspirem o riso e outras a tristeza. Não sou conhecedor da chamada "terceira arte", logo, me limitarei a citar René Magritte. Ele pintou quadros dos quais se desprende um clima de dramaticidade (como *Os caçadores na beira da noite*, *Le viol*), de tristeza (como *16 de setembro*), e outros que inspiram o riso, como o famoso desenho de um cachimbo debaixo do qual está escrito *"isto não é um cachimbo"*, e aquele intitulado *As férias de Hegel*, em que se vê um guarda-chuva aberto flutuando no nada e sobre o qual está pousado um copo de água.

Meus últimos e mais frequentes exemplos serão retirados da área musical.

Um caso interessante é o de Erik Satie, que nos brinda com humor de três formas diferentes.

A primeira nada tem a ver com a música, pois ele, nas suas horas vagas (suponho), criava chistes como os dois que seguem:

Meu médico sempre me disse que eu devia fumar. Ele acrescentava a seu conselho: "se o senhor não fumar, outra pessoa o fará em seu lugar".

É muito ruim afogar-se depois de comer.

É também a ele atribuída a famosa expressão: "Mais eu conheço os homens, mais eu admiro os cães".

A segunda forma de expressão de humor de Satie é puramente musical: por exemplo, no final da obra *Embryons desséchés* 3 (para piano), ele imita as repetições típicas dos finais de muitas sinfonias (notadamente aquelas de Beethoven), mas, quando pensamos que a música acabou, ele continua repetindo várias vezes os fortes acordes, numa clara zombaria a esse tipo de *coda*.[7]

As duas primeiras formas de humor em nada se relacionam com a tristeza. A terceira, sim. Como se sabe, Satie dava nomes estranhos e engraçados a suas músicas, como o já citado *Embryons desséchés* (Embriões ressecados), e outros como *Fragments en forme de poire* (Fragmentos em forma de pera), *Gymnopédies* (Gimnopédias), *La belle excentrique* (A bela excêntrica), *La fantaisie sérieuse* (A fantasia séria), e outros mais. Ora, não raro, as músicas que receberam tais nomes trazem um clima de tristeza, como, aliás, é o caso da maioria de suas composições. Ouçamos, por exemplo, os fragmentos de *En habit de cheval* (Em trajes de cavalo), e também as famosas *Gymnopédies*, para nos convencermos do fato.

Em suma, Erik Satie não somente era capaz de criar obras humorísticas e outras tristes como, às vezes, aliava essas duas dimensões. Encontramos o mesmo talento em compositores de música popular.

---

7. São raros os exemplos de humor puramente musical, ou seja, sem o emprego de um discurso falado. Tom Zé gravou um CD desse tipo (*Danc-Êh-Sá: Dança dos herdeiros do sacrifício* – 2008 – Trama), no qual tal humor está presente, notadamente em razão das vozes e sonoridades engraçadas que ele emprega.

Georges Brassens foi um dos maiores compositores da música popular francesa. Ele é pouco conhecido no Brasil porque, por um lado, o mercado brasileiro virou as costas para tudo que não seja *rock* ou *pop* cantado em inglês e, por outro, porque o grande valor de suas canções está na íntima aliança entre melodia e letra,[8] de modo que somente alguém que domine bem a língua francesa pode realmente apreciar seu trabalho.

Já na sua primeira canção de sucesso, Brassens deu o tom do que seria o essencial de sua obra: crítica social apresentada com humor. Seu título é "La mauvaise réputation" (A má reputação) e, nela, ele se apresenta como alguém que "segue os caminhos que não levam a Roma" e que por isso paga o preço de ser estigmatizado pelos demais. Eis como ele expressa essa exclusão:

Todo mundo fala mal de mim
Salvo os mudos, obviamente (...)
Todo mundo virá me ver enforcado
Salvo os cegos, obviamente.[9]

O que faz com que suas criações não possam ser classificadas como canções de protesto é justamente o fato de ele, por intermédio do humor, *sugerir* as críticas, não proclamá-las. E assim ele fala ironicamente da guerra ("La guerre de 14-18"), do casamento ("La non demande en mariage"), do adultério ("À l'ombre des maris" – canção na qual se ouve este delicioso

---

8. Brassens disse numa entrevista que "para se escrever uma letra para uma melodia, é preciso ter o dom de colocar as três sílabas certas nas três notas certas. É uma arte totalmente singular". Brassens tinha realmente esse dom, como o têm, no Brasil, compositores como Chico Buarque de Hollanda, Aldir Blanc e Noel Rosa, entre vários outros.

9. "Tout le monde médit de moi / Sauf les muets, ça va de soi (...) / Tout le monde viendra me voir pendu / Sauf les aveugles, ça va de soi."

verso: "não joguem a pedra à mulher adúltera: eu estou atrás"), da pena de morte ("Le gorille"), do trote violento ("Les quatre z'arts"), das crenças em geral ("Le sceptique"), do medo dos estrangeiros ("La visite"), das palavras chulas que remetem ao órgão sexual feminino ("Le blason"), e outros temas mais – o que, aliás, lhe valeu problemas com a censura e com corporações diversas. Há também canções nas quais o humor é um fim em si, como a deliciosa "Stances pour un cambrioleur" (Versos para um ladrão), em que ele se dirige a alguém que roubou a sua casa, agradecendo-o por não ter levado seu violão e elogiando-o por também não ter levado um execrável retrato que ele havia ganhado de aniversário.

Em compensação, quando Brassens interpreta canções como "Bonhomme", "Pauvre Martin" ou "Le fossoyeur", o clima de tristeza é profundo, tanto pelas letras quanto pelas melodias. Tal tipo de canção não é frequente no compositor francês. O mais comum é o tratamento humorístico de temas tristes, com destaque para o tema da morte, característica que, como vimos, corresponde a uma das formas de humor negro, aquele que sublinha a tristeza. Citemos, por exemplo, "Le testament", canção na qual ele apresenta um testamento bem-humorado, "Les funérailles d'antant", na qual lamenta as novas formas "expeditivas" de se enterrarem os mortos, "La balade des cimetières", falando de um homem apaixonado por túmulos, e "Suplique pour être enterré à la plage de Sète", na qual ele anuncia onde quer ser enterrado. Todas essas canções fazem-nos rir, assim como outras nos fazem chorar.

Outro grande compositor de língua francesa (de nacionalidade belga) que sabe tanto fazer humor quanto inspirar profunda tristeza é Jacques Brel. Ele é um pouco conhecido no Brasil graças à sua canção "Ne me quitte pas", que foi e é objeto de muitas interpretações no mundo todo, entre as quais a da cantora brasileira Maysa.

"Ne me quitte pas" é uma canção dramática que expressa o desespero de um homem que implora uma mulher para não abandoná-lo. Brel tem várias outras desse tipo, entre as quais: "Orly", que fala da separação insuportável de um casal no aeroporto; "Jojo", na qual Brel fala com um amigo já falecido; "Jef", na qual ele consola um amigo desolado, e "Les vieux", que trata da profunda monotonia e tristeza da vida dos velhos, aos quais só resta esperar a morte olhando o relógio da sala "ronronar" e lhes dizer "eu espero por vocês". Mas também rimos muito com certas canções de Brel ("Les bonbons", "Les bourgeois", "Les bigotes" etc.) e, como Brassens, não raramente ele trata de forma humorística temas tristes como a morte ("Le dernier repas", "Le moribond"), a exclusão ("Les timides", "Madeleine"), o amor contrariado ("Ces gens-lá").

Em suma, temos em Brassens e Brel dois compositores que, à imagem dos autores citados, possuem talento tanto para fazer rir quanto chorar.

Encontramos também esse talento em compositores brasileiros.

No Brasil, o "casamento" entre canção e humor existe há tempos, como o atestam algumas marchinhas de Carnaval, como "Mamãe eu quero" (de Jararaca), "Trabalhar, eu não" (de Anibal Alves), "Saca-rolha" (de Zé e Zilda) e canções interpretadas por cantores como Jackson do Pandeiro ("Xote de Copacabana", dele mesmo, "Falso toureiro", dele mesmo com Heleno Clemente, e "Forró em Caruaru", de Zé Dantas).

Citemos então alguns compositores em cuja obra se encontram canções humorísticas e outras que falam de coisas tristes, começando por um caso particular no que se refere ao ritmo e à melodia: Luiz Gonzaga.

Com efeito, não conheço música do grande compositor nordestino cuja melodia e cujo ritmo inspirem tristeza. São todas "animadas" e, se retirássemos o canto, soariam como alegres. No entanto, basta prestar atenção nas letras de canções como "Asa branca" (composta com Humberto Teixeira), "Assum preto" (também com Teixeira) e "Vozes da seca" (com Zé Dantas) para perceber a dramaticidade do tema cantado (seca, miséria, êxodo). E, ao lado dessas belas canções, Gonzaga nos propôs várias outras francamente humorísticas – como, por exemplo, "Respeita Januário"

40 | Papirus Editora

(composta com H. Teixeira, nela, há uma fala cômica tanto pelo texto quanto pela interpretação), "Xote das meninas" (com Zé Dantas), "ABC do sertão" (com Zé Dantas) e a deliciosa "Dezessete e setecentos" (com Miguel Lima).

Nos compositores que vamos comentar a seguir, não somente as letras são às vezes tristes e às vezes humorísticas, como as melodias inspiram seja melancolia, seja alegria.

Não poderia evidentemente deixar de citar Noel Rosa e suas canções engraçadas como "Quem dá mais", "Com que roupa" e "Conversa de botequim" (composta com Vadico), e suas canções melancólicas como "Feitio de oração" e "Para que mentir" (ambas compostas também com Vadico).

Paulo Vanzolini, assumido admirador de Noel Rosa e autor de várias músicas humorísticas (entre elas "Samba do erudito", "Mulher que não dá samba" e "Napoleão"), também compôs canções com temas trágicos ("Ronda") ou tristes ("Na boca da noite", com Toquinho). Em "Praça Clóvis", assim como o fizeram frequentemente Brassens e Brel, Vanzolini trata da tristeza de forma leve e com humor.

Prossigamos nossos exemplos com outro paulistano, o sambista Adoniran Barbosa, em geral conhecido por suas canções cômicas – como "Samba do Arnesto" (composta com Alocin), "As mariposas", "Triste Margarida: Samba do metrô", "Trem das onze", e outras mais. Mas basta ouvir canções como "Iracema", "Bom dia, tristeza" (com Vinícius de Moraes) e "Despejo da favela", para nos convencermos de seu talento para compor e interpretar temas tristes ou apresentar a tristeza com uma ponta de humor (caso de "Saudosa maloca").

Deixemos São Paulo e vamos para Salvador, capital da Bahia, encontrar Dorival Caymmi e sua pequena – embora gigantesca – obra de música popular. Rimos e sorrimos com Caymmi quando ouvimos canções como "Acontece que eu sou baiano" ("acontece que ela não é"); "A vizinha do lado" ("ela mexe com o juízo do homem que vai trabalhar");

Humor e tristeza | 41

"Maricotinha" ("se fizer bom tempo amanhã eu vou, mas se, por exemplo, chover, não vou!"). Temas tristes são às vezes apresentados com leve humor: "Marina" ("Marina, você se pintou (...) Desculpe, Marina, Morena, mas eu tô de mal"); "Fiz uma viagem" ("mas a sorte desandou quando cheguei a Alagoinha (...) Gorgulho deu no feijão, colega, e mofo deu na farinha"). E às vezes os temas tristes são tratados na mais pura melancolia e dramaticidade tanto melódicas quanto poéticas, notadamente nas canções sobre o mar e os pescadores: "A jangada voltou só" ("As moça de Jaguaripe choraram de fazê dó. Seu Bento foi na Jangada e a jangada voltou só"); "O mar" ("Pobre Rosinha de Chica que era bonita, agora parece que endoideceu"); "Vida de negro" ("Meu amor, eu vou-me embora, nessa terra vou morrer, um dia não vou mais ver, nunca mais eu vou te ver").

Finalizamos o indício dedicado aos criadores com um deles capaz de escrever versos como:

(...)
Que a saudade é o revés de um parto,
A saudade é arrumar o quarto
Do filho que já morreu.

E outros desse naipe:

Hoje eu vou sambar na pista,
Você vai de galeria
Quero que você assista
Na mais fina companhia
Se você sentir saudade,
Por favor não dê na vista
Bate palmas com vontade,
Faz de conta que é turista.

42 | Papirus Editora

O leitor terá reconhecido os versos de Chico Buarque de Hollanda; os primeiros são da pungente canção "Pedaço de mim", e os últimos da espirituosa "Quem te viu, quem te vê". E não faltam exemplos, na obra desse compositor, que traduzem seu talento humorístico e sua capacidade de criar melodias e letras cuja beleza sublinha a tristeza.

Com efeito, encontramos humor em canções como "Biscate": "Telefone, é voz de dama / Se penteia pra atender"; como "A banda": "A moça feia debruçou na janela / Pensando que a banda tocava pra ela"; e também como "Homenagem ao malandro":

Mas o malandro pra valer – não espalha
Aposentou a navalha
Tem mulher e filho e tralha e tal
Dizem as más línguas que ele até trabalha
Mora lá longe e chacoalha
Num trem da Central.

E encontramos tristeza em músicas como "Gota d'água":

Deixe em paz meu coração
Que ele é um pote até aqui de mágoa
E qualquer desatenção
Faça não
Pode ser a gota d'água.

Como "Geni e o Zepelim":

Num suspiro aliviado
Ela se virou de lado

E tentou até sorrir
Mas logo raiou o dia
E a cidade em cantoria
Não deixou ela dormir:
Joga pedra na Geni!
Joga bosta na Geni!

E como "Atrás da porta" (composta para uma melodia de Francis Hime):

Dei pra maldizer o nosso lar
Pra sujar teu nome, te humilhar
E me vingar a qualquer preço
Te adorando pelo avesso
Pra mostrar que inda sou tua
Só pra provar que inda sou tua...

Chico Buarque também sabe falar do triste com traços de humor, como o prova a bela "O meu guri":

Chega suado e veloz do batente
E traz sempre um presente pra me encabular
Tanta corrente de ouro, seu moço
Que haja pescoço pra enfiar.

E "Trocando em miúdos" (composta com Francis Hime):

Aceite uma ajuda do seu futuro amor
Pro aluguel

44 | Papirus Editora

Devolva o Neruda que você me tomou

E nunca leu

Eu bato o portão sem fazer alarde

Eu levo a carteira de identidade

Uma saideira, muita saudade

E a leve impressão de que já vou tarde.

Sintomaticamente, na capa do primeiro LP de Chico (intitulado *Chico Buarque de Hollanda, v. 1*, lançado em 1966) vemos, lado a lado, duas fotos do cantor: na da esquerda ele ri, na da direita, apresenta semblante sério e triste. Esse tipo de capa poderia servir para todos os criadores que acabamos de apresentar. Parafraseando o próprio Chico, cada um deles é *alegre ma non troppo*.[10]

Vidas

Acabei de escrever que alguns criadores com talento para o humor são alegres *ma non troppo* pelo fato de eles também nos brindarem com obras que inspiram a tristeza ou falam dela. Mas, quando digo que *eles* não são tão alegres quanto seu humor, isso poderia levar o leitor a pensar que estou indo além das obras e me referindo ao caráter deles ou à vida que levaram ou levam. Ora, o senso comum costuma nos fazer pensar que pessoas que sabem despertar o riso têm uma vida alegre, para as quais a tristeza, embora às vezes inevitável, é marginal. Porém, em vários casos, não é isso que se verifica, mesmo naqueles criadores que somente fazem humor, que só procuram, portanto, fazer rir (como Molière, Chico Anysio e outros).

Seria interessante fazer estudos de caso, eleger alguns criadores de humor e se debruçar sobre suas vidas para verificar o quanto a tristeza

---

10. Verso da canção "Com açúcar, com afeto".

está, ou não, presente no seu dia a dia e, se estiver, de que forma. Mas tal empreitada fugiria tanto ao meu objetivo quanto à minha competência. Vou me limitar aqui a rapidamente lembrar, à guisa de indício sobre a relação entre humor e tristeza, o que se sabe da infância, da vida ou do estado de espírito de alguns criadores, começando pelo grande dramaturgo francês Molière (século XVII), que escreveu as clássicas peças *Le bourgeois gentilhomme* (traduzido em português como *O burguês fidalgo*), *Le misanthrope*, *Le Tartuffe*, *Le malade imaginaire*, e tantas outras. Sabe-se dele que era frustrado por não ser um ator trágico, que sofreu com a morte de um filho e que não raro andava melancólico e até depressivo. Mark Twain também sofreu de profunda depressão em razão da morte de sua filha, tragédia que não poupou Charles Chaplin (seu primeiro filho morreu três dias após nascer), que, além do mais, teve uma vida amorosa conturbada e cheia de separações.

Uma infância cruelmente infeliz se encontra em alguns humoristas, como é o caso dos já citados Chaplin (pai alcoólatra, mãe problemática), e do desenhista Sempé, que viveu entre um pai e uma mãe agressivos dos quais ele tinha profunda vergonha. Escreveu ele: "Minha infância não foi muito alegre. Ela era lúgubre e um pouco trágica" (2011, p. 25). Acrescenta ele ainda que sempre foi uma criança "horrivelmente solitária" (*ibidem*, p. 47).

A solidão, devida a uma clara inadaptação em relação à sociedade, também se encontra em outros criadores citados aqui. Foi o caso de Satie, um "solitário em sociedade", segundo a expressão de Anne Rey (1974), que comenta várias tentativas fracassadas de integração do músico ao mundo em que vivia. Sempé revela característica parecida quando afirma que nunca conseguiu tornar-se adulto, que sofre de uma timidez insuperável, que se sente um eterno revoltado porque tudo o afeta e que todo mundo sempre dele zombou. Georges Brassens, que confessava ter um caráter melancólico, contou em entrevista:[11] "O mundo tal como é não me convém. Ele continua

---

11. A entrevista encontra-se no CD *Georges Brassens: Entretien avec Philippe Nemo* (Paris: Le Livre qui Parle, 1990).

a não me convir assim como não me convinha há 20 anos. Aliás, ele me convém cada vez menos". Nesse mundo povoado de "pessoas indiferentes e raivosas", ele "conhece poucas pessoas e tem poucos amigos". Diz ele: "O que domina, em mim, é a necessidade de estar só". Chico Anysio, que admitia sofrer de depressão, queixava-se do não reconhecimento de suas obras como revelou em 2002:

> O fato de eu atuar na televisão faz com que se cometa a barbaridade de editarem um livro *Cem melhores contos brasileiros* e não incluírem nenhum meu. Minhas músicas são quase renegadas, minha pintura é desqualificada, meus comentários de futebol são considerados idiotas, minhas poesias nem chegam a ser lidas.[12]

Richard Lester[13] dizia que Jacques Tati era triste e melancólico, e tal imagem é a que se tem de George Harrison (o Beatle quieto), conhecido pelo seu fino senso de humor.[14] Falemos mais uma vez de Chaplin, "um homem de aparência lamurienta, egoísta, taciturno e vagamente insatisfeito com a vida", segundo Burke, que escreveu um ensaio sobre o artista (*apud* Robinson 2011, p. 449). Sobre Chico Buarque de Hollanda, Clarice Lispector escreveu: "Chico é lindo e é tímido, e é triste. Ah, como eu gostaria de dizer-lhe alguma coisa que diminuísse a sua tristeza" (*apud* Magalhães 2004). Mas, para outros humoristas, a tristeza se manifesta para além da melancolia. Georges Feydeau, dramaturgo e humorista francês, drogava-se e sofria de transtornos psíquicos graves. Pierre Dac tentou várias vezes se suicidar, como também assim acabaram com as suas vidas os cartunistas franceses Chaval e Jean Bosc, e ainda Romain Gary, autor

---

12. Citação retirada de um artigo do jornal *Folha de S.Paulo* quando da morte do grande comediante (24/4/2012, C10).

13. Lester se notabilizou por dirigir o primeiro filme dos Beatles (*A hard day's night*, 1964).

14. Das pouquíssimas músicas dos Beatles que podem ser classificadas como genuinamente humorísticas, temos "Taxman" (do LP *Revolver*, de 1966) e "Piggies" (do LP *The Beatles*, de 1968 – chamado de *Álbum branco*), ambas escritas por Georges Harrison.

de origem russa, em cujos romances encontram-se vários traços de humor (por exemplo, *Les promesses de l'aube*, *La vie devant soi*, e *Gros-Câlin*).

Terminemos com esse comentário de Fernand Reynaud, humorista de sucesso que vivia deprimido e bebia a toda hora do dia: "Os cômicos são uns excomungados. Nunca estamos satisfeitos de nós mesmos".

Conhecedor de exemplos como os que acabamos de apresentar, Blondel (1988, p. 101) observava que "as pessoas que gostam muito de rir, é banal dizê-lo, são as mais profundamente tristes, elas riem de tristeza", e Wladimir Propp (1992, p. 182), que não pensava ser o fato tão trivial assim, perguntou-se: "Como explicar que os humoristas, os satíricos, são, muitas vezes, em suas vidas, bem o contrário de pessoas alegres, destacando-se pela misantropia e pelo caráter sombrio?". Colocado de outra forma: como pessoas – algumas de infância muito difícil, outras que sofreram graves traumas, outras ainda que se sentem desconfortáveis num mundo para elas estranho ou francamente aversivo, e outras mais, melancólicas e até suicidas –, envoltas num halo de tristeza, são capazes de criar humor?

Enfim, como a tristeza convive, às vezes, com o riso e o humor?

É o que vamos, doravante, procurar analisar.

Riso, humor e plano ético

Com o intuito de preparar o terreno para a análise prometida, abandonemos momentaneamente a relação riso, humor e tristeza para pensarmos o lugar do riso e do humor no plano ético. Vale lembrar que chamo de *plano ético* aquele referente à busca de uma *vida boa* (e chamo de *ética* uma vida boa regulada pela moral – ver La Taille 2006a; Ricoeur 1990).

Universalidade

Em primeiro lugar, notemos que o riso e o humor ocupam lugar de destaque na vida da grande maioria das pessoas, para não dizer de todas elas, e isso em todas as épocas, para todos os povos e todas as idades.

Em todas as *épocas*, como o mostra Georges Minois em seu livro *Histoire du rire et de la dérision* (2000). Com efeito, na Antiguidade grega, pensadores como Platão e Aristóteles já falavam do riso, e já havia autores de peças humorísticas, entre os quais se destaca Aristófanes. Mais ainda, os deuses do Olimpo riam! Na Idade Média, o riso e o humor são severamente expulsos da religião cristã, pois execrados pelas autoridades eclesiásticas[15] (Jesus nunca é representado rindo, mas o Diabo, sim!); entretanto, eles são inevitavelmente "tolerados" (embora dentro de limites estreitos), pois têm raízes profundas na cultura popular, como o demonstra Mikhail Bakhtin (1970) em sua obra sobre François Rabelais. Nos séculos seguintes, riso e humor, agora em parte liberados das proibições religiosas, permanecerão firmemente presentes na vida cotidiana, e isso até nossos dias, nos quais, segundo Minois (2000, p. 509), "o humor estereotipado, 'midiatizado', comercializado, globalizado conduz o planeta".

Não sei se concordo com o historiador a respeito do fato de o humor *conduzir* o planeta (voltarei ao tema no *Post-scriptum*), mas creio importante sublinhar que, mesmo sem esse poder, o humor não somente está presente em todas as épocas, como revela dimensões culturais relevantes de cada século. Escreveu Bakhtin (1970, p. 13):

> (...) afirmamos que, sem levá-lo em conta (o humor), não se podem compreender a consciência cultural da Idade Média nem a civilização do

---

15. Escreve Minois (2000, p. 103): "Em todos os lugares do Novo Testamento, nos quais o riso é explicitamente mencionado, ele é condenado como zombaria ímpia, como sacrilégio". Esse é o tema do romance *O nome da Rosa*, de Umberto Eco.

Renascimento. Ignorar ou subestimar o riso popular na Idade Média falseia o quadro de toda a evolução histórica da cultura europeia nos séculos seguintes.

Certamente tal observação deve valer para todas as épocas, o que explica, por exemplo, que Gilles Lipovetsky (1983), nas suas análises da contemporaneidade, dedique todo um capítulo ao que ele chama de a *sociedade humorística*, que Minois (2000) identifique em cada época as relações entre o humor e as características sociais e políticas e que Elias Thomé Saliba (2002) se debruce sobre as representações humorísticas na história brasileira (conforme subtítulo da obra: *Da Belle Époque aos primeiros tempos do rádio*) para nos ajudar a compreender traços culturais da época.

Em suma, se riso e humor não somente estão presentes em todas as épocas, como também as suas características revelam aspectos sociais, políticos e culturais de cada momento histórico, sua relevância para o plano ético fica evidenciada.

Outra evidência, complementar à que acabo de relatar, é o fato de riso e humor se manifestarem em todos os *povos*, por mais diversos que sejam. É o que nos mostra a pequena revisão feita por Eric Smadja (1993) – "pequena" porque são raros os estudos antropológicos dedicados ao tema. Mas os poucos citados, realizados em tribos da América e da África, mostram a forte presença do riso e do humor nesses povos. E também mostram que as razões do riso são perfeitamente identificáveis em outras sociedades: zombarias (notadamente sobre pessoas cujo comportamento se desvia das normas aceitas), piadas (com lugar de destaque para a sexualidade), cócegas, trotes, festas etc. Por vezes, são identificados risos que parecem estranhos. Por exemplo, entre os *iks*, as pessoas riem das desgraças alheias (como de uma criança que cai e se machuca ou de uma pessoa em plena decadência física), mas sem que essas risadas possam ser atribuídas a um prazer experimentado quando do sofrimento de outrem; sem que se possa, portanto, classificar esse riso como riso de humilhação. Madja sugere a

50 | Papirus Editora

hipótese de que tais risos traduziriam uma forma de defesa contra a angústia. Se tal for o caso, ele seria plenamente compreensível pelos homens em geral, embora muitos deles o reservem para situações outras.

Vimos que as pessoas riem em todas as épocas e em todos os lugares. Elas também riem em todas as *idades*.

O bebê ri, a criança ri, o adolescente ri e o adulto ri. Mudam, evidentemente, as causas do riso segundo as idades. O bebê, a partir de três ou quatro meses, ri de cócegas, de cenas e barulhos estranhos e de certas interações com os adultos, com predileção relevante para jogos de esconde-esconde (ver La Taille 2002). Ainda privado da linguagem, o humor propriamente dito está fora de seu alcance. A partir dos dois anos, atos acompanhados de sentenças podem provocar risos desbragados, como no caso em que um adulto, brincando, diz à criança "vou te pegar". Ela também ri dos atos desajeitados dos palhaços (e não raramente chora), de aspectos físicos bizarros (por exemplo, dimensões exageradas ou transferência de características de um ser sobre outro), de gestos insólitos, de cenas não habituais, de pequenos incidentes. Mas não se pode dizer que já se trata de humor: trata-se mais de momentos de alegria desencadeados por eventos variados da vida.

Então, a partir de que idade a criança penetra nesse mundo humorístico? Foi o que procurou responder Françoise Bariaud (1988) em sua pesquisa sobre a gênese do humor na criança. Segundo a autora, se elegermos elementos de incongruência como aspecto formal essencial ao humor, a criança começa a rir deles a partir dos sete anos de idade, o que é perfeitamente compreensível pelo que se sabe do desenvolvimento cognitivo dos indivíduos. Escreve a autora: "Sete anos aparece como a idade-limite da confusão entre o engraçado e a alegria" (Bariaud 1988, p. 107). A partir dessa idade, portanto, podemos dizer que a criança já se assemelha ao adolescente e ao adulto, faltando-lhe apenas um repertório lógico e cultural maior para apreciar o que faz os mais velhos rirem.

Finalizemos este item dedicado ao caráter universal do riso e do humor nos perguntando se há também certa universalidade a respeito dos conteúdos dos quais se ri e com base nos quais se cria humor. Para responder com precisão a essa indagação, seria necessário fazer comparações entre épocas, lugares e idades. Todavia, uma apreciação ainda que superficial do tema leva-me a dizer que tal universalidade existe. Tenho como indício o fato de piadas circularem o mundo, não importando onde foram criadas (lembremos que piadas de português contadas no Brasil são contadas na França, mas com os belgas como protagonistas, ou nos Estados Unidos, com canadenses como foco). Outro indício foi assinalado quando falei das pesquisas etnográficas: o fato de indivíduos de tribos indígenas isoladas da América e da África rirem dos desviantes, da sexualidade, o fato de eles zombarem uns dos outros e de fazerem trotes, mais os aproximam de outros povos do que os afastam. O estudo histórico de Minois mostra mais diferenças entre os lugares sociais e políticos que ocupam o riso e o humor do que entre seus conteúdos: pode-se até hoje ler François Rabelais com prazer, como podem ser apreciadas peças como as de Aristófanes e de Molière. Há, sim, características peculiares a cada cultura, como o atesta o chamado "senso de humor inglês". Mas isso não deve nos mascarar o alcance universal da maioria das formas de humor. Finalmente, no que tange às idades, verifica-se que muitas coisas que fazem rir o bebê ou a criança pequena continuam a fazer rir o adulto: o desenvolvimento do senso de humor na criança traduz-se mais por uma crescente abrangência do que faz rir do que por alternâncias de conteúdo.

Sentimento de superioridade e riso

Se o riso e o humor são universais, é forçoso deduzir que devem relacionar-se com elementos psíquicos incontornáveis do "plano ético". Alguém poderá dizer que, sendo a alegria indissociável de uma *vida boa*, é evidente que o riso e o humor, que traduzem momentos de alegria, são universais, pois os seres humanos procuram, na medida do possível, passar por bons momentos. Sim, todavia creio que se contentar com essa generalidade é insuficiente para dar conta do fenômeno, notadamente porque, como mostrado nas páginas anteriores, não só a alegria associa-se ao riso e ao humor, mas também a tristeza. Alguém poderá também lembrar que o humor sempre fala de aspectos da vida e, logo, inscreve-se no plano ético. Sem dúvida, sempre fala de aspectos relevantes da vida (inteligência, sentimentos, destinos etc.). Mas isso ainda é pouco para compreendermos sua relevância para a ética. Devemos, portanto, encontrar outros elementos inerentes ao riso e ao humor que sejam também inerentes às dimensões psicológicas do "plano ético".

Comecemos por verificar como vários autores respondem à pergunta: *Por que os seres humanos riem?* E lembremos aqui que, como foi sublinhado por vários, somente os seres humanos riem. Os animais, não.

Um elemento de resposta recorrente é bem expresso por Marcel Pagnol. Escreve ele: "O riso é um canto de triunfo: é a expressão de uma superioridade momentânea, repentinamente descoberta, de quem ri sobre quem é objeto da zombaria" (1990, p. 25).

Pagnol escreveu essas linhas em 1947. Antes dele, outros levantaram associações semelhantes entre o riso e o sentimento de superioridade, como os filósofos Platão e Hobbes, o poeta Charles Baudelaire, o naturalista Charles Darwin e o romancista Stendhal, entre outros. E depois dele também: por exemplo, Blondel, Propp e Guirlinger. Ora, o sentimento de superioridade pode ser associado à necessidade de *expansão de si*, dimensão psicológica incontornável do usufruto de uma *vida boa*.

Antes de aprofundarmos a questão, vejamos como o referido sentimento se apresenta nos diferentes autores, começando por Platão, que associa o riso de zombaria à inveja. Afirma ele: "O raciocínio nos ensina que, quando zombamos do que é ridículo em nossos amigos, nós misturamos inveja ao prazer, e misturamos assim dor e prazer" (2002, p. 188). Uma vez que quem sente inveja se vê como inferior àquele que a desperta (daí a referência à dor), a zombaria teria – ao ressaltar, justa ou injustamente, algum defeito alheio – o papel de resgatar o sentimento da própria superioridade, compensando de certa forma a inveja experimentada (daí a referência ao prazer). Essa mesma associação encontra-se em Descartes (1996, p. 210), que afirma que "a zombaria é uma alegria misturada com ódio". O ódio, segundo ele, provém da percepção de um defeito humano que a pessoa que ri julga não ter. Aqui, a superioridade se dá por comparação com a inferioridade de outrem. Antes de Descartes, Aristóteles (1990, p. 87) já havia observado que "a comédia é uma imitação de homens sem grandes virtudes". E nós, que supostamente as temos, rimos.

Contemporâneo de Descartes, Hobbes (1999, p. 91), ao discorrer sobre o riso em seu texto sobre a natureza humana, chega a uma conclusão parecida: "Vemos homens rirem das fraquezas dos outros porque julgam que esses defeitos servem para melhor realçar suas próprias qualidades". Nota ele também que quem ri das próprias piadas o faz por saborear o próprio talento. Logo, "poderíamos concluir que a paixão do riso é um movimento súbito de vaidade produzido pela concepção súbita de alguma qualidade pessoal" (*ibidem*).

Em autores mais recentes, encontramos pensamentos semelhantes. Baudelaire (1855, p. 8), escreve que o "riso satânico é consequência da ideia da própria superioridade", Propp (1992) fala em *vitória moral*, nos casos de risos de zombaria, e Blondel (1988, p. 55), generalizando, afirma que "não há riso sem uma emanação de superioridade intelectual e moral".

Citemos finalmente Guirlinger (1999, p. 26), que inverte a equação até aqui encontrada: "Eu não rio porque me sinto superior, pelo contrário, eu me sinto e me faço superior porque rio".

Embora nem todos concordem com a associação entre riso e sentimento de superioridade (por exemplo, Freud 1940), ela certamente merece crédito e, portanto, deve ser aprofundada. Digo aprofundada porque ela é essencialmente afirmada pelos autores que citei sem que eles lancem mão de argumentos baseados na psicologia.

Falemos então de psicologia e perguntemo-nos se, nessa área do conhecimento, se encontra alguma referência séria a um suposto sentimento de superioridade. Digo "séria" porque encontramos tal referência em livros de autoajuda (cujos conselhos se assemelham ao antigo e folclórico método Coué – início do século XX – baseado na autossugestão: "considere-se superior e você o será"), cujos autores não raramente se gabam de falar em nome da psicologia ou, mais recentemente, das neurociências.

Ora, encontramos, sim, sólida referência na obra de Alfred Adler, antigo discípulo de Freud, que dele se afastou e criou sua própria corrente teórica batizada de psicologia individual. É dele a famosa expressão "complexo de inferioridade", que rapidamente se popularizou.

Escreveu ele: "Há muito tempo que insisto no fato de que ser homem é sentir-se inferior" (Adler 1991, p. 73). Logo, "é unicamente o sentimento de ter atingido um grau satisfatório na tendência a elevar-se que pode fornecer um sentimento de quietude, de valor e de felicidade" (*ibidem*, p. 56). A tal tendência, cuja realidade psíquica ele também afirmava com todas as letras, Jean Piaget deu o nome de "expansão de si" (ou "afirmação de si", – ver Piaget 1954). Se ela for, por algum motivo, contrariada, segundo Adler, instala-se a neurose, que é a sempre vã tentativa de "manter a todo custo uma aparência de valor" (*idem* 1992, p. 121).

Em resumo, uma tendência forte e incontornável do ser humano é passar de um estado sentido como de inferioridade para outro experimentado como superior. Ora, se ela for tendência forte e incontornável, é evidente que o usufruto de uma *vida boa* depende de ter sucesso na expansão de si (ver La Taille 2006a). Dito de outra forma, o sentimento de superioridade é elemento psíquico relevante e, por conseguinte, há certamente algo de verdadeiro nas afirmações teóricas que o colocam como presente nas razões desse ato universal que é o riso.

O que acabei de escrever poderia levar a crer que o riso é necessariamente fruto de algum sucesso na expansão de si, mas nem sempre é o caso – longe disso, aliás, como veremos reiteradamente. Para compreendê-lo, voltemos a pensar em diversas situações de riso, começando pelo que Pagnol chama de riso positivo.

Vimos que ele ocorre em variadas situações de alegria. Algumas delas, como participar de uma festa, estar com amigos, receber uma boa notícia, acolher um estranho ou o simples bom humor, não me parecem tributáveis a algum sentimento de superioridade. Mas, como já dito no início do presente texto, quando o riso é desencadeado por algum sucesso pessoal, aí sim podemos falar obviamente em tal sentimento. Lembro, à guisa de exemplo, a reação eufórica da tenista Venus Williams ao ganhar seu primeiro título em Wimbledon: ela pulava e ria desbragadamente e nem conseguia falar ao microfone quando da tradicional entrevista. É perfeitamente possível entender o que significava para ela aquele título: o primeiro coroamento de uma carreira, o primeiro título arduamente desejado, o reconhecimento cabal de seu incontestável valor como atleta. Essa mesma reação foi notada em Gustavo Kuerten quando, ao ganhar o torneio *Master Cup*, em 2001, ascendeu ao primeiro lugar do *ranking* – contrariando, aliás, as opiniões de vários analistas que não o consideravam um tenista de amplos talentos. Nesses e em outros exemplos, que não precisam ser tão "poderosos", o êxito na tendência da expansão de si está presente e explica, creio, esse tipo de riso de alegria.

O que dizer então de situações de riso negativo? Anteriormente arrolamos algumas: riso de exclusão, insolência, timidez, insegurança, vergonha. Ora, parece-me que aquele decorrente da *vergonha* é chave para entendermos a relação entre riso e sentimento de superioridade, no caso do riso negativo.

O que é o sentimento de vergonha?

Dediquei um livro a esse tema (La Taille 2002) e livrarei aqui apenas os elementos relevantes para minha análise.

O primeiro elemento: a vergonha pode ser passageira ou perene. Ela é passageira quando experimentada numa situação casual: por exemplo, escorregar e cair na rua, ser surpreendido sem roupa, ouvir-se dizer um despropósito etc. E ela é perene (no sentido de frequentemente presente) quando decorrente de algo que acompanha o sujeito durante parte de sua vida (ou a vida toda): por exemplo, considerar-se fisicamente feio, nunca conseguir resultados expressivos como esportista ou acadêmico, considerar-se fracassado profissionalmente, achar-se sempre inadequado em relações sociais etc. É evidente que a vergonha perene é muito mais dolorida que a passageira, pois enquanto esta pode ser rapidamente esquecida, aquela permanece cotidianamente presente nos pensamentos.

O segundo elemento a ser lembrado é que há duas categorias de situações nas quais se pode sentir vergonha.

Uma delas é a *exposição*: quando a pessoa tem consciência de que é objeto do olhar dos outros, tal consciência pode desencadear o sentimento de vergonha. Digo "pode" porque isso depende das pessoas. Algumas (poucas) se sentem como "peixe dentro d'água" quando observadas por uma plateia, mas outras (muitas) acham tal situação penosa, mesmo quando a exposição é motivada pela admiração (por exemplo, ao receber um prêmio numa cerimônia). Note-se que a vergonha de exposição é a primeira a ser experimentada pela criança. Salvo patologia, ela é inevitavelmente experimentada por volta dos dois anos de idade, quando a criança já construiu a capacidade de representação, que a leva a ter consciência de que ela é "objeto perceptível" para outrem. Jankélevitch (1986, p. 450) já afirmava que "a consciência é uma vergonha nascente".

A outra categoria de situação na qual a vergonha é sentida é quando está presente um estado ou uma ação passível de *juízo de valor negativo*. Eis um

Humor e tristeza | 57

exemplo de *estado*: sentir vergonha por achar-se desprovido de beleza física. Eis agora um de *ação*: perder um jogo de tênis por dois "pneus" (6x0 e 6x0). A vergonha de exposição é sempre passageira (somente ocorre quando da exposição), ao passo que a vergonha judicativa pode ser passageira (perder um jogo de forma humilhante, mas ser evento isolado) ou perene (perder sistematicamente todos os seus jogos).

O terceiro elemento é essencial para nossa análise: a vergonha é sempre atrelada a um *sentimento de inferioridade*.

No caso da vergonha de exposição, o sentimento de inferioridade não é, reconhecemo-lo, de todo claro, pois não estão em jogo juízos negativos que o sujeito faz sobre si próprio. Pode-se fazer a hipótese de que o referido sentimento decorre do fato de ser *objeto para outrem*, de ser, por assim dizer, *tragado* pelos olhos e ouvidos alheios. Dito de outra forma, o sujeito, quando exposto, perde momentaneamente sua liberdade por estar *para os outros*, por mais que esses outros o elogiem e admirem. No caso de elogios, uma situação paradoxal se instala: experimenta-se sentimento de superioridade em virtude da admiração expressa por outrem e, ao mesmo tempo, experimenta-se o sentimento oposto, por estar na dependência do juízo alheio. E quando não há elogio em jogo, apenas o sentimento de inferioridade se faz presente, mesmo que de forma efêmera.

Nos casos de vergonha judicativa, o sentimento de inferioridade é patente, pois decorre da tomada de consciência, pelo sujeito, da distância que há entre a "boa imagem" desejada por ele, ou à qual ele pensava corresponder, e aquela que os fatos o obrigam a aceitar (ver Harkot-de-La-Taille 1999). Por exemplo, um esportista pode desejar ser um grande campeão e sentir vergonha por perceber, pelos seus resultados, que nunca o será. Ou então ele pode sentir vergonha porque se achava um jogador de alto nível e alguns de seus resultados lhe provam que isso não é verdade. Para usar um termo bastante empregado na psicologia, a vergonha é decorrência de baixa autoestima. Tal situação pode ser, como vimos, passageira ou perene. A vergonha judicativa decorre de uma desvalorização que o envergonhado realiza a respeito de si próprio. Sublinhe-se que uma condição necessária à vergonha judicativa é a pessoa que a experimenta julgar a si própria negativamente. Ou seja, não basta que outros a julguem dessa forma: nos casos em que isso acontece, ela deve ela mesma aceitar tais juízos. Mas o juízo alheio não é condição necessária, tanto é verdade que podemos sentir vergonha mesmo quando sozinhos.

Isso posto, quais são as reações típicas do envergonhado? Quando em público, o rubor nas faces é frequente e tem o perverso efeito de aumentar a intensidade do penoso sentimento, pois o denuncia. Outra reação típica é a de "querer sumir", desaparecer, vontade esta que, quando relacionada à vergonha judicativa e perene, é causa frequente de suicídios (ver Shreve e Kunkel 1991). O desejo de desaparecer, momentânea ou definitivamente, é reação compreensível do sentimento de inferioridade.

Mas, então, o que dizer desta outra reação que é o riso? A resposta dada por Darwin parece-me correta: o riso serve para *disfarçar* a vergonha, perante outrem, e também perante si mesmo. Ora, disfarçar significa negar o sentimento de inferioridade, negação esta devida à necessidade de sentir-se superior. Em outras palavras, no caso da vergonha, o riso traduz uma forma de, momentaneamente, recuperar um semblante de superioridade. Nesse caso, portanto, é difícil dizer com Pagnol que o riso é um "canto de triunfo", pois houve objetivamente derrota e o envergonhado sabe disso. Todavia, o riso expressa a necessidade de expansão de si: tornando risível a situação de inferioridade, ela é momentaneamente desvalorizada ou até negada. Por intermédio do riso, o sujeito procura *manter a todo custo uma aparência de valor*, para empregar a expressão de Adler.

Em resumo, no caso do riso negativo oriundo da vergonha, encontramos, sim, como motivação, o sentimento de superioridade. Porém, diferentemente do riso provocado por momentos em que o sentimento de superioridade é, de fato, experimentado, no caso da vergonha, o riso é apenas compensação passageira. Dito de outra forma, tal riso é a reação do sentimento de superioridade *contrariado*, não sua afirmação, pois ele não tem o real poder de apagar a vergonha que permanecerá presente, sobretudo quando for judicativa e perene.

Creio que a mesma análise pode ser feita, *mutatis mutandi*, no caso do riso de insegurança e de timidez.

Falemos agora desse outro riso negativo que chamei de riso de humilhação, bem ilustrado pelos versos de Chico Buarque na sua canção "Não sonho mais":

Quanto mais tu corria

Mais tu ficava,

Mais atolava,

Mais te sujava,

Amor, tu fedia, empestava o ar.

Tu que foi tão valente

Chorou pra gente

Pediu piedade

E, olha que maldade, me deu vontade de gargalhar.

A letra é narrada por uma mulher que conta ao seu amante ter sonhado que estava, com mais gente, humilhando-o severamente (até matá-lo). No final da canção, ela diz que se arrepende e, com humor, Chico a faz pedir a seu companheiro: "diz que me ama e eu não sonho mais".

No ato de humilhação, o riso é frequente por parte do algoz. Por quê?

Antes de responder, notemos que ele pode cumprir duas funções.

A primeira delas é a própria humilhação: rir de outrem apontando supostas características "engraçadas" é uma forma de humilhá-lo. Por exemplo, ri-se do fato de uma pessoa ser gorda, magra, feia, baixa, alta, estrábica etc. Numerosos casos de *bullying* seguem esse expediente. O riso, por si só, basta para humilhar a pessoa dele objeto. Às vezes, tal tipo de riso decorre não de características da vítima, mas de situações nas quais ela é obrigada a ficar. Um exemplo clássico dessa forma de humilhação é o do chapéu com orelhas de asno que os maus alunos eram obrigados a usar na escola e nas ruas. A intenção era tristemente clara: fazer os outros rirem do desafortunado aluno travestido de animal. Outros exemplos, também clássicos, encontram-se nos chamados trotes violentos de origem medieval que ainda são praticados nas melhores universidades do mundo inteiro: colocam-se os calouros em situações grotescas que despertam o riso da plateia. Tal tipo de "recepção" de novos alunos é indissociável de um ato de humilhação (voltarei ao tema quando tratar do direito de rir).

A outra função do riso é traduzir o contentamento da pessoa que humilha. É justamente o caso na letra de Chico que transcrevi acima: as humilhações infligidas ao companheiro da "sonhadora" são de ordem física ("vi chegando um bando, mas que era um bando de orangotango pra te pegar (...) tinha um bom motivo para te esfolar") e o pavor ("pediu piedade") experimentado pela vítima dessa tortura é o que causa a "vontade de gargalhar". Nesse caso, a humilhação não consiste em tornar a vítima grotesca, mas, mesmo assim, ela é acompanhada de risos. E nos casos em que a humilhação se traduz pela ridicularização da vítima (exemplo do chapéu de asno), o riso cumpre as duas funções assinaladas: *rir do ridículo* e *rir de satisfação* em humilhar ou assistir a uma humilhação.

Vejamos agora a razão da frequência do riso quando de atos de humilhação por intermédio do binômio sentimento de superioridade e sentimento de inferioridade.

Qual é a intenção de tal ato? Como a sua raiz etimológica o sugere, a intenção do ato de humilhar é colocar a vítima no "nível do chão" (*húmus*), ou seja, colocá-la em situação de inferioridade e esperar que ela *se sinta de fato inferior* (digo "esperar" porque a pessoa humilhada pode não aceitar os juízos negativos a ela dirigidos). Logo, quem humilha procura estar em posição de superioridade, por mais momentânea e falsa que ela seja. Daí a reação de riso, advinda de uma pretensa superioridade.

E qual a motivação do ato de humilhar? Pode haver vários, mas não raramente ela nasce de um sentimento de inferioridade. Não por acaso, Chico Buarque assim descreve o "bando de orangotangos" que humilham a onírica vítima:

> Vinha nego humilhado
> Vinha morto-vivo
> Vinha flagelado
> De tudo que é lado
> Vinha um bom motivo para te esfolar.

Com esses versos, Chico nos leva a pensar que a vítima da humilhação e do linchamento era uma pessoa poderosa, agora objeto de uma vingança. Quem o tortura são pessoas que estiveram em posição de inferioridade (nego humilhado, morto-vivo, flagelado), a qual agora invertem pela humilhação. E deu "vontade de gargalhar"! Dou um exemplo da vida real: no final da Segunda Guerra Mundial, muitos franceses, cujo país havia sido ocupado pelos alemães, vingaram-se humilhando os soldados inimigos que não haviam conseguido fugir: tiravam-lhes as roupas, arrastavam-nos atrás de carros etc. – e isso sob as risadas das pessoas que a tudo assistiam. O sentimento de inferioridade dos algozes dos soldados é fácil de ser entendido (embora, a meu ver, não moralmente justificável), pois haviam eles mesmos sido humilhados pela cruel derrota militar. O ato de humilhação era, portanto, motivado por tal sentimento, agora invertido pela retribuição da humilhação.

Em suma, sendo o ato de humilhar o rebaixamento de outrem e sendo a sua motivação frequentemente um sentimento de inferioridade, o riso que o acompanha é explicável pela procura e pela realização de uma posição de superioridade em relação à vítima. Quem humilha se sente superior ao tornar outrem inferior.

Porém, tal sentimento de superioridade padece de fraqueza parecida com aquela que aparece como reação à vergonha. Para nos convencermos disso, pensemos na explicação psicológica que Marcel Pagnol (1990, p. 26) dá do riso negativo: "Eu rio porque você é inferior a mim. Não rio de minha superioridade, rio de sua inferioridade". Ela é aparentemente contraditória com a que acabei de dar em relação ao riso de humilhação. Mas não creio que tal contradição, embora presente nos termos empregados por Pagnol e por mim, traduza real divergência entre os nossos pontos de vista.

O que Pagnol lembra é que o sentimento de superioridade somente deveria merecer esse nome quando decorrente de um feito ou de um talento por parte de quem o experimenta. É, segundo ele, o motivo do riso positivo. No caso do riso negativo, nada há que ateste a superioridade de quem ri, nenhuma vitória, nenhum talento, nenhuma qualidade identificável. O riso de humilhação evidentemente corresponde a esse segundo caso: para me julgar superior, nada faço para me superar, mas rebaixo outrem. Do ponto de vista psicológico, quem humilha pode, sim, julgar-se superior à vítima. Discordaria, portanto, de Pagnol nesse ponto. Todavia, tal superioridade, por não corresponder a nada que pertença ao sujeito que a sente, *por não decorrer de um sucesso na expansão de si mesmo*, é frágil e passageira, como no caso da vergonha. Penso ser isso que Marcel Pagnol quis sublinhar.

Em suma, o riso que acompanha o ato de humilhação é também uma forma de disfarce de um sentimento de inferioridade, de uma contrariedade na busca da expansão de si mesmo. Tal busca, incontornável para o plano ético, está, portanto, na origem de certos risos positivos e certos risos negativos.

Podemos ver rapidamente um último exemplo de riso negativo: aquele que acompanha a insolência. A definição de insolência remete a toda e qualquer forma de desrespeito. Todavia, devemos notar que quase sempre se chama de insolência a falta de respeito para com uma figura de autoridade. Pode-se dizer, por exemplo, que um aluno foi insolente com seu professor, mas raramente se afirmará que o professor foi insolente com o seu pupilo. Ora, a referência a figuras de autoridade marca uma hierarquia entre uma pessoa em posição superior e outra em posição inferior. O fato de a insolência ser frequentemente acompanhada de *risadinhas*, ou de se limitar a elas, pode ser explicado da mesma forma que explicamos o riso que acompanha a vergonha e o ato de humilhação. O insolente procura uma efêmera posição de superioridade ao negar aquela da autoridade.

Antes de passarmos à análise do sentimento de superioridade nos casos em que o riso é desencadeado pelo humor, façamos um resumo do que acabamos de ver quando ele é fruto de situações outras.

Vimos que nem todos os risos ditos *positivos* são tributários de um sentimento de superioridade: por exemplo, certos casos de alegria e o riso de acolhimento. Mas há, sim, um caso em que o referido sentimento está presente: quando ele resulta de um sucesso pessoal. No caso dos risos negativos, há alguns, como o riso histérico, que não me parecem associados à busca de alguma forma de superioridade. Mas tal busca existe quando da vergonha, da timidez, da insegurança, do ato de humilhação e da insolência. *Todavia, enquanto no riso positivo a expansão de si é fato, no riso negativo ela é contrariada e o riso serve apenas de semblante de sentimento de superioridade.*

Falemos então do riso decorrente do *humor*. Comecemos falando não de quem o cria, mas de quem dele ri.

Sentimento de superioridade e humor

Existe, é evidente, para todas as formas de humor, a satisfação pessoal de ter *compreendido* seu lado espirituoso, sobretudo quando tal forma pede algum esforço de reflexão, como no caso da "piada de português" citada por Sírio Possenti:

Foi quando chegou o amigo de Manuel e o convidou:

— Ó gajo! Estou a lhe convidaire para a festa de quinze anos de minha filha.

— Está bem, patrício. Eu irei. Mas ficarei no máximo uns dois anos...

Comenta Possenti (1998, p. 61), com exagero: "O português tem que ser um leitor hipersofisticado para descobrir um sentido que todos os brasileiros juntos não conseguiriam descobrir nesta seqüência". Exagero ou não, o que o linguista quer frisar é que Manuel interpreta de maneira matemático-temporal a locução "festa de quinze anos", abstraindo-a de seu sentido cultural. Note-se, aliás, que não raramente a "burrice" atribuída a portugueses (ou a pessoas de outras nacionalidades, dependendo do país) reside no entendimento *ao pé da letra* de expressões empregadas, como no clássico exemplo da pergunta "Você tem horas?", para a qual a pessoa se limita a responder "Tenho", ignorando assim a real intenção da pergunta, mas dando uma resposta perfeitamente coerente. Ora, a piada citada somente terá efeito de humor se o ouvinte também for capaz de perceber o sentido matemático-temporal e gramaticalmente correto interpretado por Manuel. Tal percepção certamente causará autossatisfação em quem ri, e ela é atribuível a um sentimento de superioridade. É verdade que a presença de tal sentimento acontece toda vez que uma pessoa entende o sentido de algo que lhe é dito ou mostrado (entender uma demonstração matemática, por exemplo). Logo, não estamos diante de algo que seja peculiar ao riso desencadeado pelo humor (mas que nem por isso deixa de ser relevante).

Prossigamos não mais nos remetendo à satisfação de ter compreendido alguma expressão de humor.

Há formas de humor que não me parecem tributárias de algum sentimento de superioridade, notadamente aquelas nas quais estamos na presença de puros *jogos de sentido*. Lembremos o já citado *"non tutti, ma buona parte"*, resposta dada por uma senhora a Napoleão, que se manifestava a respeito da medíocre qualidade dos dançarinos italianos. Temos também a incongruência, como aquela presente num desenho citado por Bariaud (1988), no qual se vê um esquiador que "atravessou uma árvore" porque os rastros de cada um de seus esquis encontram-se de um lado e de outro do tronco. Há frases cujo absurdo tem efeito humorístico, como esta de Eric Satie: "embora nossas informações sejam falsas, nós não as garantimos". Muitas expressões chamadas de nonsense empregam esse expediente, como a frase atribuída a Groucho Marx que, sentado num banco de metrô, diz a uma mulher que está de pé: "Desculpe-me, senhora, eu lhe teria cedido com prazer o meu lugar. Mas, infelizmente, ele já está ocupado". Satie era aficionado desse tipo de humor. Eis dois exemplos de sua safra: "Conselho: antes de respirar, faça ferver o seu ar"; "Eu vim ao mundo muito jovem num mundo muito velho". Podemos também lembrar as chamadas *pérolas*, que são frases que fazem rir em razão de um erro de sentido cometido inconscientemente pelo seu autor. Exemplo, citado por Jean-Charles (1959), de uma carta escrita por uma fazendeira à sua companhia de seguros: "Devo anular meu seguro-gado porque desde a morte de meu marido não há mais animais com chifres em casa". Outro exemplo, citado por José Simão no jornal *Folha de S.Paulo* em 10 de janeiro de 2013: cartaz de supermercado no qual é apresentada uma oferta de "colchão inflamável, multiuso".[16] Há também a história daquele cabeleireiro que colocou o seguinte cartaz na porta de seu estabelecimento: "Corto cabelo e pinto".

Chamo tais formas humorísticas de *puros* jogos de sentido, pois o que faz rir não é a referência a uma realidade exterior. Ou, melhor dizendo, tal referência é pretexto para apresentar desenhos ou frases linguisticamente espirituosas ou cujo absurdo inesperado faz rir. Não é, portanto, da realidade que se ri, mas sim da qualidade da expressão empregada. Nesses casos, parece-me difícil encontrar como motivação algum sentimento de

---

16. Um aluno nosso, por distração, escreveu numa prova de Psicologia do Desenvolvimento que, por volta dos dois anos de idade, a criança "entra na fase do socialismo". Ele, evidentemente, queria dizer que "entra na fase da socialização", e, quando lhe apontei o erro, ele foi o primeiro a rir.

superioridade além daquele já mencionado: autossatisfação por entender o jogo de palavras ou aquele, maior ainda, de ter criado, intencionalmente, tal jogo.

Em compensação, o sentimento de superioridade parece-me peculiar a duas formas de humor: o *humor de zombaria* e o *humor existencial*.

O humor de zombaria é aquele que ridiculariza o seu objeto ao identificar a ausência de alguma virtude nos homens em geral ou numa pessoa em particular.

São três os casos de humor de zombaria.

O primeiro: zombar de alguém em particular na esfera privada (as "gozações" feitas entre colegas, familiares, alunos de uma mesma classe etc.).

O segundo: a maioria das piadas, das sátiras, das comédias etc. Esse tipo de humor não costuma recair sobre pessoas particulares ou grupos, mas sim sobre o que se poderia chamar de "defeitos" humanos, como a falta de inteligência, a vaidade, a avareza, a afetação etc. É verdade que muitas piadas se referem a grupos definidos: portugueses, argentinos, judeus, loiras, homossexuais e outros. Todavia, tais grupos não são visados em sua identidade, pois servem apenas de pretexto para se criar a piada. Tanto isso é verdade que, como já dito, piadas de portugueses contadas no Brasil são contadas, na França, a respeito de belgas. Encontramos o mesmo caso nas comédias. Quando Molière cria suas personagens, é para nos fazer rir de traços humanos pouco virtuosos: por exemplo, a hipocrisia (*Le Tartuffe*), a vaidade intelectual (*Les femmes savantes*) ou a hipocondria (*Le malade imaginaire*).

O terceiro: zombar de alguém que seja uma celebridade ou uma personalidade. Por exemplo, na década de 1960, circulavam piadas sobre o então presidente do Brasil, o marechal Costa e Silva. Outro exemplo é a personagem Salomé, criada e interpretada por Chico Anysio, por intermédio da qual o humorista zombava de outro militar ditador: João Baptista Figueiredo. Lembremos também de programas de televisão que

Humor e tristeza | 67

imitam e satirizam figuras públicas (*Casseta & Planeta*, no Brasil, e *Le Bébête show*, na França).[17] As charges publicadas nos jornais e revistas do mundo inteiro também costumam caçoar de personalidades e celebridades.

Isso posto, por que a zombaria humorística faz rir? Por um lado, há o aspecto formal do humor: a piada, a reflexão ou a comédia devem ser boas. Esse aspecto formal não nos interessa aqui. Por outro, há o aspecto motivacional, e reencontramos aqui o sentimento de superioridade. O humor que desencadeia um riso de zombaria consiste em tornar *ridículo* um defeito ou um vício. Como a palavra *ridículo* é derivada do verbo *rir* (em latim), o que acabo de escrever pode ser interpretado como tautologia. Mas deixa de sê-lo se lembrarmos que o adjetivo *ridículo* também é empregado para dizer que algo carece de valor ou tem valor mínimo (fala-se em *salário ridículo* quando é baixo demais, ou de um *argumento ridículo* quando ele não se sustenta).

Portanto, o humor de zombaria *desvaloriza o seu objeto*, e quem dele ri considera-se, mesmo que momentaneamente, superior a ele. Digo momentaneamente porque quem ri da burrice de uma personagem de comédia não necessariamente considera a si mesmo como expoente intelectual, assim como quem ri de uma piada sobre vaidade não precisa se ver como admiravelmente humilde. Todavia, no momento do riso, quem ri percebe e entende o traço ridículo que o humor lhe apresenta e, portanto, está numa posição de superioridade, posição esta que fica reforçada pelo ato de rir. Por isso, tanto Pagnol, que diz que o riso é uma expressão de superioridade momentânea repentinamente descoberta por quem ri sobre quem é objeto da zombaria, quanto Guirlinger, que afirma que, ao rir, a pessoa se sente e se faz superior porque ri, têm razão. Rio porque me sinto superior ao objeto do riso e o fato de rir reforça tal superioridade.

---

17. *Le Bébête show*, programa transmitido de 1982 a 1995, representava políticos por intermédio de animais (fantoches). Por exemplo, François Mitterrand era representado por uma rã, e Jacques Chirac por uma águia.

Pelo que acabamos de ver, o riso de zombaria desencadeado por alguma criação humorística assemelha-se, mas não necessariamente é idêntico, ao riso de humilhação: ri-se de uma posição inferiorizada, a qual confere momentaneamente uma posição superior a quem ri.

Examinemos então o sentimento de superioridade nos três casos de humor de zombaria que identificamos, começando pelas "gozações" entre colegas.

Falar em colegas (de trabalho, por exemplo) não implica afirmar que se dão bem entre si. Se uma gozação incidir sobre um colega execrado, o riso que ela desencadeia provavelmente é riso de humilhação. Porém, entre colegas que também mantêm certo nível de amizade, o riso não decorre do prazer de ver outrem rebaixado. É verdade que Bergson (1940, p. 103) tem razão quando nota que "o riso é sempre um pouco humilhante para quem é dele objeto". Sim, mas há uma grande diferença entre, por se sentir inferior, inferiorizar o outro numa clara intenção de humilhação, e zombar do colega quando ele apresenta algum pequeno defeito ou comete uma gafe que o humor coloca em destaque. Portanto, nos casos de gozações entre amigos, quem delas ri certamente sente-se momentaneamente superior ao amigo "zoado", mas tal sentimento não deriva (pelo menos não necessariamente) da necessidade cruel de rebaixar outrem. A esse respeito, Pagnol (1990, p. 30) escreveu: "Poderíamos definir o amigo dizendo: é uma pessoa que pode rir de mim sem me magoar".

O que dizer do segundo caso referente a piadas, comédias etc.? Há nele uma diferença importante: *não há ninguém de "carne e osso" que seja visado*. O que é visado é algum vício ou defeito humano. Logo, não há humilhação presente nesses casos: quem ri sente-se superior por entender que carece, pelo menos no momento do riso, deste ou daquele defeito ou vício. Porém, é preciso notar que se a piada, embora ridicularizando a burrice, a vaidade ou a avareza, eleger algum grupo social como representante de tais traços risíveis (portugueses, loiras, judeus, entre outros), pode acontecer de certas pessoas rirem também do caráter humilhante da piada, e isso por nutrirem algum ódio ou desprezo pelo grupo escolhido. Por exemplo, deve haver muitos homens que riem das "piadas de loira" motivados por misoginia e outros que apreciam sobremaneira piadas de judeu em razão de seu antissemitismo. Logo, nesses casos, o riso desencadeado por alguma criação humorística pode ser chamado de riso de humilhação, e vale para ele o que escrevi acima. No entanto, o importante é notar que a intenção de humilhar não é absolutamente condição necessária ao riso de origem humorística (voltarei a esse tema quando tratar do direito de rir).

Falta falar das formas de humor que incidem sobre pessoas "de carne e osso". Creio que o que acabo de escrever também se aplica aqui. Tomemos o exemplo já citado das piadas que circulavam na década de 1960 a respeito da pouca inteligência do então presidente do Brasil, o marechal Costa e Silva. Havia certamente pessoas que riam motivadas pelo ódio que o ditador lhes inspirava. Mas havia outras que riam da piada, sem sequer pensar na personagem citada. E se a piada era boa, até apoiadores da ditadura riam, assim como judeus riem de "piadas de judeu" – que eles mesmos criam, aliás.

Em resumo, salvo exceções, o motivo do riso de zombaria humorística se deve, ao lado do aspecto técnico do humor (a chamada "boa piada"), a um sentimento passageiro de superioridade derivado não do sucesso na expansão de si, mas sim do lugar momentaneamente inferior da pessoa objeto do humor. Digo que o sentimento de superioridade não é derivado do sucesso na expansão de si porque quem ri nada fez para alçar-se a um nível superior: contenta-se com a superioridade repentinamente descoberta ou revelada, mas não conquistada por alguma ação.

Mas lembro que eu estava falando até agora de quem ri, e não de quem é autor do humor de zombaria. Então, *o que dizer desse autor*?

A toda e qualquer pessoa já lhe aconteceu de zombar espirituosamente de alguém. Porém, há aquelas de quem se diz que são dotadas de *senso de*

70 | Papirus Editora

humor: frequentemente dizem coisas espirituosas que fazem rir seu entorno e são conhecidas, e em geral apreciadas, por esse talento (às vezes, invejadas também). E há, caso bem mais raro, aquelas que fizeram do humor obras de diversos tipos: contos, romances, charges, histórias em quadrinhos, peças, filmes etc. Alguns autores fizeram do humor uma exclusividade criativa, e outros a ele dedicaram apenas algumas obras que convivem com outras de outro tipo (caso de Flaubert, como já o assinalamos, e também de compositores como Chico Buarque, Jacques Brel e Noel Rosa, entre outros).

O que já afirmamos para quem ri do humor de zombaria vale para os autores das piadas, sátiras, ironias, comédias etc. Mas há evidentemente algo a mais: *a própria criação*. Quem apenas ri percebe-se em situação de superioridade, mas quem faz o humor *colocou-se* em tal situação pelo próprio ato de fazer humor. Logo, no caso dos humoristas, casuais ou talentosos, pode-se falar em sucesso na expansão de si, pois houve produção de algo novo. Dito de outra forma, o prazer do humorista não está tanto em zombar de outrem, mas sim no fato de criar algo que faz rir. Tanto é verdade que, à famosa pergunta: "o que você escolhe: perder um amigo ou uma boa piada?", quem tem talento para fazer humor costuma responder que prefere perder o amigo! Aliás, tal "dilema", que não costuma ser real (salvo em casos de suscetibilidade doentia por parte do suposto amigo) visa justamente sublinhar o imenso prazer que é produzir alguma forma de humor. Acrescentaria que, mesmo na oportunidade de zombar de si próprio, a pessoa com senso de humor não resiste à tentação de fazê-lo se a reflexão humorística for boa.

Em suma, ao criar humor de zombaria, o autor não apenas se sente momentaneamente superior ao objeto de sua zombaria como também, ao realizar uma criação original, afirma-se como sujeito de valor, pois teve sucesso na expansão de si.

Passemos agora a outra forma de humor que podemos chamar de *humor existencial*, perguntando-nos se também reencontramos nele o sentimento de superioridade que vimos presente quando o humor é de zombaria.

Chamo de humor existencial aquele que trata da vida em si (de sentimentos, velhice, morte, angústias etc.) e também das relações sociais. Vejamos alguns exemplos, começando por aqueles que se referem à vida em si.

Woody Allen escreveu: "Meu único arrependimento na vida é não ser outra pessoa". Winston Churchill, que não se ocupava apenas de política, fez a seguinte reflexão: "Retirei mais coisas do álcool do que o álcool retirou de mim". Ronnie Shakes disse: "Gosto da vida. Ela preenche meus dias". Erik Satie: "Quando eu era jovem, diziam-me: 'você verá quando tiver 50 anos'. Tenho 50 anos e nada vi". Num desenho de Sempé, vê-se um homem de aparência triste dizendo a outro: "Quando estou deprimido, as razões pelas quais estou deprimido são profundas, essenciais, fundamentais. Acontece-me de estar feliz, é claro. Mas as razões pelas quais estou feliz são tão fúteis, tão tênues, que isso me deprime".

O humor existencial relacionado à vida em si também traz comentários espirituosos sobre a doença e a velhice. Por exemplo, Steve Martin disse: "Estou doente, mas o médico me deu uma excelente notícia: vão dar o meu nome a essa doença". Sobre o envelhecimento, Red Buttons escreveu: "A velhice é quando sua mulher lhe diz: 'Vamos subir ao nosso quarto e fazer amor', e você responde: 'Minha querida, é uma coisa ou outra'". "Envelhecer é saber perder", disse sabiamente o cartunista Georges Wolinski. E, evidentemente, o tema da morte se faz presente no humor existencial, como no exemplo já dado de Sempé (um túmulo no qual se lê "fim da primeira parte") e na reflexão de Tommy Mein: "Passada certa idade, se você se levanta de manhã e não sente dor alguma, é que você está morto".

Vamos agora ver outras frases nas quais é a sociedade, suas instituições e seus costumes culturais que estão em pauta, começando por uma frase de autor desconhecido a respeito dos psicanalistas: "Eu falei para meu analista que tenho tendências suicidas, e a única coisa que ele conseguiu me dizer foi: 'A partir de agora, o senhor pagará adiantado'". Woody Allen disse coisa na mesma linha com uma pitada de nonsense: "Eu até que me teria suicidado, mas acontece que estou fazendo análise e o analista certamente teria cobrado as sessões às quais eu teria faltado". Os psiquiatras também não escapam, como o mostra a afirmação de Jerome Lawrence: "Um neurótico é alguém que constrói um castelo nas nuvens; um psicótico é aquele que nele vive; e o psiquiatra é aquele que recebe o valor do aluguel".

Vejamos mais alguns exemplos que tratam de outras questões sociais, como esta reflexão citada por Daniel Sibony: "Um banco é uma instituição que lhe empresta dinheiro se você provar que não precisa dele". Ouçamos agora o comentário do guitarrista e compositor Keith Richards, dos Rolling Stones: "Não é a droga que me causa problemas. É a polícia". Encontramos em Quino inúmeros exemplos de humor existencial relacionado à política e aos costumes sociais. Vejamos apenas dois. O primeiro é de Mafalda que, ao ver sua mãe, com avental e lenço na cabeça, dedicar-se a vários afazeres domésticos (varrer, limpar o chão, recolher o lixo) diz: "que triste destino para um mortal". O segundo é uma sequência de quadrinhos: um transeunte vê um homem despejando em si mesmo gasolina, num gesto típico de quem vai atear fogo no próprio corpo. O transeunte então se precipita a um telefone público e nele fala com expressão de desespero e pressa. Em seguida, o homem da gasolina de fato toca fogo em si mesmo e logo chega uma equipe de reportagem com câmeras para filmar o espetáculo. O transeunte, todo feliz, acena para as câmeras, e compreendemos que era para o canal de televisão que havia súbita e desesperadamente telefonado.

Finalizemos os exemplos com aqueles que falam de relações entre os seres humanos, sem a mediação de instituições e sem referência a costumes culturais.

Relembremos a excelente reflexão de Oscar Wilde: "Um verdadeiro amigo é aquele que te apunhala pela frente". George Jean Nathan escreveu:

"Bebo para tornar as outras pessoas interessantes". Quino desenhou um homem que, sentado diante da televisão, diz: "existo, logo é melhor não pensar". Eis uma piada que ouvi um dia e transcrevo de memória: "Para se saber quem lhe tem mais amor, seu cão ou seu cônjuge, coloque os dois durante quatro horas no porta-malas do carro e verifique, quando o abrir, quem lhe dá mais provas de afeição".

Vejamos agora qual a diferença entre o humor existencial e aquele de zombaria.

Como vimos, no humor de zombaria sublinha-se um "defeito" humano tornando-o ridículo. Tal defeito pode ser atribuído a alguém: é o caso nas gozações entre colegas e também nas piadas e charges que elegem um personagem conhecido para ridicularizá-lo. Ou tal defeito pode ser atribuído a grupos sociais (nacionalidade, opção sexual etc.), mas, nesse caso, tais grupos servem apenas de pretexto para a criação do humor. Porém, em todos os casos de humor de zombaria, *ri-se de alguém* (real ou não), pois esse alguém é *apresentado como ridículo*.

Ora, tal não é o caso do humor existencial, pois nele não se ri necessariamente de alguém, e, sobretudo, porque nele não há ridicularização de uma pessoa ou de características humanas.

Isso fica claro nos exemplos que acabamos de ver. Em alguns, simplesmente não se aponta ninguém além do próprio autor da criação humorística. É o caso de Allen quando lamenta não ser outra pessoa, de Satie quando diz que já tem 50 anos e ainda não viu nada e de Mein quando diz que, na velhice, a ausência de dor significa que se está morto. Nos exemplos em que grupos de pessoas são apontados, eles tampouco são apresentados como ridículos. Por exemplo, quando Woody Allen diz que não vai se suicidar porque seu analista cobraria as sessões às quais forçosamente faltaria, trata-se, é claro, de apontar alguma característica negativa dos analistas, mas eles não são apresentados como ridículos. A mesma coisa acontece quando Richards diz ser a polícia, e não a droga, seu principal problema. E, finalmente, quando Wilde afirma que o verdadeiro amigo é aquele que te apunhala pela frente, novamente não são os amigos que nos fazem rir por serem ridículos, mas sim a maneira humorística de se falar da vida e das relações sociais.

Antes de pensarmos a possível presença do sentimento de superioridade na criação do humor existencial e nos risos que desperta, falemos um pouco de sua relação com o chamado humor negro, ao qual já me referi.

Sendo o humor negro aquele que tem como tema aspectos dramáticos, trágicos e macabros da vida, alguns exemplos que dei do humor existencial podem ser classificados também como "negros". É claramente o caso da frase de Martin na qual um doente se consola por saber que sua doença levará seu nome, e também o caso dos quadrinhos de Quino sobre o homem que ateia fogo a si mesmo. Mais ainda: eu mesmo repeti dois exemplos de humor negro citados no início do texto para também classificá-los como humor existencial – "um verdadeiro amigo é aquele que te apunhala pela frente" e o túmulo no qual se lê "fim da primeira parte". E poderia ter repetido outros, como o de Frank Carson, que desconfia de que sua mulher não gosta muito dele, por ela ter chamado uma ambulância por carta quando de seu ataque cardíaco, e ainda como o de Allen, ao lembrar que seus pais imediatamente alugaram seu quarto quando tiveram certeza de que ele tinha sido, de fato, sequestrado.

Em compensação, outros exemplos de humor existencial não caberiam na categoria humor negro. É o caso de Allen quando afirma que gostaria de ser outra pessoa, de Churchill, quando diz que mais retirou coisas do álcool do que o álcool retirou dele, ou de Richards quando afirma que seu problema não são as drogas, mas sim a polícia.

Logo, podemos afirmar que o humor existencial é mais amplo que o humor negro e que, portanto, este último é subcategoria do primeiro. Contudo, embora mais amplo, vale para ele o que escrevi acima para descrever certo tipo de humor negro. Ora, é justamente baseados nessa descrição que podemos pensar no lugar do sentimento de superioridade.

Lembremos rapidamente o que eu havia dito. Considerei que há três tipos de humor negro: no primeiro, um evento trágico serve de pretexto para zombar de um defeito humano; no segundo, ri-se cruelmente do mundo e, no terceiro, ri-se do mundo cruel.

Como no caso do primeiro tipo, ou seja, do humor que incide sobre a zombaria, podemos classificá-lo como tal, e vale para ele o que escrevemos acima. Resta-nos, portanto, analisar os dois outros.

O leitor deve lembrar que citei "piadas" (com aspas, pois não encontrei uma só que fosse de bom gosto e que me fizesse rir ou sorrir) nas quais o lado triste, inerente ao humor negro, é negado: por exemplo, quando uma mãe diz para a criança deixar a avó na borda do prato (o "não gosto da vovó" é colocado como canibalismo), e, outro exemplo, quando um médico receita a seu paciente terminal banhos de lama para se acostumar à terra que o espera no cemitério. Dou, agora, mais dois exemplos do mesmo quilate:

> Peço desculpas a todos de quem eu desejei a morte. Espero que no ano que vem dê certo!

> No dia em que você morrer, eu vou querer uma parte de seu corpo. Qual? Seu chifre, para eu fazer um berrante.

O que fica evidente nesse tipo de "humor", além de negar a tristeza, é o *desprezo* para com as pessoas citadas. Com efeito, o desprezo está presente nas "piadas" apresentadas acima: desprezo pela avó que virou comida, desprezo pelo paciente terminal, desprezo realçado pelas pessoas de quem se deseja a morte, desprezo pelo futuro defunto "chifrudo".

Ora, o desprezo expressa o rebaixamento da pessoa que é dele alvo; logo, quem despreza se considera superior, em algum aspecto, a essa pessoa.

Reencontramos, portanto, o sentimento de superioridade nos mesmos moldes do riso de humilhação.

Em compensação, quando o humor negro se traduz pelo rir de um mundo cruel (terceiro tipo), há crítica, mas não há desprezo. Não há desprezo por parte de Carson quando nota que sua mulher pouco liga para seu enfarto, assim como não há por parte de Allen quando repara no desamor de seus pais ao saber que ele foi sequestrado. Tampouco há desprezo quando Sempé coloca num túmulo "fim da primeira parte", nem por parte de Bouvard quando nota que, "nos cemitérios, o salgueiro-chorão chora mais tempo que as famílias". Por isso eu disse que, nesse tipo de humor negro (a meu ver, o único que mereceria esse nome), seu autor não se mostra cruel para com o mundo e as pessoas, mas sim observa que o mundo é cruel e faz com que dele possamos rir.

Cabe então a pergunta: ao humor existencial, aplica-se o *rir de um mundo cruel*? Se tomarmos ao pé da letra o adjetivo "cruel", a resposta é negativa, pois, como vimos, várias expressões de humor existencial não tratam de temas como a doença, a morte, o abandono, a solidão etc. Porém, se interpretarmos esse adjetivo como remetendo a aspectos negativos e dolorosos da vida, do mundo e das pessoas, a resposta é afirmativa: sim, rir de um mundo cruel é o que faz o humor existencial, negro ou não.

Isso posto, voltemos ao tema do sentimento de superioridade, começando por nos centrar *em quem cria* o humor existencial. Para ele vale, é claro, o que escrevi acima a respeito da satisfação de ter criado humor. Porém, há mais.

Começo por um exemplo real de criação espontânea de humor que, creio, nos permite começar a visualizar o lugar do sentimento de superioridade no humor existencial.

Trata-se da fala de um candidato de um programa de televisão francês, *Questions pour un Champion*, um concurso de conhecimentos gerais com etapas eliminatórias. Numa delas, Jean (nome fictício de nosso candidato) sabe que, para não ser eliminado, deverá responder corretamente a *todas* as perguntas que lhe serão colocadas, feito raro e, portanto, com poucas chances de sucesso. A prova em questão pede que ele escolha um tema entre dois que lhe são propostos. Ele escolhe então o tema *"la cuisson en culinaire"* (o cozimento na culinária) e assim explica sua opção: *"Je vais choisir la cuisson, parce que ça sent le roussi"*. A plateia e o apresentador do programa riem porque Jean fez uma associação de sentido interessante e engraçada. Ele disse ter escolhido o cozimento em culinária porque *ça sent le roussi* – expressão esta que, ao pé da letra, se traduz por "está cheirando a queimado", e que, na França, se emprega metaforicamente cada vez que algo se anuncia preocupante e perigoso (por exemplo, um bandido, ao perceber que a polícia está dele se aproximando, pode pensar *"ça sent le roussi"*). O que fez rir a plateia foi justamente a adequação da expressão tanto para o cozimento de alimentos quanto para a situação de iminente desqualificação na qual se encontrava.

Sobre o que versa o humor espontaneamente criado por Jean? Evidentemente, sobre a sua situação de provável perdedor: ele está em iminente posição de inferioridade e faz humor sobre tal posição. *E, ao fazê-lo, coloca-se, em outro plano, numa posição de superioridade.* Tal posição é notadamente percebida e legitimada pelo público presente ao jogo: ele, de fato, é eliminado, mas, apesar disso, sai muito aplaudido, coisa rara em tal contexto. Caberia para ele o depoimento de Romain Gary (1960, p. 160), que coloca na maioria de seus livros reflexões espirituosas que fazem sorrir e rir: "Eu descobri o humor, essa maneira hábil e totalmente satisfatória de desarmar o real no exato momento em que ele cai sobre a nossa cabeça".

O humor criado por Jean cabe perfeitamente na categoria de humor existencial: ele incide sobre um aspecto negativo da vida – no caso, o fato de estar na posição de iminente perdedor. Steven Wright fala de algo parecido, porém mais cruel e mais profundo, quando pergunta: "Vocês sabem o que é chegar ao topo de uma escada e acreditar que ainda há um degrau? É o perfeito resumo de minha existência". Lembremos que os outros exemplos que vimos tratam de morte, velhice, doença, dependência, destino, relações sociais etc.: todos se referem a elementos de adversidade, a situações nas quais o real, de alguma forma, "cai sobre a nossa cabeça".

Aprofundemos então a relação, vislumbrada no caso de Jean, entre humor existencial e o sentimento de superioridade, tão lembrado pelos estudiosos do humor. Mas, agora, ele se apresenta de forma diferente daquela do humor de zombaria. Um conceito-chave para ajudar a compreender essa nova forma é o de *dignidade*, como o coloca com sabedoria Romain Gary (1960, p. 160): "O humor é uma declaração de dignidade, uma afirmação de superioridade do homem sobre o que lhe acontece". Aliás, Gary é um dos poucos que, pelo que sei, associa humor à dignidade.

Então, prossigamos: mas, afinal, o que é a dignidade? Pode ser um valor moral, um sentimento e também um tipo de reação a alguma adversidade.

Sentimento de superioridade e dignidade

Comecemos pelo *valor moral* (ou dignidade *objetiva*), que se encontra com todas as letras na Declaração Universal dos Direitos Humanos, cuja inspiração kantiana é conhecida. Em seu preâmbulo, lê-se que a dignidade é "inerente a todos os membros da família humana" e, no Artigo 1, afirma-se que "todas as pessoas nascem livres e iguais em dignidade".[18] Trata-se da afirmação de que todo ser humano, sejam quais forem suas características, como idade, sexo, nacionalidade, cor de pele etc., e sejam quais forem suas ações, é merecedor de deferência moral. É, por exemplo, em nome da dignidade do ser humano que se veta imperativamente toda e qualquer forma de tortura, mesmo que aplicada ao mais brutal e cruel dos facínoras.

---

18. Texto disponível na internet: http://portal.mj.gov.br/sedh/ct/legis_intern/ddh_bib_inter_universal.htm.

Falemos agora do *sentimento* da própria dignidade (a dignidade *subjetiva*). Em dois casos, ele é correlato desse valor moral.

O primeiro: sentir-se digno por ser tratado de maneira digna pelos outros: por exemplo, ser tratado de forma justa, ter a sua intimidade preservada, não sofrer violência etc. Quando tal não ocorre, ou seja, quando a pessoa sofre alguma forma de agressão, ela se sentirá ferida na sua dignidade e experimentará um sentimento diretamente relacionado a ela: a *indignação*. É justamente para que as pessoas não padeçam de indignação que a Declaração afirma que a dignidade é inerente a todos os indivíduos da família humana e que, logo, deve ser reconhecida e respeitada.

O segundo caso correlato da dignidade como valor moral é a motivação para agir segundo os mandamentos da moral: quem age moralmente sente-se digno e, portanto, sentir-se-ia indigno se não o fizesse. Vercors nos dá um belo exemplo dessa indissociabilidade entre o reconhecimento da dignidade alheia e o sentimento da própria. Tendo, no final da Segunda Guerra Mundial, a possibilidade material de decidir a sorte de um oficial alemão que foi obrigado a receber em sua casa durante a ocupação nazista, ele se perguntou: "Quais eram, naquela noite, os mandamentos da dignidade?" (Vercors 1942, p. 50). A pergunta pode ser entendida, por um lado, como "quais seriam as ações coerentes com o reconhecimento da dignidade do ser humano à minha mercê?", e, por outro, "quais seriam as ações coerentes com o sentimento de minha própria dignidade?". Eis a resposta dele: "é, para mim, impossível ofender um homem, mesmo um inimigo". Ofender um inimigo é negar a ele dignidade; logo, ofendê-lo seria contrário ao sentimento que o escritor francês tem de sua própria dignidade. Ele deixa o oficial nazista fugir.

Vejamos agora outro caso que não se relaciona, ou se relaciona de forma polêmica, com a defesa da dignidade de caráter moral que acabamos de ver.

Trata-se do doloroso tema da eutanásia: conjunto de ações feitas por terceiros que levam uma pessoa a morrer para que ela não sofra ou não permaneça em estado vegetativo pelo resto da vida (caso de pessoas que perderam toda a capacidade de desempenhar atividades e apenas sobrevivem com a ajuda de diversos aparelhos). Ao lado da eutanásia, há também o chamado suicídio assistido: a pessoa resolve morrer, mas, como não pode ela mesma, pelas suas drásticas limitações, colocar fim à sua vida, pede a outrem que o faça por ela. As pessoas que defendem a eutanásia e o suicídio assistido falam em "morrer com dignidade" ou "morrer dignamente". Há até uma associação francesa cujo nome é *Association pour le Droit de Mourir dans la Dignité* (ADMD – Associação pelo Direito de Morrer com Dignidade).

Curiosamente, aqueles que são contra essas práticas (notadamente quanto à sua legitimação jurídica) também falam em dignidade. Eles se remetem à dignidade não como sentimento, mas como valor moral; remetem-se, portanto, à dignidade objetiva. Eis o que se lê num documento canadense que defende a proibição da eutanásia e do suicídio assistido:

> O espólio diante da morte, a degradação física, a fragilidade, a dependência no fim da vida em nada alteram a dignidade humana e não justificam abreviar a vida. Pelo contrário, abreviá-la seria a confirmação de que essa pessoa moribunda tem um *status* inferior e não possui mais a dignidade de um ser humano como qualquer outro, seria uma pessoa de quem seria preciso cuidar com condescendência.[19]

Logo, para os que são contrários a tais práticas, são imorais a eutanásia e o suicídio assistido, uma vez que traduzem uma forma de humilhação e de destituição do sujeito de seu valor como ser humano.

Ora, os defensores dessas práticas chegam à conclusão exatamente oposta. Lê-se no texto fundador da ADMD: "Um dia, tal liberdade [*de escolher quando e como morrer*] será reconhecida como uma exigência

---

19. A citação foi encontrada no texto *Mourir dans la dignité* elaborado pela Commission de l'Ethique de La Science et de la Technologie (Quebec, Canadá, 2010).

moral imprescritível e tão imperativa quanto a liberdade de falar e de se informar".[20] O argumento básico, além da liberdade, é a dignidade, mas agora pensada como *sentimento*: há pessoas – e não poucas, segundo a Associação – que não se sentem mais dignas porque privadas de autonomia, porque totalmente à mercê das decisões de outrem, porque fracas, porque feias, porque sem controle dos esfíncteres, e, também, porque obrigam parentes e amigos a gastar tempo considerável para delas cuidar sem a possibilidade de reciprocidade.

Como se vê, as reflexões contrárias à eutanásia e ao suicídio assistido dão argumentos de base moral enquanto os defensores de "morrer dignamente" dão argumentos éticos, ou seja, relacionados à dimensão da 'vida boa' e, com base neles, chegam a conclusões morais (exigência moral do reconhecimento da liberdade de decidir morrer na dignidade).

Não nos interessa aqui o debate entre opositores à eutanásia e seus defensores. Dei esse exemplo porque ele mostra que o sentimento da própria dignidade é mais amplo do que os dois primeiros casos que acima apresentei (não sofrer violência de outrem e o respeito moral de si). Mas podemos ao menos afirmar que os defensores da morte na dignidade apresentam um argumento psicológico incontornável: alguém pode sentir ter perdido a dignidade não em razão de uma ação vergonhosa ou pelo fato de ter sofrido alguma violência por parte de terceiros, mas em razão de um destino cruel (e isso a despeito de serem humanos dignos *a priori*, como o afirma a Declaração Universal dos Direitos Humanos). O sentimento da dignidade é, portanto, mais amplo que aquele estritamente relacionado às ações morais das quais se é agente ou objeto.

Falta vermos a dignidade como *reação à adversidade*. Repetirei aqui um bonito exemplo que já tive oportunidade de dar em outro livro (*Vergonha: A ferida moral*, Vozes, 2002). A cena se passa num corredor do metrô de Paris

---

20. Texto encontrado no *site* da ADMD: http://www.admd.net/les-objectifs/le-texte- -fondateur.html.

(anos 1990): vê-se um homem de meia-idade parado, olhando fixamente para o chão, onde está colocado um chapéu com algumas moedas; ele segura um pequeno cartaz no qual se lê: *"J'ai honte, mais j'ai faim"* (Estou com vergonha, mas estou com fome). Ele está evidentemente pedindo esmola. Pelas suas roupas, que são velhas, mas de bom tecido e bom corte, pode-se inferir que esse homem teve uma vida financeiramente confortável, mas que alguma coisa aconteceu que o obriga agora a mendigar para poder sobreviver (e talvez fazer viver uma família). Ele certamente experimenta um duplo sentimento de falta de dignidade: sua nova e miserável condição financeira e a necessidade de pedir esmola. Como então ele reage a essa terrível adversidade? Com suas melhores roupas, com uma postura ereta, com um olhar fixo que não trai seu desespero e, sobretudo, confessando sua vergonha. Ao fazê-lo, ele manda a seguinte mensagem aos transeuntes aos quais pede o favor de alguns tostões: "Ajudem-me, mas, por favor, não tenham piedade de mim; sinto vergonha; mas, pelo menos, ao confessá-la, mantenho assim, na medida do possível, alguma dignidade". E, de fato, a imagem que ele passa é a de dignidade: eis alguém que, mesmo na adversidade, procura guardar, perante os próprios olhos e os olhos alheios, certo valor. Procura manter-se fiel a si mesmo.

Outro exemplo que também dei no livro supracitado vem de um romance de Stefan Sweig. O autor austríaco nos fala de um velho militar aposentado que perdeu tragicamente mulher e filho. Diferentemente do homem do metrô, tal perda em nada fere sua dignidade, mas corresponde a uma situação também desesperadora. Como reage o infortunado militar? "O velho escondia tão dignamente seu luto", escreve Stefan Zweig (1982, p. 102). De que forma? Para ele, não demonstrando publicamente sua tristeza nem falando do que lhe aconteceu.

Podemos dizer que a *reação com dignidade* é a tentativa de *preservar*, em diversas formas de adversidade e na medida do possível, o *sentimento da própria dignidade*.

Qual será então o denominador comum a todos os casos em que está em jogo o sentimento da própria dignidade? A resposta está no conceito de *respeito de si*, conceito esse que nos traz de volta ao tema do sentimento de superioridade.

O sentimento da própria dignidade é, evidentemente, uma *autoatribuição de valor*, logo, é uma das expressões da expansão de si. Porém, ele tem uma característica peculiar: tal expressão da expansão de si é considerada como incontornável. Trata-se de uma relação ético-moral da pessoa para consigo mesma, daí a referência ao respeito (que é diferente de ter uma boa opinião de si mesmo, típico da autoestima).[21] Sem ela, é a própria identidade que se esvai. Logo, sejam quais forem as circunstâncias, a pessoa motivada pelo sentimento da própria dignidade procura, custe o que custar, uma forma de preservá-la. E quando não é possível mantê-la em determinado nível — como no exemplo do homem do metrô que o destino parece ter privado de condições dignas de vida —, a pessoa procura recuperá-la *em outro plano*.

Voltemos então ao humor existencial.

---

21. Seria interessante aprofundar as diferenças entre dignidade e autoestima. À guisa de descrição preliminar, apresento rapidamente quatro delas. A primeira: na autoestima pode haver uma graduação: baixa, média, alta autoestima. Nada disse acontece com a dignidade: ela é sentida como tal, ou não. A segunda: não raramente a autoestima decorre de comparações com os desempenhos e valores a atribuídos a outrem. Por exemplo, uma pessoa poderá ter autoestima positiva verificando que o comum dos mortais não apresenta nada de muito superior a ela. No caso da dignidade, a referência é um valor em si (ser justo, por exemplo, ou viver com autonomia) e a falta de dignidade de outrem em nada ajuda a pessoa a usufruir do sentimento da própria. A terceira sintetiza a diferença: a autoestima deriva de uma *opinião* que a pessoa tem de si mesma; a dignidade deriva da necessidade de *se respeitar*, daí o conceito de respeito de si, que assinala uma relação ético-moral. A quarta diferença é decorrência do que acaba de ser dito: uma pessoa suporta viver com baixa autoestima: vive mal (não usufrui de "vida boa"), mas vive. Ninguém tendo, a seu juízo, sua dignidade ferida, consegue viver como se nada tivesse acontecido. Algo deve ser feito!

Em primeiro lugar, lembremos que ele sempre se relaciona com situações de adversidade e em vários exemplos que demos tal adversidade se coloca em situações nas quais a dignidade está ferida: a doença, a velhice, a traição dos outros, o desrespeito pela vida, o destino lúgubre etc. Logo, o *tema da dignidade é recorrente no caso do humor existencial*.

Em segundo lugar, o fato de se fazer humor sobre tais situações é, como o quer Gary, uma forma de afirmar a própria dignidade. O destino foi ou é cruel? Ele nos coloca em situação de inferioridade? Ora, dele fazemos humor – como o fez Jean no programa *Questions pour un Champion* – e assim resgatamos, em outro plano, a dignidade perdida ou ameaçada. Digo em outro plano para diferenciar o sentimento de superioridade presente no humor existencial daquele presente no humor de zombaria. Neste, o sentimento de superioridade se dá no *mesmo plano* daquilo que o desperta. O ridículo de outrem realça momentaneamente o valor próprio no mesmo plano em que o ridículo ocorreu: defeitos múltiplos de outrem dos quais quem ri ou faz rir se vê momentaneamente poupado. Diferentemente, no humor existencial – que não nos faz rir do ridículo, mas sim do triste, do cruel –, o sentimento de superioridade não decorre de uma comparação, mas de uma espécie de *compensação*: a adversidade permanece, mas, ao fazer humor, a pessoa de certa forma *vinga-se*, simbólica e inteligentemente, do que ela teve ou tem de aturar. Cabe para esse tipo de humor a reflexão atribuída a Boris Vian: "O humor é a polidez do desespero".

Para finalizar, lembro que a análise que acabo de sugerir diz respeito a quem *cria* o humor. Mais ainda: o que escrevi refere-se a quem cria humor numa situação de adversidade. Mas será que os humoristas citados realmente passaram pelas situações adversas sobre as quais criaram reflexões espirituosas? Certamente não, pelo menos na maioria dos casos. Então, será que se aplica a eles o que escrevi? Creio que sim. Creio que se pode dizer deles o que se verifica nos artistas em geral, notadamente nos grandes escritores: são capazes de nos contar com maestria situações e histórias que, pessoalmente, não viveram. Os humoristas que fazem humor existencial certamente têm grande sensibilidade a reações de dignidade na adversidade. Certamente também, como nos conta Gary, passaram por algumas contrariedades e, quando o real tristemente lhes caiu sobre a cabeça, encontraram no humor a declaração de dignidade. E, artistas que são, habilmente generalizam a relação entre humor e dignidade para situações outras.

Mas o que dizer então de *quem ri* do humor existencial? Confesso que responder à pergunta que acabo de colocar é tarefa difícil. Com efeito, quem apenas ri, nem viveu (a não ser por coincidência) a situação humoristicamente apresentada, nem criou a fórmula do riso. Então, por que ri?

Como não tenho depoimentos a respeito dessa questão (eu tinha em relação a quem faz humor), como não tenho dados de pesquisa nem reflexões de outros autores que teriam procurado a ela responder, limitar-me-ei a dizer duas coisas.

A primeira: minha experiência pessoal (notadamente quando falo do tema em palestras e dou exemplos de humor existencial) mostra-me que o humor existencial arranca bem menos risos que o humor de zombaria. Mais: verifico que o que mais "vende", no caso do humor (livros, filmes, séries, programas), não costuma recair sobre questões existenciais. O humor de zombaria (e também de sexo) reina de forma incontestável. Logo, ouso inferir que a sensibilidade para entender e apreciar tal forma de humor é bem mais escassa que aquela requerida para "gozar" de outrem. Talvez esse hipotético fato se explique pela pouca importância que a dignidade tem no ambiente cultural atual (ver La Taille 2009).

A segunda: para aqueles que apreciam o humor existencial, creio que se pode dizer a mesma coisa que eu disse de seus criadores: ao rir, a pessoa também se vinga simbolicamente (eis o lugar do sentimento de superioridade) não da situação específica da piada contada, mas,

86 | Papirus Editora

indiretamente, de situações semelhantes pelas quais ela muito provavelmente passou. Dito de outra forma, pessoas sensíveis à dignidade se mobilizam pelas piadas sobre ela contadas e talvez, assim, reflitam sobre a própria.

Isso posto, qual será o real valor do sentimento de superioridade experimentado no caso do humor existencial? Já vimos que ele é passageiro quando do humor de zombaria. E no caso do humor existencial? Terá razão Romain Gary (1960, p. 160) quando conta que "o humor foi para mim, ao longo de todo o caminho, um fiel companheiro; devo a ele meus únicos verdadeiros instantes de triunfo sobre a adversidade"? Deixo para responder a essa questão quando voltar à relação entre humor e tristeza.

Finalizemos este item dedicado ao sentimento de superioridade, citando, *en passant*, uma reflexão de Henri Bergson (1940, p. 133): "Poderíamos dizer que o remédio específico para a vaidade é o riso, e que o defeito humano essencialmente risível é a vaidade". A vaidade é uma faceta tão frequente quanto vazia do sentimento de superioridade. Na citação do filósofo francês, ela não aparece como motivação psicológica para o riso, tema que nos ocupou nas páginas que acabei de escrever, mas sim como objeto do riso e do humor. Curiosamente e de forma complementar escreveu Marcel Pagnol que os vaidosos quase nunca riem.

Agora, abordemos um último tema que depõe a favor da relevância do humor para o plano ético e para o qual algumas análises do filósofo que acabei de citar serão relevantes: o *sentido*.

Sentido

Eric Blondel (1988, p. 40) escreveu que "somente há riso se houver sentido, evidente ou escondido". Mas que definição de sentido ele estaria utilizando?

Trata-se do sentido linguístico. Evidentemente, para que um gesto, uma piada ou uma situação façam rir, eles devem ser *entendidos* pela pessoa que ri, o que equivale a dizer que tal pessoa atribui algum sentido ao que ouviu ou assistiu. Um belo exemplo é a ironia, que consiste em dizer o contrário do que se pensa: ela somente será entendida se quem ouve acompanha a inversão de sentido que o locutor pretende veicular. E isso também é válido para as piadas que trabalham o chamado nonsense, ou o absurdo. Os ilogismos de que se servem certas piadas devem ser identificados pelo ouvinte, do contrário não haverá riso. Tomemos um exemplo que devemos a Georges Feydeau: "não temos mais canibais na nossa sociedade: comemos o último ontem à noite". O que faz rir é a contradição interna da frase que, paradoxalmente a torna, por um lado, "sem sentido" (afirmar que "não temos mais canibais na nossa sociedade" não se sustenta), e, por outro, "com sentido" (no caso, pode ser entendido como ironia, ou, a rigor, como falta de inteligência de quem fala). Outro exemplo, agora com um sofisma que pede para ser percebido para que o riso aconteça:

– Como ousas rir de um rabino que fala com Deus?

– De que fonte tu sabes que ele fala com Deus?

– Foi o próprio rabino que me disse.

– Talvez ele tenha mentido...

– Que ideia! Como imaginar que Deus falaria com um mentiroso?

Em suma, para cada efeito humorístico, há produção de sentido, e mesmo quando há ilogismo, como nos exemplos que acabei de dar, ainda há atribuição de sentido necessária ao desencadeamento do riso.

Porém, não é desse aspecto linguístico que quero falar. Quero falar de algo próximo ao que afirma Bergson (1945, p. 6) quando escreve que "o riso deve ter um significado social".

Para tanto, devemos lembrar a relação entre sentido e plano ético, portanto entre sentido e realização de uma *vida boa*.

Como explicitado em meu livro *Moral e ética: Dimensões intelectuais e afetivas* (2006a), além do sucesso (parcial ou pleno) na necessidade da expansão de si, o *sentido* também é condição incontornável ao usufruto de uma *vida boa*. Há duas dimensões complementares presentes nessa condição: por um lado, a vida deve *ter sentido* e, por outro, deve *fazer sentido*.

Por a vida *ter sentido*, entendo que ela deve ser experimentada como situando-se no *fluxo* do tempo, o que implica que o presente deve estar, de alguma forma, conectado com o passado e o futuro. Lembro Paul Ricoeur (1990) para ajudar-me a explicitar a teoria aqui assumida: ele afirma que felicidade não é dada por nenhuma experiência particular, mas sim pela consciência da direção que damos às nossas vidas. É justamente essa a primeira definição de sentido: *direção* e, consequentemente, *movimento*. Remeto o leitor a meu livro acima citado para maiores detalhes sobre o tema. Aqui me limito a dizer que a leitura dos pensadores que se debruçaram sobre o tema da *vida boa* mostra que eles nunca a pensam como somatória de momentos fugazes de prazer, considerando-a sempre em seu conjunto.

Por a vida *fazer sentido*, entendo que ela deve ter alguma *razão de ser*. Dito de outra forma, uma condição necessária à *vida boa* é a pessoa, de alguma forma, *saber* por que vive, dar alguma razão para acordar toda manhã, agir durante o dia e, finalmente, pegar no sono à noite para acordar novamente no dia seguinte. Não deve haver maneira de decidir *como* viver se não houver resposta para a pergunta "para que viver?". Como escreveu Charles Taylor (1998, p. 34): "Mesmo que isso não nos agrade, o problema do sentido da vida é inevitável, seja porque tememos perdê-lo, seja porque dar um sentido a nossas vidas é objeto de uma procura". E escreveu Albert Camus (1973, p. 15) que o suicídio era o tema mais importante da reflexão humana porque "julgar que a vida vale ou não a pena ser vivida é responder à questão fundamental da filosofia".

Ora, para que a vida valha a pena ser vivida, ela deve *ter* e *fazer* sentido. Se ela não se situar no fluxo do tempo, se a pessoa, parafraseando Paulo

Vanzolini na sua canção "Cara limpa", estiver "vivendo o dia a dia ao invés da vida inteira", a *vida boa* é ilusória. Cito outra canção de Vanzolini na qual ele volta ao tema ("Morte e paz"):

> Sem saber o que o dia de amanhã nos traz
> Sem querer lembrar o que ficou para trás
> Vida comprida e vazia
> Dias inúteis iguais
> Dias e noites iguais
> Morte é paz.

E se a vida carecer de qualquer significação, se a pessoa não sabe mais ao certo por que está vivendo, a *vida boa* é francamente impossível. Cito agora versos de Milton Nascimento na sua canção "Travessia":

> Sonho feito de brisa
> Vento vem terminar
> Vou fechar o meu pranto
> Vou querer me matar.[22]

Isso posto, o leitor deverá se perguntar em que medida o riso e o humor se relacionam com essa dimensão psíquica do plano ético.

Ter sentido

Comecemos, então, pelo conceito de *ter sentido* (direção, fluxo, movimento). Para tanto, vou me remeter à clássica análise de Henri Bergson a respeito do riso e do humor.

---

22. Os versos remetem a uma desilusão amorosa, mas podem muito bem ser aplicados a qualquer desilusão existencial.

A pergunta que o filósofo francês fez pode ser assim formulada: será que há, naquilo que desencadeia o riso, alguma característica geral recorrente? Vê-se assim que a indagação de Bergson não incide sobre uma característica psicológica de quem ri (como foi o caso com a hipótese do sentimento de superioridade),[23] mas sim sobre o objeto do riso. E sua resposta bem conhecida é assim dada por ele: o homem ri quando percebe o *"du mécanisme plaqué sur du vivant"* (mecânico calcado sobre o vivo).

Aprofundemos a questão lembrando como Bergson, para defender sua tese, emprega uma metáfora que, a meu ver, esclarece melhor seu propósito. Trata-se da metáfora da *marionete* (*pantin à ficelles*).

Em primeiro lugar, uma marionete é uma *coisa*, no sentido de algo não vivo – portanto, sem movimento próprio. Em segundo lugar, ela é feita de articulações que não lhe permitem real flexibilidade: por mais talentoso que seja quem a manipula, os movimentos da marionete sempre terão algo de brusco, de descontínuo – de mecânico, portanto, como os robôs. Em terceiro lugar, e pela razão mesma das limitações de suas articulações, os movimentos da marionete tendem a ser repetitivos. E, em quarto lugar, a marionete carece totalmente de liberdade, pois é movimentada por quem a manipula.

Ora, pensa Bergson, essas quatro características que acabamos de arrolar encontram-se, juntas ou separadas, em muitas cenas, casuais ou criadas, que nos fazem rir.

Escreveu ele que "rimos cada vez que uma pessoa nos dá a impressão de ser uma coisa" (1940, p. 44). Ele nos dá exemplos de palhaços que se percutem mutuamente, caem de costas e levantam para se percutirem novamente, palhaços que parecem quicar no chão, feito bolas de borracha. Comentando uma cena dessas, a que ele mesmo assistiu, Bergson afirma que

---

23. Em seu livro sobre o riso, há, sim, hipóteses psicológicas como, por exemplo, quando ele afirma que o cômico se dirige *"à inteligência pura"*, quando ocorre uma espécie de "anestesia do coração".

o público perdia pouco a pouco a noção de que estava vendo homens de carne e osso. Eles eram como objetos, determinados por forças físicas. Se o filósofo francês tivesse tido a oportunidade de assistir, quando escreveu *Le rire*, às primeiras curtas-metragens de Charles Chaplin, teria ótimos exemplos para sustentar sua tese: por exemplo, não são raras as cenas nas quais, após receber um soco, uma personagem cai sobre um grupo de pessoas que, então, caem todas ao chão, como se fossem pinos de boliche.

A própria personagem de Carlitos serve para ilustrar a segunda característica das marionetes: movimentos bruscos, carentes de flexibilidade. Embora em algumas cenas o "vagabundo" nos brinde com a virtuosidade de um bailarino ou de um patinador, virtuosidade essa que, evidentemente, nada tem de inflexível (pelo contrário, é graça pura), os trejeitos típicos de Carlitos são bruscos, como, por exemplo, o seu jeito de andar com pequenos passos ou o seu jeito de correr. Tem nele algo de verdadeiramente desarticulado.

Uma das características centrais da marionete é o fato de ela apresentar movimentos repetitivos. Ora, para Bergson, a repetição é um procedimento central para a criação de comédias. Ele lembra a peça *Le Tartuffe*, de Molière, na qual Orgon (absolutamente seduzido pelo devoto impostor), ao ouvir notícias da doença de sua esposa a toda hora pergunta "E Tartufo?", para saber se ele vai bem. Bergson comenta que parece uma "mola" que automaticamente age: "Percebemos", escreve ele, "por detrás da palavra que volta automaticamente, um mecanismo de repetição dirigido por uma ideia fixa" (*ibidem*, p. 56). Outros exemplos de repetição encontram-se nas personagens de Chico Anysio, que empregam incessantemente bordões. Exemplos: "não *garavo*" da personagem Alberto Roberto; "eu trabalho na Globo, tá legal?", do Bozó; "meu garoto", de Cascata falando do filho Cascatinha; "quero que pobre se exploda", de Justo Veríssimo, e "sou, mas quem não é?", do Tavares. Tais repetições dão uma identidade rígida e, portanto, mecânica, às personagens. E elas fazem rir, como faz rir a personagem Manolito, criada por Quino para suas tiras da Mafalda: o filho de comerciante é literalmente obcecado pelo dinheiro e pelo lucro, obsessão essa que parece se impor a todos os seus pensamentos e que contribui para o cartunista argentino apresentá-lo como pessoa de pouca inteligência. Um último exemplo, dado pelo próprio Bergson, ao lembrar um deputado interpelando um ministro um dia após um crime cometido na rede ferroviária: "O assassino, após ter matado a sua vítima, deve ter descido do trem do lado dos trilhos, o que consiste numa transgressão das regras administrativas". A obsessão pelos regimentos administrativos acarreta uma verdadeira inversão de valores, que soa ridícula.[24]

Falta mencionarmos a última característica da marionete: a falta de liberdade. Ela é patente quando as pessoas parecem *coisas* e também, como acabamos de ver, na repetição provocada por obsessões (como se fosse uma força inconsciente implacável). Outro exemplo dado por Bergson de falta de liberdade são os quiproquós frequentes nas comédias: as personagens ficam presas numa trama que elas desconhecem totalmente, mas que dirige suas ações, para deleite do público.

Em resumo, o *mecânico calcado sobre o vivo* se traduz por automatismos, cristalizações, repetições, coisificações – ou seja, pela *rigidez* que emperra o curso desejável da vida.

Antes de relacionarmos tais características do risível ao plano ético, perguntemo-nos rapidamente se a teoria de Bergson se aplica a tudo que é risível. Ora, a resposta é certamente negativa. Por exemplo, não vejo em que medida perceberíamos o *mecânico calcado sobre o vivo* na maioria das frases espirituosas que classificamos como humor existencial. Tampouco o

---

24. Tal obsessão regimental encontra-se nos dias de hoje na academia em relação à necessidade de publicar mais e mais artigos: compulsoriamente os docentes, a toda hora, perguntam-se mutuamente se já publicaram determinada pesquisa ou quando e onde vão publicá-la. Alguém que escrevesse uma comédia sobre o meio universitário atual certamente faria suas personagens repetir incessantemente tais perguntas!

Humor e tristeza | 93

identificamos em expressões humorísticas como esta atribuída a West – diz uma mulher: "O senhor tem um revólver no seu bolso ou simplesmente está contente em me ver?"; ou como esta que devemos a Rodney Dangerfield – "Minha mulher e eu conhecemos 30 anos de felicidade. E então nos encontramos"; ou como esta ainda de Alphonse Allais – "O homem é cheio de imperfeições, mas podemos nos mostrar indulgentes quando pensamos na época em que ele foi criado".

Todavia, apesar do fato de não se aplicar a todas as causas de riso e a todas as formas de humor, não deixa de ser verdade que Bergson teve êxito em identificar algo que frequentemente se encontra em expressões humorísticas. Por exemplo, não raramente o humor de zombaria mostra personagens que, de certa forma, paralisam o fluxo normal do raciocínio. É o que ocorre na piada, já contada, do português que diz que ficará apenas dois anos na festa de 15 anos da filha de seu amigo: podemos ver na interpretação errônea do *gajo* uma rigidez gramatical que nega o contexto. Outro exemplo, agora com loiras. Uma delas se queixa de ter ficado mais de uma hora parada de pé numa escada rolante porque uma pane fizera esta deixar de funcionar; então sua amiga, também loira, lhe diz: "Como você é burra: por que não sentou no degrau?". Novamente, temos uma espécie de engessamento. Um último exemplo, agora a respeito da identidade supostamente rígida e repetitiva dos judeus:

– Será que Jesus Cristo era de fato judeu?
– Sem dúvida! Quer provas? Ele ficou na casa dos pais até os 30 anos, ele sucedeu a seu pai nos negócios, sua mãe o achava divino e ele acreditava que ela era virgem.

Podemos também identificar o "mecânico" a que se refere Bergson nas imitações que comediantes fazem de vozes, gestos e frases de algumas celebridades. Por que será que tais características, por si mesmas, fazem rir? No que concerne à voz, não somente é imitado seu som, mas são sublinhados, exagerados e repetidos o timbre e a entonação típicos daquela pessoa, timbre e entonação que provavelmente passaram despercebidos do público, mas que as pessoas reconhecem graças ao talento do comediante. Quando os gestos são imitados, é dado destaque àqueles que se repetem, os quais adquirem aspecto mecânico. Escreveu Bergson (1940, p. 23): "As atitudes e os movimentos do corpo humano são risíveis na exata medida em que esses corpos nos fazem pensar em uma simples mecânica". E, finalmente, quando os comediantes fazem imitações de falas, escolhem aquelas que se repetem quase que à revelia da pessoa imitada: se imitarem o ex-presidente Luiz Inácio Lula da Silva, por exemplo, certamente não deixarão de lembrar o "nunca antes neste país", e poderão até modificar o final da frase (nunca antes nesta sala, neste quarto, nesta quadra etc.). Note-se também que certas fotos fazem rir porque fixam um determinado momento da expressão facial. Aquilo que passaria despercebido, por se tratar de uma transição harmônica na expressão, aparenta ser uma espécie de careta justamente em razão de o movimento ter sido *congelado* pela rapidez da câmera.

Em suma, a teoria de Bergson, embora não de aplicação universal ao riso e ao humor (se é que pode existir tal teoria universal!), aplica-se perfeitamente a um número apreciável de casos, fato que a credencia para, por intermédio dela, pensarmos a relação entre riso, humor e plano ético.

Para tanto, precisamos compreender que as análises de Bergson não devem ser interpretadas como meras descrições técnicas do que faz rir. O próprio autor se encarrega de estabelecer relações antagônicas entre o que faz rir e a *vida*. Escreveu ele:

A vida se apresenta a nós como certa evolução no tempo e como certa complicação no espaço. Considerada no tempo, ela é progresso contínuo de um ser que envelhece sem cessar; isto é, ela nunca volta para trás e nunca se repete. (...) Mudança contínua, irreversibilidade dos fenômenos, individualidade perfeita de uma série fechada nela mesma, eis as características exteriores que distinguem o vivo de uma simples mecânica. (*Ibidem*, p. 68)

Páginas antes, ele afirmara que "deixar de mudar seria deixar de viver" (*ibidem*, p. 24).

Essas citações, e outras mais colocadas aqui e ali em seu livro sobre o riso, mostram bem que, para Bergson, as características de rigidez, de repetição, de automatismo, que fazem rir, contrariam aquilo que é a essência da vida. O automatismo, diz ele, é o "movimento sem a vida". E vida, para ele, é mudança, porvir, evolução, individualidade, graça e liberdade, características que precisamente são contrariadas por aquilo que faz rir.

Ora, vimos que uma das dimensões essenciais ao plano ético é a vida *ter sentido*, ou seja, ser experimentada como fluxo, como movimento, como direção, como continuidade entre o passado e o futuro. Tal tese, embora não inspirada em Bergson quando elaborada, não deixa de ter semelhanças com o que o filósofo francês escreveu em seu livro sobre o riso. Mesmo se nos limitarmos ao contido nessa obra, ou seja, sem levarmos em conta suas formulações filosóficas posteriores (notadamente sobre o *élan vital*), podemos muito bem associar as ideias de movimento, de porvir, de harmonia e liberdade, entre outras, às ideias de a vida *ter sentido* para que possa ter alguma chance de ser *boa*. Reciprocamente, se o fluxo é estancado por automatismos, por rigidez, por repetições, a *vida boa* torna-se rara ou até impossível.

Em resumo, temos, na teoria de Bergson sobre o riso, elementos que contrariam o *ter sentido* da vida e, logo, podemos dizer que o que ele identifica como causa da hilaridade corresponde a uma espécie de "antiética": *o cômico denuncia o que contradiz a busca e a realização de uma vida boa.*

Darei apenas três exemplos de causas do riso que, assim como concebido por Bergson, contrariam o *ter sentido* da vida.

Comecemos pela *fragmentação*. No meu livro *Formação ética: Do tédio ao respeito de si* (2009), apresentei a ideia de que um dos fatores que comprometem a realização de uma *vida boa* é a fragmentação do tempo, do espaço, do conhecimento, das relações sociais, da própria identidade etc. – fragmentação esta muito presente na contemporaneidade. Ora, encontramos tal fragmentação no "mecânico calcado sobre o vivo", pois o aspecto mais evidente do automatismo inerente ao mecânico são os movimentos bruscos, descontínuos, que se sucedem, mas sem real relação entre um e outro. Em suma, essa característica do mecânico que é o automatismo pode ser assimilada à ideia de fragmento: cada movimento, cada momento constitui uma unidade em si; eles se sucedem, mas não se relacionam. Reencontramos aqui o "viver o dia a dia ao invés da vida inteira", verso de Paulo Vanzolini.

Meu segundo exemplo é o aspecto *repetitivo* tão bem identificado por Bergson. É claro que não é todo e qualquer tipo de repetição que faz rir. Por exemplo, ensaios musicais e teatrais primam pela repetição que pode até durar anos (aliás, na língua francesa, o termo "ensaio" se traduz pela palavra *"répétition"*). Temos também as rotinas caseiras ou do mundo do trabalho: todos os dias repetimos certos gestos, certas ações, certos ritos que dão ritmo ao viver e que também têm a virtude de liberar o espírito para tarefas mais elevadas.[25] Portanto, nada há de cômico nos ensaios e nas rotinas desse tipo. A repetição torna-se cômica quando traduz uma espécie de tirania dos hábitos e dos costumes, tirania esta exercida seja por elementos culturais internalizados, seja por forças inconscientes (obsessões, ideias fixas, como diz Bergson). A imagem que me ocorre é a de uma bola lançada para frente, a qual, por estar amarrada a um elástico, sempre volta a seu lugar de origem. A repetição de efeito cômico impede a evolução, o

---

25. Por exemplo, em casa, colocar as chaves ou os óculos sempre no mesmo lugar faz com que não se perca tempo procurando-os e, logo, possa-se pensar em outra coisa mais interessante.

porvir, o crescimento; estanca, portanto, o fluxo do tempo. Ela é tradução de uma espécie de *ditadura* do passado em relação ao presente, condenando o futuro à mera virtualidade.

O exemplo da repetição nos leva necessariamente ao terceiro: a *falta de liberdade*.

O tema da liberdade é tão belo quanto espinhoso. Para alguns, como é o caso de Jean-Paul Sartre, todo mundo é livre e até mesmo as pessoas submetidas a hábitos, costumes e aos juízos alheios poderiam escolher outra vida. É dele a robusta afirmação de que "não importa o que fizeram conosco, importa o que nós fazemos com o que fizeram de nós". No extremo oposto, e por razões decorrentes de estudos psicológicos, teríamos a psicanálise, que não nega a liberdade, mas a limita dramaticamente, tendo o "pobre" ego de achar uma maneira de conciliar as exigências ditatoriais do id, do superego e da realidade física e social. E, de certa maneira, entre esses dois extremos temos a reflexão de Piaget, também baseada em dados psicológicos, que estima que não é livre quem sofre de uma anarquia afetiva interior, assim como quem é submetido à coação da tradição e da opinião reinante. Porém, a liberdade é possível para quem conquista a autonomia: "É livre o indivíduo que sabe julgar, e cujo espírito crítico, a capacidade de tirar lições das experiências e a necessidade de coerência lógica colocam-se a serviço de uma razão autônoma, comum a todos os indivíduos e não dependente de nenhuma autoridade exterior" (Piaget 1998, p. 163). Esse indivíduo tem o poder de "fazer alguma coisa com o que fizeram dele".

A falta de liberdade a que Bergson se refere é evidentemente a sua forma radical, donde a metáfora da marionete, totalmente dirigida por forças exteriores ao indivíduo, sejam culturais, sejam inconscientes. Escreveu ele que "todo o sério da vida lhe vem de nossa liberdade" (Bergson 1940, p. 60). Ora, a falta de liberdade assim pensada compromete o fluxo do tempo pela simples razão de que a pessoa submetida às rédeas curtas da afetividade, dos costumes culturais ou de instâncias de autoridade (líderes, instituições, grupos, moda etc.) não pode decidir nem mesmo saber o que será o dia de amanhã. É como se ela vivesse constantemente em situações semelhantes a quiproquós, situações cujos enredos ela não domina, nem ao menos conhece, e que, não raramente, no final, a traem.

Em suma, características apontadas por Bergson para identificar o que nos faz rir relacionam-se a uma delas, necessária ao plano ético: a vida *ter sentido*. Mas, como acabamos de ver, relacionam-se *pelo avesso*: o que faz rir é justamente a sua ausência. Rimos de indícios de uma vida sem fluxo, de uma vida engessada. Não rimos da *vida boa*.

Passemos agora, para finalizar a relação entre riso, humor e plano ético, a outra dimensão deste: a vida *fazer sentido*.

Fazer sentido

Quando a vida é experimentada como boa, ou seja, quando há razoável sucesso na expansão de si, quando há harmoniosa experiência do fluxo do tempo e quando viver faz sentido, o riso decorre da alegria, do contentamento, da vontade de viver. No entanto, tais condições favoráveis não costumam ser objeto do humor. Acabamos de ver que as análises de Bergson relacionam-se pelo avesso com a vida *ter sentido*. A mesma coisa pode ser dita de a vida *fazer sentido*.

Quais obstáculos geram adversidades para a vida fazer sentido? Há vários, infelizmente! Vejamos apenas alguns.

Um deles é a morte, notadamente no nosso mundo moderno (e pós-moderno), no qual ela tende cada vez mais a ser interpretada como evento exclusivamente biológico, isto é, sem um "além". Embora a crença religiosa segundo a qual a morte não é fim, mas sim passagem para outro estado ou outra esfera, ainda esteja presente entre nós, penso que ela perdeu muito de sua força e que, consequentemente, a morte aparece como cada vez mais aterrorizante, pois como salto para o *nada*. Assim pensada, a perspectiva

Humor e tristeza | 99

inelutável da morte como fim derradeiro do indivíduo ameaça a vida de padecer do que Camus chamou de *absurdo* ou falta radical de sentido.[26] Para que fazer isso ou aquilo se, a qualquer momento, tudo vai desaparecer para sempre? Para que viver se "a vida sempre acaba mal", como disse o dramaturgo francês Marcel Aymé? Então, pelo menos, façamos como ele: façamos humor. Vamos rir da morte, como nos exemplos dados acima que classificamos como humor existencial. E mais exemplos não faltam. É atribuída a Benjamin Franklin a reflexão: "Não há nada de certo na vida, com exceção da morte e dos impostos". Já Woody Allen disse: "Eu não tenho verdadeiramente medo da morte, mas prefiro não estar aqui quando ela chegar". Jean Dolent consola-se: "Quando se está morto, todo dia é domingo". Acabemos os exemplos com Nicolas Chamfort, de quem é tragicamente difícil discordar: "Aprender a morrer? Para quê? Conseguimos muito bem da primeira vez".

Outro obstáculo para a vida fazer sentido é aquilo que, de certa forma, anuncia a morte: a doença e também a velhice. Vimos que, em certas condições de doença, alguns reclamam o direito de "morrer com dignidade", que é uma forma de declarar que a vida, para eles, não faz mais sentido. E a velhice, mesmo quando vivida com saúde, não deixa de ser uma inequívoca prova de que o essencial da vida ficou para trás, de que seu sentido está mais no que se fez do que no que se fará. Note-se que, costumeiramente, é mais alto o número de suicídios entre pessoas mais velhas em relação às demais. Isso porque, segundo Christian Baudelot e Roger Establet (2006), ocorre o enfraquecimento das relações sociais (filhos saem de casa, aposentadoria, isolamento, viuvez etc.) e a perda da atividade profissional gera um sentimento de inutilidade.[27] Ora, assim

---

26. Camus (1973) procurou nesse próprio absurdo resgatar o sentido.

27. Digo *costumeiramente* porque, segundo os autores citados, "o último quarto do século 20 alterou drasticamente uma relação que mais de 150 anos de estatísticas haviam incitado a interpretar como dado universal: o crescimento regular da taxa de suicídio com o aumento da idade (...). A taxa de suicídios entre os jovens de 15 a 24 anos triplicou na

como acontece com a morte, a doença e a velhice também são temas de muitas expressões de humor, conforme vimos quando falamos de humor existencial. Vejamos mais algumas, como a de George Burns sobre a velhice: "Primeiro a gente esquece os nomes, em seguida os rostos, depois a gente esquece de fechar a braguilha e, finalmente, a gente esquece de abri-la". Uma reflexão de autor anônimo: "eu nunca sofri de amnésia, pelo menos não que eu me lembre". Mais uma de Burns, para finalizar: "Todas as manhãs eu leio a rubrica necrológica no jornal e, se meu nome não consta, então vou para o banheiro e faço a barba".

Ainda outro possível obstáculo é representado pelas dúvidas existenciais que acometem as pessoas que se dão ao luxo de refletir um pouco que seja sobre a vida. Quem somos? De onde viemos? Aonde vamos? São essas as famosas indagações que inspiraram Pierre Dac à sua famosa "solução": "A essas eternas perguntas, que sempre ficaram sem resposta, eu respondo: no que me diz respeito, eu sou eu, venho de minha casa e para lá estou retornando". As dúvidas existenciais implicam aquelas identitárias (Quem sou eu?), também alvo de reflexões engraçadas, como a já citada de Woody Allen que afirma se arrepender de não ser outra pessoa, e esta outra, também já transcrita, a respeito das provas de Jesus Cristo ser judeu ("Ele ficou na casa dos pais até os 30 anos..."). Outra, contada por Sibony, alia identidade e velhice:

Chega a um asilo de velhos um idoso com um passado glorioso. Uma velha senhora o cumprimenta e ele lhe pergunta:

— A senhora sabe quem eu sou?

E ela responde:

— Eu não. Mas não se preocupe, o médico lhe dirá.[28]

---

segunda metade do século 20, enquanto que, no mesmo período de tempo, o suicídio de adultos e de pessoas idosas diminuiu" (Baudelot e Establet 2006, p. 138).

28. Segundo Sibony (2010, p. 17), não raramente o humor toca em questões de identi-

Albert Einstein também fez humor com a questão da identidade, não que tivesse dúvidas pessoais quanto à sua própria, mas porque não sabia ao certo como seria visto pelos outros: "Se minha teoria se revelar exata, a Alemanha me reivindicará como alemão e a França declarará que sou cidadão do mundo. Se ela se revelar falsa, a França dirá que sou alemão e os alemães dirão que sou judeu".

Enfim, morte, velhice, doença, dúvidas existenciais de várias ordens, eis temas frequentes do riso e do humor, o que faz Escarpit (1960, p. 83) se perguntar: "Será que os humoristas não são assombrados pelo absurdo e pela crueldade da vida e procuram vencê-los fingindo acreditar que a vida é um jogo?".

Entre os absurdos e as crueldades que problematizam sobremaneira o sentido da vida, encontra-se também o mais sério dos obstáculos, já presente na reflexão humorística de Einstein acima citada: *os outros*. Os outros seres humanos.

Creio que para um grande número de pessoas deve causar estranheza eu afirmar que cada indivíduo que procura atribuir sentido para a sua vida tem os seus semelhantes como sério obstáculo. Afinal de contas, como seria possível uma *vida boa* sem a presença de outrem? Como seria viável uma *vida boa* sem as conversas com os amigos, o aconchego da família, sem o amor, sem o sexo, sem a alegria das festas, das comemorações, das refeições com colegas; sem momentos de conversa "jogada fora", sem a ajuda de outrem e a comunicação com os demais, sem cooperação – enfim, como seria pensável uma vida boa sem o convívio com outros seres humanos? Como já dizia o poeta "é impossível ser feliz sozinho".[29] Sim. Mas pensemos

---

dade: "ele redefine as palavras, os gestos, as pessoas: quebram-se as identidades para fazer de conta que se as concerta".

29. Verso de Tom Jobim da canção de sua autoria "Wave". A letra fala de amor. Chico Buarque, em outra canção ("Samba do grande amor") que também trata do amor, diz exatamente o contrário: "Hoje eu tenho apenas uma pedra no meu peito / Exijo respeito / Não sou mais um sonhador / Chego a mudar de calçada / Quando aparece

na outra face da moeda lembrando a clássica constatação do dramaturgo romano Plauto formulada há mais de dois mil anos: *"Homo homini lupus"* (O homem é o lobo do homem). Quem haverá de discordar? E, então, como usufruir uma *vida boa* num mundo de guerras, de crimes e humilhações, de *bullying* e traições, de hipocrisias e mentiras, de estupros, de exploração, de corrupção, de ódio e preconceitos, de abusos de autoridade e tantas outras maldades cuja lista, todos sabemos, é bem maior que a lista das bondades inventadas pelos seres humanos? O bom senso popular sempre afirmou que é "melhor andar só do que mal acompanhado". Logo, apesar de ser óbvio que os outros seres humanos possam contribuir, e muito, à realização de uma *vida boa*, não deixa de também ser óbvio que, não raramente, representam grave obstáculo para tal realização.

Alguém poderá concordar comigo a respeito dos "lobos" que inevitavelmente encontramos no caminho e de suas consequências nefastas para o usufruto da *vida boa*, mas lembrar que os outros seres humanos são, de toda forma, incontornáveis, pela simples razão de que a *vida boa* não pode ser realizada fora da sociedade, fora da cultura. Aliás, a própria ideia de *vida boa* é construção cultural. Concordo com tal ponderação. Com efeito, sabe-se que o ser humano é um *ser social*, e que, logo, seus objetivos e sua identidade são tributárias de sua imersão na sociedade e na cultura. Fora delas, ele seria um *menino lobo* ("lobo" agora com outro sentido), desprovido das qualidades que definem um ser humano. E é também verdade que o que faz a riqueza de uma vida e de um indivíduo é emprestado à cultura: a linguagem, os valores, a ciência, a arte, a técnica etc. Mesmo os criadores e os inovadores, mesmo aqueles que vão além dos horizontes culturais de sua época, realizam suas obras tendo por base o material que a sociedade e a cultura lhes fornecem. Logo, a *vida boa* é inevitavelmente social, e até mesmo o mais radical dos eremitas leva para a sua solitária caverna todo o

---

uma flor / Dou risada do grande amor / Mentira". (Notemos que Chico, como bom poeta, deixa em aberto se a mentira é o grande amor ou o dar risada do grande amor.)

capital cultural que acumulou, assim como Robinson Crusoe, isolado na sua ilha, nela reconstruiu parte da civilização. Sim, mas isso não deve nos fazer esquecer de que a imersão cultural e a relação incontornável com outrem, embora necessárias para a realização de uma *vida boa*, também cobram o seu preço, o qual pode se transformar em *mal-estar*, como o afirmava Freud a respeito da inevitável perda de liberdade individual e da repressão de certas pulsões implicada no processo civilizatório. "O inferno são os outros" proclamava Sartre em sua peça *Huis Clos*, não para denunciar as maldades humanas, mas sim para sublinhar o fato de que o contato de cada indivíduo consigo próprio passa necessariamente pelos juízos que os outros fazem dele, o que implica uma inevitável e dolorosa relação de dependência.[30]

Em suma, sem pessoas, sem sociedade e sem cultura, não faz sentido a ideia de uma *vida boa*. Contudo, as pessoas, a sociedade e a cultura podem muito bem condenar certos indivíduos a uma *vida ruim*. Portanto, não me parece exagerado afirmar que, entre os obstáculos que problematizam a *vida boa*, está presente o contato com outrem. E como esse contato é inevitável, ele pode se tornar o obstáculo mais frequente e mais difícil de ser ultrapassado.

E o que dizer, então, no que tange especificamente à atribuição de sentido à vida?

Para além das questões filosoficamente existenciais, bem exemplificadas pelas perguntas lembradas por Pierre Dac (Quem somos? De onde viemos? Aonde vamos?), o sentido da vida costuma relacionar-se com os valores eleitos pelo indivíduo, os quais inspiram seu(s) projeto(s) de vida. Por exemplo, uma pessoa poderá eleger construir uma família como objeto

---

30. Escreveu ele: "A vergonha pura não é o sentimento de ser tal ou tal objeto desprezível, mas, em geral, de ser um objeto, isto é, de me reconhecer neste ser degradado, dependente e imóvel que sou para outrem. A vergonha é o sentimento de queda original, não porque eu tenha cometido tal ou tal falta, mas simplesmente pelo fato de que 'caí' no mundo, no meio das coisas e que preciso da mediação de outrem para ser o que sou" (Sartre 1943, p. 336).

104 | Papirus Editora

central de sua existência porque tal presença no mundo corresponde ao que ela mais valoriza. Outra poderá centrar-se na realização profissional, e outra ainda na busca de modificar a sociedade por intermédio da política, e outras mais elegerão a ajuda aos desvalidos (madre Teresa de Calcutá, *soeur* Sourire, os Médicos sem Fronteiras, entre outros), a prática de esportes, a aventura, a criação de algum tipo de obra etc. As formas de dar sentido à vida são inúmeras. Todas elas dependem, entre outros fatores, por um lado, da época em que se vive, e, por outro, das pessoas que necessariamente cruzam o caminho do sujeito envolvido.

Há épocas mais propícias do que outras para instigar as pessoas a elaborarem projetos de vida e para fornecer-lhes elementos para tal. Penso, por exemplo, na década de 1960: havia grande efervescência cultural e um sentimento generalizado de que projetos até grandiosos (como o de mudar os costumes da sociedade e suas formas de poder) podiam ser realizados. Hoje constatamos o quão fantasiosos eram esses projetos, pois praticamente todos deram errado: falava-se em "paz e amor", mas a sociedade está cada vez mais violenta; procuravam-se formas de vida simples não consumistas (ideal dos *hippies*), mas criou-se uma sociedade do hiperconsumo; desprezava-se a busca da riqueza, mas entregou-se o planeta ao capital financeiro – para dar apenas alguns exemplos (para maior discussão a respeito dessa "herança" das décadas de 1960 e 1970, remeto o leitor a meu livro *Formação ética: Do tédio ao respeito de si*, 2009). Contudo, por mais que fossem projetos inviáveis ou pouco refletidos, o fato é que existiam e que ajudavam as pessoas a dar sentido a suas vidas. Em compensação, outras épocas são menos propícias a antecipações otimistas do futuro e ao decorrente investimento pessoal. Ora, é justamente o caso da contemporaneidade ao qual dei o nome de "cultura do tédio" no livro que acabo de citar: os valores estão achatados, as perspectivas de futuro são inquietantes (domina todo tipo de medo: da morte, da doença, do outro, do desemprego e outros mais), a diversão e a frivolidade dominam, autoridades foram substituídas por celebridades etc. À guisa de exemplo, vejamos o que pensam jovens entrevistados em pesquisa recente (ver Imanishi *et al.* 2011). Muitos deles afirmam não gostar do jeito como os adultos vivem, afirmam desejar outro tipo de vida, mas a maioria acaba por dizer: "Mas sabe, vou acabar tendo a mesma vida que eles. Não tem jeito, não tem alternativa". Não há, para eles, um *plano B*. Vale para eles o que dizia Gilles Deleuze (2004): o que é terrível não é atravessar o deserto (de valores e ideias), o terrível é nele nascer e nele crescer. Parece que, hoje, estamos nesse deserto, e ele é um obstáculo para a atribuição de sentido à vida, notadamente para os mais jovens.

Em suma, na busca de dar sentido à vida, a sociedade e a cultura podem ajudar, mas também podem ser condições de adversidade.

Falemos agora nas pessoas que cruzam necessariamente o caminho do indivíduo envolvido na construção e na realização de algum projeto de vida. O destino pode fazer com que os encontros sejam ricos e ajudem decisivamente o indivíduo na sua empreitada.[31] Aliás, sem tal destino (com a sorte como fator importante), a referida empreitada torna-se praticamente impossível. Alguns tiveram um ou alguns professores que lhes deram incentivo e inspiração;[32] outros, empenhados em formar uma família, encontraram a "alma gêmea" que viabilizou e potencializou o

---

31. Um exemplo fabuloso desse destino é o dos Beatles. Num quarteto montado pelos acasos de encontros de jovens em Liverpool acabam figurando três compositores de grande talento (Paul McCartney, John Lennon e George Harrison) e um baterista conhecido por ter influenciado todo o *rock* que viria depois dele (Richard Sarkey). Mais ainda: junta-se a eles, também por acaso, um produtor, George Martin, que é ademais arranjador e maestro talentoso e que, para além dos objetivos comerciais, ajudará a banda a desenvolver sobremaneira seu talento criativo. Isso sem falar de Brian Epstein, dono de loja de discos, que um dia resolveu, sem muita convicção, "dar uma olhada" nos quatro garotos que se apresentavam no Cavern Club. Ele gostou do que viu e escutou, e resolveu tentar a sorte como empresário do *show business*, contratando a banda e dando-lhe o impulso profissional necessário.

32. Foi o caso de Albert Camus que, após receber o prêmio Nobel de literatura, escreveu uma carta de agradecimento a seu antigo professor do curso primário.

projeto; outros ainda contaram com a preciosa ajuda de colegas para se realizar profissionalmente; e outros mais receberam por parte de seus contemporâneos receptividade para suas obras ou ideias e seus valores.

Porém, e infelizmente, pode acontecer exatamente o contrário. Pode acontecer de se cruzarem pessoas que nada acrescentam à busca de realização de projetos, como até pode acontecer de se cruzarem pessoas que não somente a ela nada acrescentam como a dificultam ou mesmo a impedem: colegas cuja competitividade torna-os adversários mal-intencionados, membros de bancas de concursos injustos e/ou incompetentes que abortam ou arruínam uma carreira,[33] chefes que abusam de seus chamados "pequenos poderes", pessoas hipócritas em quem se depositou errônea confiança, cônjuges ao lado dos quais se vivem dias cinzentos por serem pessoas diferentes demais, filhos que desapontam, amigos que se afastam etc.

Dois destaques devem ser feitos: ambos dizem respeito a obstáculos oriundos tanto do contato com as pessoas quanto da relação com a sociedade e a cultura.

O primeiro é o não reconhecimento social daquilo que a pessoa faz ou cria. Ora, é extremamente difícil permanecer fazendo coisas e criando obras que são (com razão ou não, pouco importa aqui) ignoradas, desprezadas ou fortemente criticadas pelos outros e que, assim, não têm repercussão, por menor que seja, na sociedade e na cultura. Algumas pessoas, com força de caráter invejável, permanecem criando a despeito do desprezo ambiente (como, por exemplo, Van Gogh e Nietzsche), mas elas são raras. As pessoas, em sua maioria, acabam desistindo, mas, ao desistir de suas ações

---

33. Sendo eu oriundo do meio acadêmico e universitário, pude e ainda posso testemunhar o quão frequente é esse tipo de injustiça cometido por bancas em concursos de ingresso na carreira docente (em geral motivado por relações pessoais e não raramente também por motivos ideológicos que tanto infernizam as chamadas ciências humanas) e o quanto seus efeitos são desesperadores para quem é deles vítima.

Humor e tristeza | 107

e obras, abrem mão de projetos altamente importantes para a atribuição de sentido a suas vidas e correm o grave risco de dali em diante padecerem de um sentimento de perene frustração e vazio. Isso provavelmente teria acontecido ao compositor Milton Nascimento quando, em 1969, esteve por um fio de desistir da carreira em razão do não reconhecimento de sua obra. Felizmente para ele (e para nós!), ele teve a coragem de insistir um pouco mais e foi recompensado. Mas certamente tal não aconteceu com muitas outras pessoas das quais nunca saberemos os nomes nem seus feitos e suas obras. Para elas, vale a expressão "o inferno são os outros" – não no sentido filosófico que Sartre deu a seu aforismo, mas no sentido literal: tiveram negado o valor do que fazem e criam e assim negada sua principal razão de viver. Pode ser que se sintam como "mortos vivos".

O "inferno são os outros", ainda no sentido literal da expressão, pode ser experimentado por quem não consegue apreciar e legitimar os valores, as atitudes e as formas de viver de seus contemporâneos. Estou falando de pessoas que, por variados motivos, não conseguem *achar a sua turma*, como se diz. É o meu segundo destaque, que apresento por intermédio de uma canção, composta pelo cantor francês Renaud, intitulada "Mon bistrot préféré"[34] (Meu boteco preferido), que começa com os seguintes versos:

> Algum lugar no céu
> Acolhe-me às vezes, no jardim de Deus.
> É um boteco tranquilo onde me acontece de beber
> Em companhia daqueles que povoam minha memória
> Nos dias de vazio na alma e de depressão.

As pessoas que ele encontra no seu "boteco preferido" são artistas como ele: compositores (Brassens, Brel, Lapointe, entre outros), poetas

---

34. Essa canção foi lançada no disco *Boucan d'enfer*, de 2001.

(como Verlaine, Rimbaud, Villon) e romancistas (como Pagnol, Vian), que têm todos uma característica em comum: já morreram. Renaud, que os aprecia, imagina-se oniricamente nessa seleta companhia. Mas por que tal boteco é o seu *preferido*? É que lá se encontram as pessoas com as quais ele gostaria de conviver porque elas:

> Estão bem mais vivas, pelo menos na minha memória,
> Que a maioria de meus contemporâneos.

O que nos diz Renaud, e isso é autobiográfico,[35] é que ele não se sente confortável entre seus contemporâneos e na cultura de seu tempo, e que as pessoas com as quais gostaria de conviver infelizmente já não pertencem mais a este mundo. No caso dele, e de um número certamente muito pequeno de pessoas, o sentido da vida pode ser resgatado, pelo menos em parte, pelo fato de se sentir "enturmado" não com pessoas vivas e presentes, mas sim com outras que existiram e com a ajuda das quais ele se sente reconfortado: ele está só entre seus contemporâneos, mas não está só entre todos os humanos que passaram pelo planeta Terra. Mas o que acontece com as pessoas que não possuem tal possibilidade de resgate? Como elas fazem para atribuir sentido a uma vida que deve necessariamente evoluir entre valores e costumes sociais que lhe são estranhos, entre pessoas de carne e osso tão diferentes, com as quais não conseguem se identificar? Eis mais um obstáculo de monta à realização de uma *vida boa*.

Em suma, assim como a sociedade e a cultura em que vivemos podem ser propícias ou, pelo contrário, adversas à construção de projetos que conferem um sentido à vida, a mesma coisa acontece em relação às pessoas que encontramos no caminho. Ora, tal adversidade é tema frequente do humor, e, sublinho-o, *tanto do humor existencial quanto do humor de zombaria*.

---

35. Eu poderia acrescentá-lo à lista de artistas que sabem tanto compor obras tristes quanto obras humorísticas.

Com efeito, a grande maioria das obras humorísticas incide sobre pessoas (muito mais do que sobre a morte, a doença e as dúvidas filosóficas). Já vimos exemplos que incidem sobre a amizade ("Um verdadeiro amigo, é aquele que te apunhala pela frente"), sobre a família ("Nos cemitérios, o salgueiro-chorão chora mais tempo que as famílias"), sobre a ganância ("Eu falei para meu analista que tenho tendências suicidas, e a única coisa que ele conseguiu me dizer foi: 'A partir de agora, o senhor pagará adiantado'"), sobre a pobreza de caráter ("Bebo para tornar as outras pessoas interessantes"), sobre a hipocrisia (a peça *Le Tartuffe*, de Molière), sobre a vaidade (a peça *Les femmes savantes*, também de Molière), sobre o não reconhecimento e a não valorização social do que se faz ou cria ("Se minha teoria se revelar exata, a Alemanha me reivindicará como alemão e a França declarará que sou cidadão do mundo. Se ela se revelar falsa, a França dirá que sou alemão e os alemães dirão que sou judeu"), sobre o isolamento em relação a valores ambientes ("Todo mundo fala mal de mim, salvo os mudos, obviamente"), e assim por diante. E, evidentemente, lugar privilegiado deve ser dado à "imbecilidade" humana, à falta de inteligência que tantos males causa. Como era de esperar, não faltam obras humorísticas sobre esse defeito humano que, creio, é o mais grave de todos, e também o mais incurável, pois, como cantou Georges Brassens, "para reconhecer que não se é inteligente, seria necessário sê-lo".[36]

Para finalizar este item relativo à atribuição de sentido para a vida, quero sublinhar que um sentimento forte de quem não consegue atribuir tal sentido em razão dos obstáculos representados tanto pela cultura quanto pelas pessoas, é o *sentimento de solidão*. A respeito dele, Erik Satie, esse "solitário em sociedade", já citado, disse: "Mais eu conheço os homens, mais eu admiro os cães".

Logo voltarei ao tema da solidão, pois ele me parece relevante para falar de humor e tristeza, do ponto de vista de quem cria humor.

---

36. Versos de sua canção intitulada "Ceux qui ne pensent pas comme nous" (Aqueles que não pensam como nós).

110 | Papirus Editora

É justamente à relação entre riso, humor e tristeza que quero agora voltar.

Riso, humor e tristeza: Conclusões

O que as análises da relação entre riso, humor e plano ético nos mostraram? Basicamente, que riso e humor quase sempre se relacionam com aquilo que *contradiz a realização de uma "vida boa"*. Vamos confirmá-lo fazendo um breve resumo do que vimos, separando claramente agora o que diz respeito a *quem ri* e o que se refere a *quem faz rir*.

Quem ri

Comecemos pelo chamado *riso positivo*. Vimos que há algumas razões para que tal tipo de riso aconteça. Porém, quando pensado por intermédio do *sentimento de superioridade* decorrente da efetiva realização da expansão de si, somente o riso advindo de algum sucesso pessoal é tributário dessa dimensão psíquica incontornável do plano ético.

Em compensação, encontramos o sentimento de superioridade presente em vários casos de *riso negativo*, porém, advindo não de sua afirmação, mas sim de sua negação. O envergonhado ri para disfarçar seu passageiro ou perene sentimento de inferioridade, dando-se um semblante de superioridade. A mesma coisa pode ser dita da pessoa tímida ou insegura. Quem humilha ri, não de sua efetiva superioridade, mas sim da inferioridade da vítima que também confere subjetivamente ao algoz um semblante de superioridade. O mesmo pode ser dito do insolente.

Em suma, quando dos risos não desencadeados pelo senso de humor, são mais frequentes os casos nos quais o sentimento de superioridade é contrariado do que o oposto. E como o fracasso na expansão de si é dolorido, temos aqui uma primeira e forte relação psicológica entre riso e tristeza.

Vejamos agora o que foi dito do riso quando desencadeado pelo humor.

No caso do *humor de zombaria*, que expressa a desvalorização do objeto de que se ri, o riso traduz um sentimento de superioridade de quem ri sobre o objeto do riso. Nos casos em que o riso de zombaria é motivado pelo ódio ou pela inveja, reencontramos as características do riso negativo que acabamos de ver: ele expressa um semblante de superioridade que apenas disfarça um sentimento penoso de amor próprio contrariado. Nos casos em que a zombaria não expressa ódio ou inveja, nos casos de riso positivo, portanto, não se pode falar em algum estado disfórico por parte de quem ri. Porém, o sentimento de superioridade, por se dar por intermédio de uma comparação, também não expressa real sucesso no processo de expansão de si. Voltemos a citar aqui Marcel Pagnol (1990, p. 25): "O riso é um canto de triunfo: é a expressão de uma superioridade momentânea, repentinamente descoberta, de quem ri sobre quem é objeto da zombaria". O triunfo de que fala Pagnol não é fruto de alguma conquista, mas sim da feliz observação de que se é, num ponto bem específico, superior a outrem.

Mas, então, onde ficaria a tristeza no riso de zombaria?

Acabamos de ver que ela não está em algum sentimento de inferioridade de fato experimentado, como nos casos de riso negativo. Creio que um elemento de resposta está na reflexão atribuída a Winston Churchill: "A imaginação nos consola do que não podemos ser. O humor nos consola do que somos". Ora, quem fala em consolo fala necessariamente em algo triste. E o "consolo do que somos" não deve ser interpretado ao pé da letra, pois quem ri da falta de inteligência ou da avareza não necessariamente possui esses defeitos. A profunda reflexão do eminente político inglês deve ser interpretada como: o humor nos consola de defeitos que a humanidade inevitavelmente traz consigo *e dos quais, portanto, nenhum de*

112 | Papirus Editora

nós está definitivamente ao abrigo. E esses defeitos nos colocam ou nos colocariam em estado de inferioridade, num estado de tristeza, portanto. Logo, o sentimento de superioridade de quem ri sobre quem é objeto de zombaria, de que fala Pagnol, não somente é, como ele mesmo diz, momentâneo, portanto fugaz, como serve apenas de consolo, também momentâneo: é uma espécie de vingança efêmera sobre o que certamente fomos um dia e que provavelmente seremos amanhã. Por essa razão, como o diz André Comte-Sponville (1995, p. 282), "o humor é humildade".

Aprofundemos um pouco essa questão, pois ela pode nos permitir diferenciar melhor o riso positivo de zombaria daquele negativo.

Citemos mais extensamente o pensamento de Comte-Sponville. Escreve ele que "carecer de humor é carecer de humildade, de lucidez, de leveza, é estar 'cheio de si', é ser enganado por si mesmo, é ser por demais severo e agressivo, e, portanto, é quase sempre carecer de generosidade, de doçura, e misericórdia" (*ibidem*, p. 276). Notemos que o filósofo francês fala em carência de senso de humor, não em ausência de riso.

Vejamos agora o que nos diz Pagnol (1990, p. 60) a respeito do mesmo tema:

> O esnobe quase nunca ri. O esnobe, que não é sempre um imbecil, acredita ser o eixo e o pivô do mundo (...). Ele não pode ser bruscamente liberado de um sentimento de inferioridade porque ele é superior a tudo e a todos.

O esnobe, como definido por Pagnol, é o *vaidoso*, que em outro lugar eu defini como alguém que se contenta com aparências, que cuida incessantemente do "espetáculo" que pretende dar de si e precisa imperativamente da admiração dos outros para afirmar seu próprio valor (La Taille 2009). Esse último ponto é o mais relevante aqui: ao precisar da admiração de outrem, ele necessariamente o coloca em situação de inferioridade em relação a si próprio. Mas ele nunca coloca a si próprio nessa situação, pois a virtude que falta cruelmente ao vaidoso é justamente a humildade, virtude esta que não implica negar o próprio valor, mas sim torná-lo relativo pela consciência de que sempre se pode ser melhor ou de que momentos de inferioridade são inevitáveis.

Pagnol nos diz que o esnobe, por mim rebatizado de vaidoso, não pode ser bruscamente liberado de um sentimento de inferioridade porque ele é superior a tudo e a todos. Seria melhor dizer que ele certamente sofre de perene sentimento de inferioridade, mas que o nega ferozmente e procura a todo preço afirmar seu valor negando o dos outros. Estará então certo Pagnol ao dizer que ele praticamente não ri? Eu não diria isso. Preferiria dizer que ele pode rir do que outros riem, mas por razões diferentes. Quando o vaidoso ri de uma zombaria, ele o faz nos moldes do riso de humilhação, pois vê na desvalorização de outrem um sinal de sua inequívoca superioridade. Quem não é vaidoso — e, portanto, é minimamente inspirado pela humildade —, ao rir de zombaria goza momentaneamente de uma pequena posição de superioridade, mas que ele sabe tão efêmera quanto suspeita. No fundo, pelo menos no caso do humor de zombaria, tem razão Blondel (1988, p. 30) quando escreve que "o humor é a capacidade de rir de si próprio".

Passemos agora ao que vimos a respeito da relação entre sentimento de superioridade e humor existencial. Lembremos que tal forma de humor trata da vida, dos sentimentos e das relações sociais. Seu foco não é a desvalorização de alguém, mas sim as adversidades inevitáveis da existência. O sentimento de inferioridade a que o humor existencial recorrentemente faz referência decorre de situações nas quais a *dignidade* pessoal (que é uma forma de autoatribuição de valor) está em risco, pois comprometida seja por destinos infelizes (doença, azar etc.), seja por ações agressivas de outrem (desprezo, desamor, desonestidade, abuso de poder etc.). Logo, no caso do humor existencial, o sentimento de superioridade não se traduz por pensar-se, mesmo que momentaneamente, superior a outrem; ele se traduz por, em outro plano, resgatar a dignidade perdida. E esse outro plano é o do humor.

114 | Papirus Editora

Portanto, o humor como consolo (Churchill) aplica-se também perfeitamente ao humor existencial, quando a dimensão da tristeza fica evidenciada: ri-se de situações tristes porque elas colocam em xeque esse valor moral e ético que é a dignidade; ri-se, como o vimos, de um mundo cruel.

Falta lembrar, uma vez que estamos falando de quem ri, e não de quem faz rir, minha hipótese de que aqueles que riem do humor existencial devem ser sensíveis ao tema da dignidade (e talvez poucos o sejam); essa seria uma maneira de se vingarem simbolicamente (e também de forma efêmera) de adversidades pelas quais passaram ou poderão passar. No caso dessas pessoas, não seria exatamente correto dizer com Blondel que elas riem delas mesmas, pois, no humor existencial, a "vítima" nada fez de errado nem apresenta defeito a ser ridicularizado, como é o caso do humor de zombaria. Aplica-se mais, aqui, uma outra expressão, a de Comte-Sponville (1995, p. 290): "o humor é uma desilusão alegre". Alegre, sim, mas ainda assim desilusão.

Passemos agora ao que analisamos a respeito de a vida *ter sentido*, essa outra dimensão incontornável da *vida boa*. Chegamos à conclusão, por intermédio das concepções de Bergson a respeito do riso, que elementos presentes em várias formas de humor (com destaque para as comédias) traduzem uma rigidez que trai o curso desejável da vida. O *mecânico calcado sobre o vivo* nos apresenta pessoas coisificadas, pessoas engessadas por movimentos mecânicos, condenadas inconscientemente a repetições e, logo, privadas de liberdade — seja porque dirigidas por ideias fixas, seja porque, à sua revelia, cativas de destinos que ignoram e logo não comandam (quiproquós). Em suma, os elementos apresentados por Bergson contrariam a vida *ter sentido*, uma vez que, segundo a sua própria concepção, vida é evolução, é progresso, é mudança, é direção. Repito uma de suas citações: "deixar de mudar seria deixar de viver". Logo, o "mecânico calcado sobre o vivo" traduz, de forma humorística, uma dimensão triste, pois contraditória com a *vida boa*. Novamente, vale aqui a fórmula de Churchill: o humor nos consola do que somos.

A mesma coisa acontece no que tange à vida *fazer sentido*: morte, velhice, doença, solidão, hostilidades vindas de outrem, desprezo, violência, egoísmo, vaidade, imbecilidade etc. são fortes obstáculos que comprometem sobremaneira a vida fazer sentido, a vida valer a pena ser vivida. Ora, o humor, tanto de zombaria quanto existencial, não raramente elege tais obstáculos para nos fazer rir: fazer-nos rir de algo que, mais uma vez, contraria a *vida boa*. Poderíamos aqui levemente modificar a expressão de Churchill: o humor nos consola do que nos acontece.

Em resumo, as três dimensões centrais do plano ético – expansão de si, a vida ter sentido e a vida fazer sentido – encontram-se com grande presença na maioria das formas de humor. Mas encontram-se por assim dizer *pelo avesso*: é a sua ausência que nos faz rir.

A relação entre riso, humor e tristeza fica assim estabelecida no *plano ético*. Não se trata apenas de rir de alguns defeitos, de algumas adversidades, de algumas anedotas anódinas da vida. Trata-se de rir de algo da maior relevância para a vida de cada ser humano. Como alguns já o disseram: *o humor é coisa séria*.[37] Ele fala da vida em si, e não apenas de algumas circunstâncias desagradáveis ou pitorescas. Escreveu corretamente Escarpit (1960, p. 125): "o humor é uma arte de existir".

Espero que agora esteja clara a razão pela qual escrevi metaforicamente que *o humor é o espelho da tristeza*.

Escrevi que o humor é o espelho da tristeza quando apresentava alguns indícios que sugerem que o sentimento de tristeza está às vezes intimamente associado ao humor.

Voltemos a eles porque creio que, agora, estamos em condições de analisá-los.

---

37. Konrad Lorenz (1969, p. 279), etólogo, escreveu: "Nós não levamos o humor bastante a sério".

Comecemos pelo indício *humor negro*. Vimos que, quando com ele *ri-se cruelmente do mundo*, a dimensão da tristeza está ausente, pois negada. Em compensação, quando com ele *ri-se de um mundo cruel*, o humor negro é uma das expressões do humor existencial. Como analisamos longamente essa forma de humor, tanto no que tange ao sentimento de superioridade quanto no que diz respeito ao sentido da vida, não precisamos voltar a ele.

Falemos então agora do indício *semblantes*. Lembremos que vários atores que atuam em obras humorísticas (alguns deles, como Woody Allen e Dustin Hoffman, também atuam em obras que não são de humor) têm naturalmente rostos que tanto podem inspirar a tristeza quanto o riso. Para alguns deles, como Chaplin, é à maquiagem que devemos esse efeito ambivalente. Ora, tal ambivalência, longe de ser estranha, nada mais é do que a expressão do verso e do reverso de uma mesma medalha: o mesmo significante pode servir de suporte tanto ao riso quanto à tristeza, uma vez que o primeiro não raramente é a expressão da segunda. Atores como Chaplin, Fernandel e Tati são capazes de, em um segundo, passar do choro para o riso, do drama para o cômico – e essa passagem, longe de representar um *tour de force* mágico ou um artificialismo aberrante, é apreendida por nós com naturalidade. Aliás, lembremos que às vezes não sabemos ao certo se alguém está rindo ou chorando (situação trabalhada por Chaplin no seu curta-metragem *Vida de cachorro*), pois os espasmos faciais e as lágrimas fazem tanto parte do choro quanto do riso: essa coincidência física corresponde a uma coincidência afetiva e mental.

Essa coincidência física e afetiva fica evidenciada pela figura do *palhaço*, esse ser que "tem risos que sangram", como canta Edith Piaf. Sua maquiagem e suas vestimentas unem elementos do ridículo (nariz vermelho, boca enorme, sapatos desmedidos etc.) e da tristeza (sobrancelhas e boca caídas, lágrimas pintadas etc.). Ora, longe de sugerirem uma figura compósita e logo estranha e até incompreensível, esses elementos harmonizam-se à perfeição, pois riso, humor e tristeza também possuem as mesmas origens. E suas trapalhadas, suas quedas, os bofetões que leva, os jatos d'água que recebe podem tanto fazer rir quanto fazer chorar. Logo, faz todo sentido a reflexão de André Suares que volto a transcrever aqui: "A arte do palhaço vai muito além do que se pensa. Ele não é nem trágico nem cômico. Ele é o espelho cômico da tragédia e o espelho trágico da comédia". Tal arte vai "muito além" porque são elementos do plano ético que estão em jogo. Ele "não é nem puramente trágico nem puramente cômico" porque nele as duas dimensões se encontram. Ele "é o espelho cômico da tragédia e o espelho trágico da comédia" porque traz elementos que contradizem dimensões centrais da realização de uma *vida boa*. Nele convivem humor e tristeza. Ora, humor e tristeza, como vimos, costumam conviver em vários níveis. Já dizia o poeta Charles Baudelaire (1855, p. 5) que o riso e as lágrimas "são igualmente filhos do aflito".

Também convivem humor e tristeza em algumas *obras*. Citamos várias, como *O garoto* de Chaplin, *Meu tio* de Tati, *Le Schpountz* de Marcel Pagnol, *Tintim no Tibete* de Hergé, *A vida é bela* de Benigni e outras mais. Em algumas obras, tristeza e humor, por assim dizer, se revezam (caso de *O garoto*). Em outros, ri-se da tragédia (caso de *A vida é bela*), traço típico do humor existencial. Mas, seja qual for o caso, o casamento entre humor e tristeza aparece como natural. Conta Jean-Pierre Vincent que, para convencer o ator Daniel Auteuil a representar a comédia de Molière *Les fourberies de Scapin*, o aconselhou a reler o texto "como se fosse uma tragédia". Ele disse isso porque Auteuil não queria fazer mais um filme humorístico. O ator seguiu o conselho do diretor de teatro e se convenceu a desempenhar o papel. Pode-se dar o mesmo conselho para inúmeras obras de humor.

Falta falar de mais dois indícios: *criadores* e *vidas*. Mas, como eles falam dos autores de humor e de suas vidas, devemos nos debruçar agora sobre quem faz rir.

Quem faz rir

Entendo por "quem faz rir" a pessoa que, voluntariamente, cria alguma forma de humor. Não estou falando, portanto, da pessoa que faz rir as outras à sua revelia (como, por exemplo, alguém que escorrega numa casca de banana ou que comete inconscientemente uma gafe).

Tudo o que acabo de dizer de quem ri vale evidentemente para quem faz rir: sentimento passageiro de superioridade em relação ao objeto de sua zombaria, sentimento da própria dignidade resgatado em outro plano no caso do humor existencial, percepção de que a repetição, o mecânico e a ausência de liberdade contrariam o fluxo do tempo e da vida, percepção de que as adversidades vindas de destinos infelizes ou dos defeitos humanos em geral comprometem a vida ter sentido.

Porém, há algo mais.

Em primeiro lugar, como já o comentei, o fato de criar uma forma de humor corresponde a um sucesso na expansão de si. Tal sucesso não é peculiar à criação do humor, pois se encontra em qualquer tipo de criação bem-sucedida. Mas, nem por isso, o fato deve deixar de ser sublinhado, pois, como também já dito, o grande prazer de quem faz humor não está tanto em zombar de outrem, mas sim no ato de criação.

Em segundo lugar, e mais relevante, em determinadas situações de adversidade, a maioria das pessoas se limita a rir: é o caso dos riscos de vergonha ou de insegurança. Mas quem tem talento e presença de espírito pode ir além: cria algo, referente à sua situação, que faz rir. Lembremos do caso relatado do candidato do programa televisivo *Questions pour un Champion*, que, na iminência de ser eliminado do torneio (situação de inferioridade que pode causar vergonha), cria um jogo de palavras (*ça sent le roussi*) que não somente se aplica perfeitamente à sua situação como é forma fina de humor. Embora a criação do humor em nada mude o fato de que vai perder e ser eliminado, trata-se certamente de uma maneira de compensação (de

Humor e tristeza | 119

consolo, diria Churchill) superior ao simples fato de dar uma mera risada envergonhada. Pelo menos, criou-se alguma coisa – coisa esta, aliás, que poderá sobreviver ao triste episódio que a motivou. Se nosso desafortunado perdedor de *Questions pour un Champion* for um escritor, poderá colocar o que criou espontaneamente na adversidade na boca de uma de suas personagens. Quem sabe se Rudner, ao dizer que *quando era pequena, tinha duas amigas secretas, mas elas nunca queriam brincar com ela*, não estava falando dela mesma e de uma infância vivida na solidão? Por que não fazer a hipótese de que Carson realmente vivia problemas conjugais quando escreveu que *pensava que sua mulher não gostava muito dele, pois no dia em que ele teve uma crise cardíaca, ela escreveu uma carta para chamar uma ambulância?* E, certamente, quando o *rolling stone* Richards disse que *o problema dele não eram as drogas, mas sim a polícia*, podemos apostar que se trata realmente de humor autobiográfico.

Em síntese, em condições de adversidade, criar alguma forma de humor é reação superior e, portanto, mais satisfatória do que nada fazer ou do que simplesmente rir. É por essa razão que Romain Gary (1960, p. 160) escreveu: "Ninguém conseguiu me privar dessa arma, que eu, aliás, aponto frequentemente contra mim mesmo".

Lembremos não só que o mesmo autor havia escrito: "O humor foi, para mim, ao longo de todo o caminho, um fiel companheiro; devo a ele meus únicos verdadeiros instantes de triunfo sobre a adversidade", mas também que quando transcrevi pela primeira vez essa reflexão eu havia deixado em aberto uma pergunta: Romain Gary tem razão ao afirmar que o humor lhe deu instantes de triunfo sobre a adversidade?

A resposta é, por um lado, positiva: como acabamos de ver, a criação do humor é, sim, uma resposta sofisticada e momentaneamente satisfatória quando eventos ou pessoas que causam tristeza cruzam nosso caminho. Porém, por outro lado, devemos atentar para a palavra *instantes*, empregada por Gary. Ele, assim como Pagnol, que falava em triunfo momentâneo, faz referência ao efeito consolador e compensador do humor, mas sublinha seu caráter passageiro e fugaz. Aliás, Gary (1969, p. 99), em seu romance *Adieu Gary Cooper*, coloca na boca de uma de suas personagens, Jess, o que parece ser seu diagnóstico final: "Creio que o humor é como todo o resto: no essencial, ele fracassa". O humor frequentemente fala da tristeza, suspende momentaneamente seu efeito desolador, mas não a suprime. *O humor é uma elaboração, não uma solução*, até mesmo para quem o cria.

Mas, quem são as pessoas que o criam? Quem são essas pessoas que não raramente têm talento para criar histórias e versos tristes, como também histórias e versos humorísticos? Quem são essas pessoas capazes de fazer rir e chorar? Quem são essas pessoas que não raramente tiveram episódios trágicos nas suas vidas ou que admitem, elas mesmas, como Brassens, Gary e outros, ser "um pouco tristes"?

Seria evidentemente um erro pensar que existiria uma espécie de "personalidade de humorista", uma disposição de caráter comum a todos eles (além do talento para criar humor, é claro),[38] como seria errado pensar que existe uma personalidade de músico, de cientista, de aviador, de educador, de gari, de cozinheiro etc. Todavia, isso não deve nos impedir de buscar algumas características que se encontrariam, se não em todos os criadores de humor, pelo menos em vários deles.

Para tanto, comecemos por conhecer o que disseram alguns estudiosos do humor. Somente examinarei dois aspectos (os mais frequentes) que, juntos, podem ser expressos pela citação de Escarpit (1960, p. 31) no seu capítulo sobre a gênese histórica do humor: "Então nasce a personagem do misantropo lúcido, mas bom, ao qual já se dá o nome de humorista".

---

38. Mas o que é "talento"? Quando Jean-Claude Bringuier, entrevistando Jean Piaget, perguntou a ele o que era o talento, depois de um longo silêncio, o eminente psicólogo e espistemólogo suíço lhe respondeu: "É um segredo. É o segredo mais misterioso" (Bringuier 1977, p. 196).

Comecemos pelo aspecto "bom" do criador de humor, aspecto que encontramos com certa frequência em textos dedicados ao humor: seus criadores seriam movidos pelo *amor*, pela *valorização* do objeto do humor. Vejamos alguns exemplos.

Comte-Sponville (1995, p. 290) escreveu que "quando o espírito zomba do que ele ama ou estima, é humor". Propp (1992, p. 108) dizia de Gogol que sua tragédia pessoal decorria do fato "de que ele amava profundamente aquela Rússia que ridicularizava". Na mesma linha, Blondel (1988, p. 108) afirmou que "o riso é a consolação de um homem prisioneiro de um mundo que ele insiste em amar apesar de tudo". Por essa razão, para ele "o riso é um inimigo que nos quer bem" (*ibidem* p. 59). Finalizemos com Guirlinger (1999, p. 41), que sublinha que, "no humor, há uma profunda solidariedade com o objeto de nossa zombaria. Zombamos do que mais valorizamos".

Evidentemente, tal hipótese não se aplica àqueles, em geral sem talento algum, que pensam que o humor se traduz por rir cruelmente do mundo e das pessoas. Suas "piadas" expressam ódio e cinismo, que são provas de desamor e desvalorização.

Mas fará sentido a hipótese do humorista amoroso para aqueles que conseguem, com real talento, nos fazer rir, e, notadamente, nos fazer rir de um mundo cruel? A rigor, a não ser que façamos estudos de caso ou análise biográfica, nunca saberemos ao certo. Porém, duas pistas tendem a mostrar que há algo de verdadeiro na afirmação de que há alguma solidariedade entre quem faz humor e o objeto deste.

A primeira pista equivale a um de nossos indícios: vários criadores de obras de humor são também capazes de criar outras prenhes de tristeza. E podemos acrescentar que não raramente, quando nos falam da tristeza, o fazem com *ternura*. É o caso de Brassens, Brel, Vanzolini, Hergé, Pagnol e outros mais. E alguns, como Chaplin, Tati e Benigni, colocam humor, tristeza e ternura numa mesma obra. Mais ainda: alguns criadores colocam

122 | Papirus Editora

ternura no próprio humor, como é o caso de Chico Buarque de Hollanda[39] na sua canção "Biscate" (cantada com Gal Costa), na qual ele nos apresenta um homem e uma mulher que, na forma de zombaria, reclamam um do outro. Diz o homem:

Vives na gandaia e esperas que eu te respeite
Quem que te mandou tomar conhaque
Com o tíquete que te dei pro leite
Quieta que eu quero ouvir Flamengo e River Plate

A mulher retruca:

Chamo você pra sambar
Levo você pra benzer
Fui pegar uma cor na praia
E só faltou me bater, é
Basta ver um rabo de saia
Pro bobo se derreter

Há algo de terno na maneira como Chico Buarque e Gal interpretam a canção e, por essa razão, não causa estranheza quando Chico faz os amantes cantarem juntos a reconciliação:

Vamos ao cinema, *baby*
Vamos nos mandar daqui

---

39. Escreveu Clarice Lispector dirigindo-se publicamente a Chico Buarque: "Convidei porque, além de ser altamente gostável, você tem a coisa mais preciosa que existe: candura (...). E eu, apesar de não parecer, tenho candura dentro de mim. Escondo-a porque ela foi ferida. Peço a Deus que a sua candura nunca seja ferida e que se mantenha sempre" (*apud* Magalhães 2004).

Vamos nos casar na igreja

Chega de barraco

Chega de piti

Em suma, essa canção é, ao mesmo tempo, humorística e terna; amorosa, portanto. Chico Buarque tem outras canções desse naipe, como as já citadas "O meu guri" e "Trocando em miúdos". A aliança de humor e ternura encontra-se também nas histórias do *Petit Nicolas*, de Gosciny e Sempé. Todas as suas personagens brigam incessantemente entre si, zombam incessantemente uns dos outros, mas a amizade e o amor nunca são desmentidos: pelo contrário, até são realçados pelo humor.

Desse indício que nos mostra criadores de humor capazes de nos emocionar com a ternura e a tristeza, podemos inferir (apenas inferir) que, sim, eles nutrem apego em relação ao mundo e às pessoas, e que um mesmo sentimento de solidariedade em relação a eles tanto lhes inspira humor quanto melancolia. Dito de outra forma, seria estranho pensar que, quando fazem humor, sintam desprezo ou até ódio pelos objetos de sua criação, e que esses mesmos objetos, em outras obras, lhes inspirem simpatia e afeto. Creio que podemos, portanto, aceitar a hipótese de que, de fato, há algo de amoroso no ato de se criar humor. O rir cruelmente do mundo traduz desprezo e ódio. O rir de um mundo cruel traduz o contrário. Pagnol (1990, p. 72) dizia que "o homem que não ri perde sua vitalidade e sua ternura". Podemos também dizer que o criador de humor não raramente demonstra, com suas obras humorísticas, sua vitalidade e sua ternura em relação ao mundo e às pessoas.

A segunda pista que faz com que tenha sentido a hipótese do criador de humor amoroso é simplesmente o fato de ele *se dar ao trabalho* de elaborar piadas, comédias, charges, tiras, filmes etc. a respeito dos homens, das mulheres e da vida. Ora, se realiza tal trabalho – trabalho nada fácil, sublinhe-se – é certamente porque atribui algum valor aos objetos de suas criações. Com efeito, não se vê bem porque alguém se daria a tarefa de pensar e criar algo sobre temas que despreza e desvaloriza totalmente. Isso não vale, aliás, apenas para o humor. Imaginemos o mais crítico dos filósofos (como um Nietzsche) ou dos cientistas sociais (como um Bauman) que, nos seus escritos, traçam uma imagem fortemente negativa da natureza humana ou da cultura: é de deduzir que, se o fazem, é porque valorizam, e muito, os seres humanos e a cultura. Não valorizam, é claro, os homens e a cultura como de fato são (já que os criticam veementemente), mas valorizam as ideias de homem e de cultura, vislumbrando como eles poderiam ser de forma mais satisfatória. Ora, o mesmo pode ser dito dos criadores de humor: se zombam ou criticam os homens é porque estes últimos devem ter algum valor, aos olhos dos primeiros, ainda que virtual. É verdade que eles também valorizam o humor em si, mas a escolha de seus objetos também traduz uma valorização. Molière (1971a, p. 889), por exemplo, escreveu ao rei da França a propósito de sua peça *Le Tartuffe* que "o dever da comédia é o de corrigir os homens divertindo-os". Somente se propõe a corrigir os homens quem por eles sente algum apego, quem lhes atribui algum valor e nutre a esperança de que eles usem seu potencial para ser melhores.

A referência a Molière nos permite agora pensar na figura do *misantropo* lúcido, mas bom, evocado por Escarpit, uma vez que o próprio Molière escreveu uma pungente peça chamada *Le misanthrope*.

Mas o que é um misantropo? As definições de dicionários assim o apresentam: *pessoa que manifesta aversão à humanidade* (Larousse); *pessoa que odeia os seres humanos, que tem opinião desfavorável, pessimista da humanidade ou da vida* (Trésor); *aquele que odeia a humanidade ou sente aversão às pessoas* (Houaiss).

Assim definido o misantropo, é possível aceitar a ideia de que ele seja *lúcido*, porém fica difícil aceitar a ideia de que ele possa ter simpatia por algo humano, que possa valorizar os seres humanos e sua cultura, que ele possa ser amoroso e bom.

Todavia, se nos debruçarmos sobre a personagem Alceste, de Molière, veremos que é possível achar nuances na misantropia que as frias definições de dicionários não revelam.

Algumas falas de Alceste parecem vir diretamente dos dicionários. Ele afirma, por exemplo, "odiar todos os homens" e querer às vezes "fugir, em um deserto, do contato humano". Mas por que esse ódio e essa aversão às pessoas? Será apenas uma disposição lúgubre e até patológica de caráter? Será um egoísmo encardido? Será um perene mau humor? Será uma crueldade incontrolável? Não. Trata-se de uma posição ética e moral.

Comecemos pela dimensão ética: Alceste critica veementemente o achatamento. Diz ele: "Estimar todo mundo é nada estimar". Em outro lugar ele afirma: "Quero que sejamos sinceros e que, como homens de honra, não pronunciemos palavra que não venha do coração". Uma das ações centrais da peça gira em torno do fato de Alceste dizer claramente a Oronte que seus versos são ruins e que, "francamente, devem ser jogados na latrina".

A crítica moral é ainda mais forte que a crítica ética. Alceste vilipendia a hipocrisia, a mentira e a injustiça. Seu desespero é assim expresso: "Eu somente encontro, em todo lugar, covarde lisonja, injustiça, interesse, traição e perfídia".

Alceste é assim apresentado como pessoa pura, coerente consigo mesma e intransigente em relação aos valores éticos e morais. Ele diz de si mesmo: "ser altivo e sincero é meu maior talento". Aliás, a personagem principal de *Le misanthrope* é uma das raras, na obra de Molière, a despertar admiração do público e dos leitores. Ele não é ridículo, como o são Monsieur Jourdain, de *Le bourgeois gentilhomme*, Argan, de *Le malade imaginaire* e inúmeros outros criados pelo dramaturgo francês. O próprio autor encarrega uma de suas personagens (Eliante) de elogiar Alceste: "A sinceridade desejada por sua alma tem alguma coisa de nobre e heroico".

Mas será Alceste uma espécie de "monstro moral"? Será ele uma pessoa fria que, como um juiz, se limita a ditar veredictos severos e inapeláveis em relação a seus contemporâneos? Ou será que Molière nos mostra um Alceste sensível, angustiado, um Alceste que sofre? É a segunda alternativa que corresponde à escolha do dramaturgo. Diz Alceste que, quando assiste à hipocrisia dos homens, ele "entra num humor negro e numa tristeza profunda". Na parte final da peça ele pede a seu amigo Philinte (sim, ele tem um amigo!): "Deixe-me neste pequeno canto escuro com meu negro pranto".

Em resumo, o misantropo Alceste não gosta dos homens, pois neles vê defeitos éticos e morais que ele não suporta e que o deixam triste e solitário.

Voltemos então à definição de Escarpit a respeito do *misantropo bom* e perguntemo-nos se Alceste, assim como criado por Molière, é "bom"?

Na peça, não há nada que nos mostre Alceste fazendo alguma bondade ou sendo generoso. Em compensação, fica muito claro que ele não é "ruim": suas maneiras bruscas e ríspidas de falar em nada se devem à crueldade, à vontade de humilhar, à postura injusta, a desejos de criticar outrem gratuitamente. Pelo contrário, como vimos, trata-se de críticas éticas e morais com as quais o público e o leitor costumam concordar. Logo, nosso misantropo Alceste é tudo, menos "ruim". E se não ser "ruim" é ser "bom", então ele é "bom".

E amoroso? O Alceste (já) misantropo certamente não é amoroso nem valoriza seus semelhantes. Porém, vale refletir sobre o caráter aparentemente paradoxal da afirmação de Nicolas Chamfort: "Quem não é misantropo aos 40 anos nunca amou os homens". Eis uma bela explicação psicológica para a misantropia: ela não é aversão gratuita e desapego egoísta em relação aos homens, mas sim *desencantamento ético e moral profundo* de quem neles muito acreditou, de quem deles muito esperou, de quem muito os valorizou, logo, de quem muito os amou. Misantropia é o resultado de um

Humor e tristeza | 127

desapontamento.[40] E se, como dizem os dicionários, o misantropo nutre ódio e aversão às pessoas, é porque, antes, ele nutria amor e valorização. Tal interpretação vale totalmente para Alceste que, no fim da peça, nos brinda com belos e famosos versos que traduzem profunda tristeza, intenso desespero e confissão de definitiva derrota na tentativa de conviver com os homens (como são admiráveis literariamente, cito-os primeiro no original):

Je vais sortir d'un gouffre où triomphent les vices
Et chercher sur la terre un endroit écarté
Où d'être homme d'honneur on ait la liberté.

(Vou sair de um abismo onde triunfam os vícios
E procurar na Terra um lugar distante
Onde de ser homem de honra se tenha a liberdade.)[41]

Na verdade, no caso de Alceste, podemos afirmar que ele é amoroso, pois, se não fosse, nós o veríamos friamente desprezar seus semelhantes, mas não é isso que acontece: ele se mostra inconformado e se irrita com as condutas alheias, ele confessa seu desespero, sua solidão, e ele brada suas críticas. O verso de Chico Buarque na canção "Atrás da porta" poderia a ele se aplicar: "te adorando pelo avesso".

E tal verso também pode se aplicar aos criadores de humor.

Relembremos a citação de Escarpit segundo a qual o humorista é um *misantropo lúcido, mas bom*. Vimos que faz todo sentido o criador de humor ser

---

40. Stefan Zweig, cuja obra e vida testemunham um profundo apego aos homens e à humanidade, suicidou-se de desgosto em Petrópolis durante a Segunda Guerra Mundial.

41. Já que meu texto trata do humor, não resisto à tentação de citar os versos que Boby Lapointe acrescentou aos de Molière em sua canção "L'ami Zontrop": "Procurar na Terra um lugar distante / Onde de ser homem de honra se tenha a liberdade / Mas tudo já está reservado desde a Páscoa / Então, fazer o quê?".

apegado ao objeto de suas criações, embora seja crítico. Devemos agora ver se também faz sentido vê-lo, se não como misantropo "puro", como Alceste, pelo menos com *alguma misantropia* em suas atitudes em relação aos homens e ao mundo.

Ora, creio que faz sentido, sim, e isso por dois motivos.

O primeiro é simplesmente o fato de a maioria das formas de humor apresentar críticas. No humor de zombaria, as críticas são dirigidas aos defeitos humanos que são ridicularizados, ao passo que, no humor existencial, tais críticas permanecem presentes, embora não apresentadas pelo ridículo. Portanto, tudo leva a crer que o criador de humor, assim como os misantropos, está muito atento aos defeitos éticos e morais de seus semelhantes. O humor é uma forma de não se conformar com eles, assim como as diatribes de Alceste traduzem um mesmo inconformismo e um resto de esperança de que sejam ouvidas e que convençam. Lembremos que o próprio Brassens admitia: "o mundo tal como é não me convém (...). Aliás, ele me convém cada vez menos". Creio que muitos dos criadores de humor assinariam embaixo do depoimento do compositor francês.

O segundo motivo de fazer sentido ver nos criadores de humor algo da misantropia é o que sabemos da personalidade de alguns deles, como o que apresentei no indício *vidas*. Molière era melancólico; Satie e Brassens eram solitários; Sempé, um eterno revoltado; Chico Anysio, um depressivo; Chaplin parecia ser lamuriento e "vagamente insatisfeito com a vida"; Gary dizia-se de natureza um pouco triste; Tati e Harrison também davam de si uma imagem de tristeza; Feydeau drogava-se, e outros, como Chaval e Bosc, acabaram por se suicidar. É possível identificar algum evento trágico na vida de alguns criadores de humor (por exemplo, Twain), o qual poderia causar momentos de tristeza e depressão. Porém, não são tais eventos que parecem explicar a tristeza deles, pois a maioria parece acometida de tristeza crônica. Lembremos que Propp se perguntava a razão de os humoristas não serem pessoas alegres, serem pessoas que se destacam "pela misantropia e pelo caráter sombrio?".

Humor e tristeza | 129

Ora, creio que a resposta está na própria formulação de Propp: os criadores de humor têm algo de misantropia, e, como um misantropo é alguém que se desespera porque seu amor pelo humano pede mais aos homens do que eles podem dar, não se pode dele esperar uma tranquila jovialidade, uma despreocupada alegria, uma fácil adaptação ao mundo dos homens. Creio que tem toda razão Halina Sawecka (1993, p. 25) quando escreve que "no meio da sociedade na qual ele vive, o humorista aparece como um ser inadaptado, como um fator crítico e dissolvente no interior do grupo ao qual pertence e do qual nunca esposa completamente os interesses".

Alguém poderá fazer aqui uma ressalva: as razões da misantropia podem ser, como o quer Chamfort (e também Molière), decorrência de um amor contrariado pelos homens – e, nesse caso, os humoristas poderiam ser considerados misantropos – mas pode haver outros tipos de misantropo cuja aversão aos homens nada deve a seu amor por eles (patologia, crueldade etc.). Aceitando-se essa ponderação, não será um pouco perigoso associar intimamente misantropia e humoristas?

Concordo com a ressalva. Com efeito, o termo *misantropo* não somente soa muito forte como é, em geral, associado a pessoas de companhia nada agradável ou até perigosa, pois movidas, como dizem os dicionários, pelo ódio. Ora, vimos que não é o ódio, mas o amor (contrariado) que move aqueles que fazem rir de um mundo cruel. Por essa razão, eu preferiria me referir aos criadores de humor com uma imagem mais ampla que a de misantropo: a do *estrangeiro*.

Em entrevista, Romain Gary (dois anos antes de se suicidar), perguntado se se sentia um "emigrante-emigrado" (ele nasceu na Lituânia, fez a vida na França e, diplomata, morou em vários outros países), respondeu que ele absolutamente não se via como alguém sem raízes territoriais, mas que se sentia todo o tempo "um estrangeiro, no sentido que Albert Camus dava ao termo" (Gary 1978, p. 301). Infelizmente, a entrevistadora não deu sequência a esse tema, o que nos priva de reflexões que certamente seriam relevantes. Pois, afinal, qual seria o sentido que Camus deu ao termo *estrangeiro*? Ele escreveu um belo romance com esse nome, mas como romance não é tese, há várias leituras possíveis. Tampouco o conceito de estrangeiro é empregado por Camus em sua filosofia: nela, ele fala de "absurdo", de "homem revoltado". É certo que o romance O *estrangeiro* guarda íntima relação com o que se pode chamar de *ética camusiana*, mas se ele a sugere, certamente não a explicita.

Quanto a mim, que tive a oportunidade de me debruçar sobre a personagem de Meursault na minha dissertação de mestrado,[42] limitar-me-ei a lembrar três de suas características que podem se aplicar ao criador de humor.

Uma primeira característica é o fato de Meursault ser extremamente observador, ser atento a detalhes da vida e das pessoas, ter olhos que, com certa ingenuidade, destacam elementos que poderiam muito bem passar despercebidos. Ora, os criadores de humor costumam ter essa qualidade de observação e transformam detalhes do cotidiano em objeto de suas obras. Jacques Tati, por exemplo, dizia que seus filmes eram inspirados pelo que ele via e ouvia no dia a dia a seu redor, fato que fica evidenciado em obras como *Playtime* e *Trafic*. Os desenhos de Sempé também nos brindam com elementos do cotidiano que costumam passar despercebidos. E poderíamos multiplicar os exemplos: eles provariam que os humoristas têm olhos bem abertos para a realidade e que pinçam, aqui e ali, imagens e fatos não notados pelo olhar da maioria.

Uma segunda característica de Meursault é ele ser extremamente inteligente. Entenda-se por ser extremamente inteligente a capacidade de estabelecer relações entre variados elementos – notadamente, estabelecer

---

42. A dissertação, defendida em 1984, intitula-se "Razão e juízo moral", e deve estar em alguma prateleira da Biblioteca do Instituto de Psicologia da Universidade de São Paulo.

relações inusitadas, porém, com sentido. O mesmo pode ser dito dos criadores de humor. Frequentemente, o próprio de uma piada, de uma charge, de uma cena cômica é que elas surpreendam com uma relação tão inesperada quanto significativa.

A capacidade de observação e a de estabelecer relações caminham juntas: o criador de humor enxerga muitas coisas e se permite, quando possível, relacioná-las entre si, criando novos sentidos. Ele reivindica para si a *liberdade* de fazê-lo.

A terceira e última característica do *estrangeiro* de Camus é, de certa forma, decorrência das duas primeiras: ele tem dificuldade de ver as coisas como os outros as veem. Ele não está preso a pautas culturais que dirigem os olhares e pensamentos das pessoas em geral. Ele não aceita como evidentes interpretações habituais que convencem a maioria. Ele não adere espontaneamente a valores que atraem os demais. Ele percebe o caráter ilusório de muitas crenças comuns, a dimensão convencional de vários costumes, a escravidão silenciosa que determinam várias opções de vida. E, assim, ele é acometido por um sentimento de *estranhamento*: ele não se sente confortável no mundo dos homens, na cultura e até na natureza, daí seu aspecto de misantropia.[43] Ele é condenado a viver como um *estrangeiro*, acompanhado por num perene sentimento de *solidão*. Ora, o que acabo de escrever pode, creio, aplicar-se a vários criadores de humor e explicar, pelo menos em parte, a tristeza que parece acompanhar suas vidas.

Creio que eles são *estrangeiros*: observadores, inteligentes e solitários. Creio que, para eles, o humor é uma opção ética: por seu intermédio, procuram retomar um diálogo, com o mundo e os homens, que frequentemente está rompido nas relações cotidianas. E assim faz pleno sentido o que Chaplin colocou na boca de uma de suas personagens no filme *Luzes da ribalta*. Diz a jovem bailarina Thereza ao velho comediante

---

43. Disse Brassens: "É difícil, para mim, me adaptar à vida dos outros; aparentemente eu me adapto, é no interior que não me adapto" (no livro de Rochard 2005, p. 37).

Calvero: "Que triste profissão a de ser engraçado; ouvindo-o, ninguém pensaria que você é comediante".

Post-scriptum

O leitor talvez se lembre da reflexão de Georges Minois, que transcrevi anteriormente, segundo a qual "o humor estereotipado, 'midiatizado', comercializado, globalizado conduz o planeta". Dizer que ele conduz o planeta parece-me, repito-o, exagerado. Porém, afirmar que o humor – talvez seja melhor dizer o "autoproclamado humor" – é, nos dias de hoje, onipresente, parece-me uma evidência.

Com efeito, como não dar razão a Finkielkraut (2009, p. 36) quando ele repara que "o dia inteiro o público que nós formamos é convidado a rir". Somos convidados a dar gargalhadas em programas de auditório recheados de piadinhas, pegadinhas, videocassetadas, e cujo público presente é comandado a rir. Somos convidados a rir em eco às risadas cuidadosamente gravadas em um sem-número de seriados de televisão. Somos também convidados a assinar canais exclusivamente destinados a comédias e apresentações de *stand up*, a ler colunas e quadrinhos humorísticos diários ou semanais em jornais e revistas e ainda a entrar no YouTube para tentarmos rir de esquetes variados. E, segundo o jornal *Folha de S.Paulo* do dia 6 de janeiro de 2013, o fato de procuramos rir com comédias cinematográficas salvou os números de entradas do cinema brasileiro em 2012. Como se não bastasse tal presença maciça do humor (com ou sem aspas) no nosso universo cotidiano, humoristas têm ido além de seu ofício comum: em 1981, o humorista Coluche assustou o mundo político francês ao candidatar-se à presidência da república e conseguir 12% das intenções de votos (pressionado, ele desistiu da candidatura); em 2013 o humorista Bette Grilo pesou decisivamente nas eleições legislativas italianas; e, no

Brasil, temos o palhaço Francisco Everaldo Oliveira Silva (Tiririca) como segundo deputado federal mais votado na história. Mas parece haver um início de recíproca: o ex-presidente brasileiro Fernando Henrique Cardoso fez uma "ponta" na comédia *As aventuras de Agamenon, o repórter*, de Victor Lopes. Podemos também lembrar outra "ponta": a que a rainha da Inglaterra, Elizabeth II, fez na abertura dos Jogos Olímpicos de Londres, em 2012, ao simular que chegaria ao estádio olímpico de paraquedas, acompanhada de James Bond.

Apesar dessa onipresença do humor, Minois (2000, p. 547) se pergunta se o riso não estará em perigo, "vítima de seu próprio sucesso". Não se trata, é claro, de apontar para um diagnóstico de que as pessoas não riem mais. Pelo contrário, elas riem o tempo todo. O problema é justamente este: ri-se o tempo todo e ri-se de tudo. O que está em perigo é a razão de ser do riso. Minois aponta dois problemas.

O primeiro: o riso e o humor perderam a sua função crítica. O sistema político dominante os teria "digerido" transformando-os de "subversivos" em aliados simpáticos e confiáveis. Na mesma linha, Comte-Sponville (1995, p. 280) afirma que "de tanto celebrá-lo, nossa época perverte o riso". Tratarei da função crítica do riso quando analisar o direito de rir.

Interessa-me aqui o segundo problema apontado por Minois (2000, p. 554): a sociedade do início do século XXI "quer a todo custo fazer a festa. Mas não uma festa passageira: uma festa contínua, existencial, ontológica. A obsessão festeira é outro sinal do triunfo ambíguo do riso". Digo que essa observação me interessa porque ela diz respeito à relação entre riso, humor e tristeza.

Num interessante livro intitulado *L'euphorie perpétuelle: Essai sur le devoir de bonheur* (A euforia perpétua: Ensaio sobre o dever de felicidade), Pascal Bruckner (2000, p. 64) nos traz um quadro convincente da sociedade contemporânea: "passamos da felicidade como direito para a felicidade como imperativo". Mas, como os imperativos, para serem seguidos,

134 | Papirus Editora

dependem da liberdade individual, e que o gozo da felicidade não depende apenas de decisões tomadas livremente (há variadas contingências sociais, culturais e afetivas), o "dever de felicidade" acaba por levar as pessoas a simularem estados de felicidade que não correspondem ao que realmente sentem. Escreve Bruckner (2000, p. 182): "Nada é pior do que essas pessoas eternamente alegres, em todas as circunstâncias, que amarraram uma careta radiante nos seus rostos como se purgassem uma condenação perpétua de alegria".

Evidentemente, numa sociedade do alto-astral incontornável, numa cultura da euforia perpétua e forçada, a tristeza não mais tem lugar. Ou melhor: o que não tem mais lugar é sua expressão e seu reconhecimento. Como lembra Bruckner (*ibidem*, p. 218), "não é o sofrimento que desapareceu, mas é a sua expressão pública que é proibida". Aliás, eu acrescentaria que a tristeza não somente não desapareceu, o que é óbvio, como está mais do que nunca presente numa cultura que chamei de "cultura do tédio" (ver La Taille 2009), promovendo altos índices de suicídio. Mas o que aumenta os riscos decorrentes da tristeza é justamente o fato de ela não ter lugar social. Escreveu Minois (2000, p. 556):

A festa moderna é obrigatória. É proibido ficar de cara feia, expressar tristeza, ser choroso, ser estraga prazeres. Os recalcitrantes, aqueles que não acham isso engraçado ou que não têm vontade de rir são relegados ao ostracismo, são apontados com o dedo em riste, pois nada é menos intolerante do que um grupo de pessoas que riem. A tirania do riso é impiedosa.

A tristeza é vista como falta de boa vontade, como fracasso pessoal ou como patologia: ela não deve mais ser elaborada, superada, ela deve ser "tratada".

Aceita essa descrição da sociedade atual, na qual a tristeza não tem mais o lugar cultural que mereceria ter, é de esperar que ela também se tenha divorciado do humor. Ora, parece-me que esse é realmente o caso.

Não pretendo demonstrá-lo com dados estatísticos, pois pediria que eu assistisse a tudo que se produz sob o nome de humor. Vou apenas me ater ao que, segundo os jornais, faz enorme sucesso no Brasil nos dias de hoje.

Comecemos pelos três filmes que fizeram grande sucesso nos últimos anos. São eles chamados de comédias: *E aí... comeu?* (de Felipe Joffily), *De pernas pro ar* (de Roberto Santucci) e *As aventuras de Agamenon, o repórter* (de Victor Lopes). Ora, em nenhum dos três pode-se realmente falar da presença de tristeza. Os problemas conjugais presentes em *E aí... comeu?* e *De pernas pro ar* são meros pretextos para falar dessa obsessão contemporânea pelo sexo. Com efeito, o que há de comum nos três filmes é a presença de inúmeros palavrões e o tema do sexo do começo ao fim. Deles não se pode dizer que rimos de um mundo cruel. E de um deles, *As aventuras de Agamenon, o repórter*, podemos dizer que nos é proposto rir cruelmente do mundo – o que, como vimos, corresponde à negação da tristeza: faz-se puro deboche com eventos como a Segunda Guerra Mundial e a bomba de Hiroshima. Mais ainda: figuras de autoridade como Gandhi, Einstein, Churchill e outras servem de pretexto para se falar de sexo ou arredores. Gandhi diz que vai posar para a *Playboy*, Einstein solta um poderoso *flato* e Churchill comenta que "a guerra é fria, mas minha mulher é muito mais". Vale para esse filme o comentário de Finkielkraut (2009, p. 32): "(o riso contemporâneo) obstina-se contra a transcendência, ele persegue a grandeza sob qualquer forma em que ela se manifeste, ele vinga a mediocridade da afronta que a superioridade lhe inflige".

Segundo os jornais, o grupo Porta dos Fundos é sucesso absoluto na internet (1 bilhão de visualizações). Ora, assim como nos filmes citados, não somente não costuma haver um átomo de referência à tristeza, como, em alguns vídeos, ri-se cruelmente do mundo e das pessoas: no vídeo *Rola*, vemos uma cliente desentendida ser humilhada por um vendedor que lhe propõe "rola"; no vídeo *Sorte grande*, cortam-se os dedos de mulheres sorteadas num concurso; e naquele intitulado *Gato*, um médico diz que é melhor parir um gato que um filho, porque eles morrem por volta dos 15 anos de idade e assim não é preciso pagar a faculdade.[44]

Dou os últimos exemplos retirados do vídeo *O riso dos outros*, de Pedro Arantes, no qual se discute o riso e são apresentados alguns trechos de esquetes. Em quase todos eles, novamente vemos o sexo e os palavrões dominarem, e em muitos também domina o rir cruelmente dos outros: "teu patrão é broxa", então isso pode consolá-lo dos problemas no trabalho; "são-paulino não é torcida apaixonada pelo time, mas sim pelos jogadores"; "mais as pessoas são pobres, mais são feias"; "uma vizinha gorda tem suor com cheiro de costelinha e não consegue arrumar namorado porque é tão gorda que os homens não acham a sua vagina"; "a meta dos atletas nadadores das paraolimpíadas não é ganhar, é não morrer".

E assim por diante. Há também no vídeo referência à "piada" de Rafinha Bastos que diz que mulher feia deveria ficar feliz de ser estuprada e seu agressor deveria receber agradecimentos.

O leitor poderá dizer que tal tipo de humor sempre existiu, e eu concordo. Poderá também dizer que há obras recentes de grande sucesso de bilheteria que aliam, de uma forma ou de outra, humor e tristeza (e ternura), e também concordo: já citei *A vida é bela* e poderia também citar os filmes *Intocáveis*, de Éric Toledano e Olivier Nakache, e *O palhaço*, de Selton Mello.[45] Porém, creio que o que domina nos dias de hoje não é esse tipo de humor. Concordo com Minois (2000, p. 573) quando observa que "os grandes cômicos são tão raros quanto os grandes filósofos" e que os humoristas da atualidade "brincam com temas fáceis e surrados do momento".

---

44. Justiça seja feita: há esquetes do grupo Porta dos Fundos que, como aquele chamado de *O depoimento*, nos fazem rir de um mundo cruel.

45. A rigor, *O palhaço* não é uma comédia, pois poucos são os instantes de humor. Porém, como seu tema é a vida do circo e a personagem principal é um homem que trabalha como palhaço, podemos colocá-lo entre aqueles que versam sobre o tema do riso e da tristeza.

Humor e tristeza | 137

De minha parte acrescento, à guisa de contribuição, que o humor contemporâneo, que frequentemente ri cruelmente do mundo, traduz a falsa euforia perpétua identificada por Bruckner. O humor que domina é coerente com uma "cultura do tédio", uma sociedade que ri de tudo porque nada tem valor, uma sociedade no fundo triste, mas que nega a tristeza.

"Diga-me do que ris, e eu te direi quem és", escreveu Marcel Pagnol. Ele provavelmente tem razão.

O direito de rir

Podemos considerar o humor uma arte? Sem dúvida, uma vez que ele se apresenta na forma de uma obra, por menor que ela às vezes seja. O humor não aparece entre as sete artes, por um lado, porque não busca um efeito estético (embora eventualmente possa ser, além de humorístico, bonito, como, por exemplo, os versos de várias peças de Molière ou aqueles de um Chico Buarque e de um Brassens), e, por outro, porque pode se associar às sete, com destaque para a literatura, o desenho e o cinema.

Como toda forma de arte, o humor é sujeito a controvérsias. A controvérsia que me interessa aqui é aquela que diz respeito à sua *qualidade*.

Nas sete artes, tal discussão costuma empregar critérios essencialmente estéticos, portanto técnicos. Na área musical, por exemplo, será correto afirmar que as obras de *cravo bem temperado* de Bach correspondem ao "antigo testamento" e as *sonatas* de Beethoven ao "novo testamento" das obras para piano solo? Será a obra de Debussy superior àquela de Satie? Será *Sgt. Peppers Lonely Hearts Club Band* o melhor disco dos Beatles e da música *pop*? Etc. Para responder a tais perguntas, que costumam criar eternas controvérsias, critérios técnicos, quando existem,[1] são necessários e suficientes.[2] Critérios

---

1. Não acredito que a avaliação estética se resuma a sensações e opiniões puramente pessoais, ou a pautas culturais, por definição, passageiras. Não é o caso de afirmar que critérios estéticos prontos e acabados existam. Mas afirmar que não temos critério técnico algum certamente seria exagero.
2. No caso da música popular, não é raro elementos ideológicos interferirem na discussão que deveria ser exclusivamente técnica. Por exemplo, à famosa pergunta "Quem

Humor e tristeza | 141

morais não compareçem. Eles comparecem para resolver outras questões, como, por exemplo, julgar se romances como *Madame Bovary*, de Flaubert, ou *O amante de Lady Chatterley*, de D.H. Lawrence, corrompem os bons costumes; mas não são empregados para decidir se esses romances são bem escritos ou não.

Mas por que estou falando em critério moral? Ora, porque, no caso do humor, o critério moral é frequentemente usado para avaliar sua qualidade.

Para demonstrá-lo, volto primeiramente a um exemplo que dei no final do capítulo sobre as relações entre humor e tristeza: a "piada" de Rafinha Bastos a respeito da gratidão que as mulheres feias deveriam ter pelos seus estupradores. Imagino que muita gente riu desse comentário, sendo o próprio autor o primeiro a apreciá-lo, pois, para ele, como o diz no vídeo *O riso dos outros*, "é humor, cara!".

Porém, muita gente não riu! Por quê? Porque, para alguns (e não poucos), como também evidenciado no vídeo que acabo de citar, tal "piada" banaliza a violência sexual, porque não se brinca com a tragédia alheia, porque é desrespeito para com as mulheres consideradas feias etc. Esses são argumentos morais. E quem concorda com eles simplesmente não ri. Quem concorda com eles dirá que é *piada ruim, piada de mau gosto*, ou até *que não é humor*. Em compensação, ri quem não vê problema moral em se fazer esse tipo de piada, ri quem não vê nela alguma forma de desrespeito ou pensa que o desrespeito é aceitável e até desejável. Ou seja, argumentos morais servirão para julgar a qualidade do humor.

Não estou querendo dizer aqui que apenas o critério moral permite apreciar a qualidade do humor. Há, evidentemente, critérios técnicos como

---

é melhor, Caetano Veloso ou Chico Buarque?", muitos acabam inconscientemente elegendo critérios como participação política ou luta contra o conservadorismo dos costumes para decidir qual dos dois é melhor artista. O mesmo pode ser dito a respeito da velha, e às vezes raivosa, comparação entre os Beatles e os Rolling Stones (uns eram *certinhos*, os outros eram *rebeldes*).

em toda arte. Há tentativas de piadas que não fazem rir porque são pobres, fracas, notadamente pela falta de originalidade das relações estabelecidas – que, assim, não surpreendem o ouvinte.[3] A rigor, podemos dizer que é o caso da "piada" contada por Rafinha Bastos: o recurso empregado pode ser considerado fraco e pura apelação. Porém, mesmo quando o efeito humorístico é tecnicamente bom, o critério moral poderá decidir se é passível de causar risos ou não.

Vejamos outro exemplo que ficou conhecido no mundo inteiro: as "charges de Maomé", publicadas pelo jornal dinamarquês *Jyllands-Posten* em 2005. Numa delas se via Maomé usando uma granada como turbante. Noutra se via o mesmo profeta dizendo a terroristas recém-"explodidos" (apareciam chamuscados no desenho) que o céu estava com falta de virgens (referindo-se à alegada promessa de que, ao realizarem sua tarefa sagrada e mortífera, os "mártires de Deus" seriam recompensados pelos favores dessas mulheres). Sinceramente, não creio que essas charges e outras fossem apelativas do ponto de vista técnico: eram bem desenhadas e as relações relevantes e pouco esperadas. Mas sabe-se das reações que causaram em pessoas de fé muçulmana: milhões delas absolutamente não riram. Pelo contrário: em praça pública, centenas delas vociferaram contra as charges e algumas chegaram a queimar embaixadas dinamarquesas. Novamente é moral o critério empregado, tanto pelos que criaram e publicaram as charges quanto por aqueles que as repudiaram. Para os primeiros, não há nada de moralmente errado em zombar com bom gosto de elementos de uma religião e eles riram de bom grado; para os segundos, é desrespeito puro, mau gosto puro, logo, falha moral grave, e não há razão alguma para rir, porque isso não seria uma forma de humor, não mereceria esse nome.

Terei no presente capítulo oportunidade de dar mais exemplos de obras de humor cuja qualidade é avaliada com base em critérios morais e

---

3. Existe também a arte de se contar uma piada. Pode acontecer de uma boa piada perder seu efeito humorístico se malcontada.

Humor e tristeza | 143

de aprofundar a relação entre a moral e a qualidade do humor. O que me interessa, à guisa de introdução, é apenas sublinhar que a dimensão moral é fortemente articulada ao tema do riso e do humor, assim como vimos no capítulo anterior que o mesmo acontece com a dimensão ética.

A questão geral pode ser assim colocada: quais são os critérios morais que deveriam legitimar o riso e a obra de humor feita para provocá-lo? Dito de outra forma: *o que deveria legitimar o direito de rir?*

Eis o que procurarei analisar nas páginas que se seguem. Já adianto que, contrariamente ao que aconteceu na análise da relação entre riso, humor e tristeza, para a qual encontrei várias referências na literatura, terei pouca ajuda de outros autores para equacionar o que chamo de *direito de rir*.

Meu primeiro passo será apresentar uma pesquisa da área de psicologia do desenvolvimento para verificar o que crianças de seis e nove anos pensam a respeito do referido *direito*. Vamos, portanto, às raízes genéticas da questão, do ponto de vista psicológico.

O direito de rir segundo as crianças

Na década de 1990, realizei estudos sobre a gênese do juízo moral a respeito da condenação, ou não, de atos de humilhação (La Taille 1996 e 2002). Apenas um deles colocava o tema do riso, mas não abordava o direito de rir (dele falarei quando apresentar o Estudo 3). O meu objetivo, como todo objetivo na área de psicologia do desenvolvimento, era verificar quão profundas eram as raízes do sentimento de humilhação – profundidade esta que ficaria evidenciada se encontrássemos a sua presença precoce no universo afetivo da criança – e também conhecer as primeiras elaborações morais a respeito. Em 2012, resolvi voltar ao tema associando-o exclusivamente ao riso, pois, como observou Bergson, já citado no capítulo anterior, "o riso é sempre um pouco humilhante para quem é dele objeto". Um pouco humilhante ou até muito, dependendo da circunstância.

144 | Papirus Editora

Será que as crianças pequenas já percebem tal humilhação e a condenam moralmente? Se a resposta for positiva, poderemos inferir que o tema do riso e sua codificação moral têm raízes na primeira infância, o que testemunharia a sua relevância para o ser humano.

Vamos à pesquisa, realizada por Júlia Cizik Franco, minha orientanda na época, aluna do Instituto de Psicologia da Universidade de São Paulo, e por mim.

Foram entrevistadas 17 crianças de seis e sete anos, e 16 de nove e dez anos. A escolha das faixas etárias deveu-se ao que se sabe em psicologia do desenvolvimento: crianças de seis, sete anos estão no nível pré-operatório e em fase de heteronomia moral; aquelas de nove, dez anos estão no nível operatório concreto e apresentam os primeiros sinais de autonomia moral.

Aos sujeitos foram apresentadas três histórias e, para cada uma delas, eles foram submetidos a perguntas atinentes (i) a sentimentos decorrentes do riso por parte de quem é dele objeto, e (ii) ao juízo moral acerca do direito de rir.

Estudo 1

O primeiro estudo coloca uma situação, por assim dizer, clássica e bastante empregada em comédias: cair na frente de todo mundo. Eis a história que contamos a nossos sujeitos: "Um dia, um menino chamado João tropeçou e caiu na classe, na frente de todo mundo. Todos riram".

Eis as perguntas que lhes fizemos:[4]

1) Como se sentiu o João? Por quê?
2) Está certo rir? Por quê?

---

4. As perguntas servem de introdução ao que se chama uma "entrevista clínica": trata-se de fazer falar o sujeito sobre um tema para procurar entender como pensa sobre ele.

A primeira pergunta, para a qual, evidentemente, não esperávamos relatos de sentimentos positivos, visava verificar qual seria a fonte do sentimento negativo: a queda ou o riso?

Como era de esperar, nenhum sujeito de nove ou dez anos se referiu a um sentimento negativo (dor) decorrente da queda. Digo que era de esperar pelo que já se sabe do desenvolvimento dos sentimentos de humilhação e de vergonha: nessa idade, tais sentimentos são considerados mais fortes do que, por exemplo, privações devidas a sanções expiatórias. *A fortiori*, deverão ser sentidos como mais fortes do que a pequena dor devida a uma queda. E foi o que aconteceu.

Porém, pelo que se conhece, os sentimentos de vergonha e humilhação, embora experimentados – e, portanto, conhecidos – pelas crianças menores, parecem carecer da força negativa que lhe é atribuída pelas crianças maiores. É, pelo menos, o que os dados de que dispomos mostram. Mas, como dito acima, nenhum deles, salvo um, foi coletado em situação de riso. Ora, tal *situação de riso muda tudo*: com efeito, apenas um sujeito de seis anos referiu-se apenas à dor sentida pela queda. Todos os outros da mesma faixa etária falaram em sentimentos negativos desencadeados pelo riso (entre eles, dois sujeitos também falaram da dor). Os sentimentos nomeados foram: mal (um sujeito), magoado (um sujeito), bravo (dois sujeitos), triste (cinco sujeitos), e envergonhado (seis sujeitos).

Logo, no que concerne à atribuição de sentimento negativo na situação de queda que provoca riso, não encontramos gênese: as crianças menores reagem como as maiores e como certamente reagiriam adolescentes e adultos.

Para termos certeza de que era, de fato, o riso que provocou o sentimento negativo, perguntamos a nossos sujeitos a razão de tal sentimento. Com exceção do único sujeito de seis anos que se fixou na dor ocasionada pela queda, todos os outros explicitaram sem ambiguidade a razão de sua resposta: o sentimento negativo é causado pelo fato de cair na frente de todo mundo e de os "espectadores" rirem.

Em suma, parece ser precoce o sentimento negativo decorrente de ser objeto do riso alheio. Digo que "parece", porque, por enquanto, vimos apenas dados de uma situação bem específica e clássica: cair na frente de todos. Será então que, nessa situação de riso, também é precoce a sua condenação moral? Foi o que quisemos saber ao formular a pergunta: está certo rir?

Os dados que obtivemos são categóricos: *todos os sujeitos disseram que era errado rir*. Dito de outra forma, todos eles negaram à risonha plateia o direito de rir. A maioria dos argumentos que sustentaram essa negação refere-se ao sentimento negativo que o riso desencadeia na pessoa que é dele objeto (tristeza, vergonha etc.). Há também aqueles, em menor número, que se apresentam na forma de uma norma: é feio (quatro sujeitos), é falta de educação (três sujeitos), é falta de respeito (dois sujeitos).

Em suma, o Estudo 1 mostrou precoce sensibilidade à humilhação decorrente do riso alheio e a sua também precoce condenação moral.

Vejamos o próximo estudo.

Estudo 2

No primeiro estudo, é o acaso que desencadeia o riso. Vamos agora ver como reagem nossos sujeitos a uma situação de zombaria. Eis a história: "Um dia um menino da escola, chamado Carlos, colou uma folha nas costas de outro menino, o Fábio, de quem ninguém gosta. Na folha, estava escrito 'eu sou muito chato'. Como todo mundo ria, o Fábio acabou descobrindo o que o Carlos tinha feito com ele".

As perguntas:

1) Como se sentiu o Fábio? Por quê?
2) Está certo rir? Por quê?
3) E se os meninos considerassem o Fábio legal?

Humor e tristeza | 147

Como se vê, escolhemos uma situação na qual a zombaria é, por um lado, forte, e, por outro, motivada. Ela é forte porque se trata de um caso do que chamei riso de humilhação: a humilhação se dá tanto pela folha colada nas costas da vítima quanto pelas risadas suscitadas por essa "peça"; risadas estas que, elas mesmas, têm poder humilhante. E é motivada porque é dito que a vítima é pessoa de quem ninguém gosta. Digo que a zombaria é motivada, não justificada moralmente. São precisamente nossos sujeitos que deverão dizer se há o direito de zombar e de rir de algum desafeto.

Vamos então aos resultados.

Assim como aconteceu no estudo anterior, a totalidade dos sujeitos atribuiu à vítima, Fábio, sentimentos negativos: bravo, triste, mal, magoado, ofendido, humilhado, envergonhado etc. E também como aconteceu no Estudo 1, prevaleceu a referência ao riso como explicação do sentimento negativo. Porém, alguns sujeitos (3 de seis anos e 3 de nove anos) apontaram o fato de ninguém gostar dele como principal razão de seu desalento. Poderíamos até esperar que esse motivo fosse mais frequente, pois é dito claramente na história que ninguém gosta do Fábio, o que é evidente motivo para sentimentos negativos. Mas, mesmo assim, não prevaleceu a falta de valorização por parte dos colegas para com Fábio, mas sim o fato de terem zombado dele. Novamente verificamos a força humilhante da zombaria e do riso e o fato de ela ser precocemente percebida.

Quanto ao direito de rir, encontramos dados diferentes daqueles obtidos no Estudo 1, conforme mostro na Tabela 1:

Tabela 1 – Respostas referentes ao julgamento do direito ou não ao riso

Direito de rir	6-7 anos	9-10 anos	Total
Sim ao direito de rir	5	1	6
Não ao direito de rir	9	15	24
Sem resposta	3	0	3

Para os sujeitos maiores, com exceção de um indivíduo, a totalidade recusa o direito de rir. Em compensação, os menores se dividem: três não sabem ao certo como responder e cinco pensam ser legítimo o que fizeram com Fábio. Se somarmos os indecisos e os que, no caso, aceitam o direito de rir, temos praticamente um empate entre eles e aqueles que negam o referido direito. Logo, encontramos uma gênese do direito de rir, pois há clara diferença numérica entre as faixas etárias, coisa que não aconteceu no estudo anterior.

Quais serão as justificativas para o direito de rir na situação do presente estudo? Todos justificaram o direito de rir pelo fato de Fábio ser chato. Um deles, da faixa etária superior, chegou a explicitar o caráter pedagógico da zombaria e do riso: "É para o Fábio ver como é ruim ser ruim". Dizia Bergson que o riso é uma sanção social: nosso sujeito parece concordar com ele e, por essa razão, legitimar o direito de rir, nesse contexto.

E o que dizem aqueles que não reconheceram tal direito? Os argumentos se dividem em duas categorias. Há aqueles (total de seis respostas) que desconfiaram do diagnóstico segundo o qual Fábio é chato: ele deve ter amigos (logo, nem todo mundo pensa que ele é chato) e seria preciso conhecê-lo melhor para ver se ele é chato mesmo. Nesse caso, não se verifica uma condenação clara do direito de rir, pois o que está em foco é a justeza do juízo que se faz da personalidade da vítima. Os demais sujeitos, de uma forma ou de outra (quer pela norma, como afirmar que "é feio rir", quer por respeito e compaixão pelo sentimento negativo da vítima), condenaram a zombaria feita com Fábio e o riso decorrente.

Falta vermos as respostas à pergunta: e se os meninos considerassem o Fábio legal? Evidentemente, ela foi feita apenas àqueles que defenderam o direito de zombar e rir de um desafeto. Ora, todos eles responderam, coerentemente, que, nesse caso, seria errado rir. Digo que é coerente porque o argumento para o direito de rir era o de que Fábio é chato. Se ele não o fosse, não haveria porque rir. Como escreveu Júlia Cisik em seu relatório de pesquisa, "dessa forma reforça-se a ideia de que, para eles, ser chato justifica a humilhação".

Humor e tristeza | 149

Estudo 3

Como eu já disse, nas pesquisas sobre humilhação e vergonha realizadas na década de 1990, havia me ocorrido colocar a zombaria e o riso em apenas uma investigação. Vamos rapidamente conhecê-la (para o relato completo, ver La Taille 2002).

Eram contadas a sujeitos de seis e nove anos duas histórias: numa delas ocorria uma injustiça seguida de castigo (uma criança acusada injustamente de ter feito bagunça na sala de aula e obrigada a tudo arrumar); na outra, todos riem de um desenho feio feito por um dos colegas. Havia duas perguntas. A primeira: Como as vítimas da injustiça e do riso se sentiram? Como se esperava, encontramos unicamente sentimentos negativos para ambas as perguntas. A segunda: Quem se sentiu pior? A criança objeto da injustiça ou a que foi objeto do riso? Os sujeitos de seis anos se dividiram: 53% pensaram que foi a vítima da injustiça e 47% que foi a outra. Os sujeitos de nove anos optaram claramente pela humilhação, pois 82% afirmaram que a criança objeto de riso sentiu-se pior. Desses dados, podemos inferir que, como encontrado nos Estudos 1 e 2, a sensibilidade ao riso alheio é precoce. A especificidade da pesquisa que acabo de relatar traz mais um dado: tal sensibilidade parece aumentar com a idade.

Foi justamente para aquilatar esse possível aumento que Júlia Cisik e eu resolvemos replicar uma outra pesquisa sobre humilhação, mas agora colocando o riso como protagonista.

Vamos rapidamente relembrar uma investigação que nos serviu de base para o Estudo 3. Seu objetivo principal era aquilatar a sensibilidade à humilhação e compará-la àquela associada a sanções expiatórias. Para tanto, contamos a 70 sujeitos de seis a doze anos (10 sujeitos para cada faixa etária) a seguinte história:[5] "Era uma vez um menino chamado João.

---

5. Pesquisa financiada pelo CNPq, realizada em 1992. Colaboraram: Clarissa Maiorino, Daniela Nogueira Storto e Luciana C. do Prado Veloso Roos. A pesquisa está relatada no meu livro *Vergonha: A ferida moral* (2002).

Ele estudava numa escola que tinha livros muito bonitos que os alunos podiam ver e ler durante as aulas. Um dia, João roubou um desses livros. Mas a professora viu e ficou em dúvida sobre o que fazer para castigá-lo. Ela tinha duas ideias: deixar João sem recreio naquele dia ou obrigá-lo a contar a todos os colegas que tinha tentado roubar o livro".

A pergunta que fizemos foi:

Qual você acha que seria pior castigo para João? Aquele que ele menos gostaria de receber?

Como se vê, a intenção era aquilatar a sensibilidade de crianças de seis a doze anos à humilhação inevitavelmente presente no ato da confissão pública.

Os resultados mostram que as crianças menores (seis anos) novamente se dividem: 50% pensam que ficar sem recreio é o castigo mais dolorido, portanto, aquele que João menos gostaria de receber. A outra metade pensa exatamente o contrário. À medida que os sujeitos ficam mais velhos, o castigo considerado mais dolorido é cada vez mais a confissão pública: 60% dos sujeitos de oito anos fazem essa opção, e a porcentagem sobe para 80% aos nove anos, 100% aos 10 e 11 anos, e fica em 90% para os de 12 anos.[6]

Se trocarmos a confissão pública por uma forma de humilhação que provoca o riso, o que encontraremos? Foi o que procuramos verificar apresentando a nossos sujeitos a seguinte história: "Um dia o Artur fez uma coisa muito errada na escola. Então o professor decidiu dar um castigo a ele. Mas ele ficou em dúvida entre dois castigos: deixar o Artur ficar sem recreio ou obrigá-lo a passar um dia na escola com orelhas de burro".

---

6. Estranhamente, a porcentagem caiu para 30% nos sujeitos de sete anos. Não tenho explicação, a não ser o acaso, uma vez que a gênese é clara para as outras faixas etárias.

Fizemos duas perguntas:

1) Qual o castigo mais forte? Por quê?
2) Qual o castigo mais correto? Por quê?

Em relação ao castigo mais forte, obtivemos os seguintes resultados:

Tabela 2 – Respostas dadas à pergunta "Qual o castigo mais forte?"

Castigo mais forte	6-7 anos	9-10 anos	Total
Sem recreio	4	3	7
Orelhas de burro	11	12	23
Os dois	1	0	1
Não sei	0	1	1

Vê-se imediatamente a diferença em relação à pesquisa que colocava como humilhação uma confissão pública: agora, já os sujeitos de 6-7 anos de idade, em sua clara maioria, apontam o fato de ser objeto de ridículo e riso como o castigo mais forte; apenas um terço deles opta pelo ficar sem recreio, resultado semelhante ao dos sujeitos de 9-10 anos. E, em ambas as faixas etárias, a justificativa mais frequente para sustentar a escolha pelas "orelhas de burro" como pior castigo foi a de que "todo mundo ia rir dele".

Como interpretar essa diferença? Nos dois casos há, por um lado, um mesmo castigo (ficar sem recreio) e, por outro, formas de humilhação fortes. Com efeito, é forte constrangimento ter de confessar publicamente um ato socialmente repreensível, como é evidentemente forte o castigo que consiste em obrigar o culpado a usar um boné de asno. A diferença entre essas duas formas de humilhação é justamente o riso que a situação do Estudo 3 coloca. Ora, tal riso parece decisivo para a apreciação das crianças menores: enquanto elas talvez não compreendam ainda muito bem o constrangimento implicado pela confissão pública, elas o percebem claramente no caso do riso de humilhação. Mais uma vez temos, se não a prova, pelo menos o indício de que o lado humilhante do riso é de compreensão mais precoce do que outras formas de humilhação.

Mas por que, então, quando se trata de rir de um desenho feio, apenas metade da amostra de crianças de seis anos acha tal situação pior que a de ser injustiçado e obrigado a arrumar uma sala que não foi desarrumada pela vítima da injustiça? Eu havia escrito acima que tal dado parecia mostrar que a sensibilidade à humilhação decorrente do riso aumentava com a idade e que o Estudo 3 serviria para testar tal hipótese. Ora, essa hipótese foi rejeitada porque, na situação do boné de asno, a grande maioria das crianças menores julgou-a mais dolorida que a sanção expiatória. Logo, nesse caso, como nos casos dos estudos 1 e 2, não se verifica aumento da referida sensibilidade. Portanto, parece-me que podemos afirmar que, se diferença houver, não será a sensibilidade em si que estará em jogo, mas sim os conteúdos sobre os quais incide o riso. No caso que nos ocupa, podemos fazer a hipótese de que o riso dos colegas decorrente de um desenho feio é, para as crianças menores, de efeito mais fraco que fazer um aluno usar chapéu de asno: nessa idade, elas ainda estão mais focadas no juízo dos adultos a respeito do que fazem e produzem do que no de seus pares (traço típico da heteronomia). Para as crianças maiores, que já possuem elementos de autonomia, o juízo dos pares é cada vez de maior relevância. Logo, não seria a sensibilidade ao riso alheio que aumentaria com a idade: modificar-se-ia o valor atribuído aos motivos que desencadeiam o riso e aos agentes que riem. Aliás, seria interessante refazer a pesquisa colocando pais ou professores rindo do desenho; talvez, nesse caso, fossem mais numerosas as crianças menores a julgar essa risada como mais dolorida que o castigo de ter de arrumar a sala.

Falta vermos como nossos sujeitos se posicionaram em relação ao castigo mais correto: ficar sem recreio ou colocar boné de asno? Eis os dados na Tabela 3:

Tabela 3 – Castigo considerado mais correto entre
usar orelhas de burro ou ficar sem recreio

	6 anos	10 anos	Total
Sem recreio	14	14	28
Orelhas de burro	0	2	2
Os dois	3	0	3

Os resultados são claros: a quase totalidade dos sujeitos condena a humilhação e, logo, opta pela sanção expiatória. Indiretamente, esse dado mostra que essa maioria, assim como aconteceu no Estudo1, não legitima, no presente caso, o direito de rir.

O direito de rir segundo as crianças: Conclusões

Lembro que eu havia afirmado que, se as crianças pequenas já percebem a humilhação decorrente do riso e da zombaria e a condenam moralmente, estaremos autorizados a pensar que o tema do riso e sua codificação moral são de suma importância para o ser humano. Ora, é exatamente esse quadro que encontramos.

Com efeito, dois são os principais resultados das três investigações que acabamos de relatar. O primeiro: a precocidade da percepção dos efeitos humilhantes do riso e a sensibilidade a eles. O segundo: a também precocidade da recusa do direito de rir quando fica evidente o efeito humilhante do riso, mas com a importante exceção do caso em que se ri de algum desafeto.

É importante sublinhar que a precocidade da percepção do caráter humilhante do riso e a sensibilidade a seu efeito negativo não são decorrências de uma sensibilidade precoce a qualquer forma de humilhação. É por essa razão que escrevi, quando do Estudo 1, que a *situação de riso*

154 | Papirus Editora

muda tudo. Podemos fazer a seguinte hipótese: assim como as primeiras manifestações de vergonha ocorrem quando da exposição aos olhares alheios (por volta de dois anos de idade – ver La Taille 2002) e somente mais tarde serão desencadeadas por juízos negativos, as primeiras manifestações de humilhação ocorreriam em situações em que se é vítima de alguma forma de zombaria, para depois serem generalizadas a outras situações (como a confissão pública, por exemplo). Se essa hipótese for consistente, temos duas decorrências teóricas. A primeira diz respeito à gênese do sentimento de humilhação: seu início seria anterior ao que imaginávamos, sendo precocemente causado pelo riso alheio. A segunda diz respeito ao tema do riso propriamente dito: seu efeito humilhante corresponde a uma sensibilidade que acompanha a infância desde pelo menos os seis anos de idade (e possivelmente desde antes). Ora, se isso for verdade, deverá forçosamente haver decorrências para o juízo moral. E, com efeito, foi o que demonstrou a pesquisa: o precoce equacionamento do direito de rir.

Para melhor entendermos a qualidade desse equacionamento, preciso aqui abrir um rápido espaço para lembrarmos uma diferença importante entre as causas da heteronomia e aquelas da autonomia.

Sabe-se que a heteronomia moral é decorrente de uma imposição vinda de algo exterior ao sujeito (quando a criança é menor, trata-se de figuras de autoridade). Uma das consequências dessa imposição é o fato de a consciência não precisar assimilar as razões que legitimam aquilo que foi imposto: a obediência às ordens é suficiente. Logo, na heteronomia, o juízo não é decorrente de uma tomada de consciência feita com base em alguma experiência pessoal de vida, mas apenas a aquiescência a um discurso considerado *a priori* como legítimo. Jean Piaget (1992) mostrou convincentemente o quanto, na heteronomia moral, os sujeitos desconhecem ou distorcem as razões do que lhes foi imposto, e isso porque não foram objetos de real elaboração intelectual.

Mas, então, o que desencadeia a autonomia? Piaget elege as relações de cooperação que, por definição, ocorrem entre pares. Daí a grande importância que ele dá às relações das crianças entre elas mesmas, discordando assim da tradição (que persiste até hoje) que reduz a aprendizagem e o desenvolvimento (moral e intelectual) a relações entre adultos e crianças, entre mestres e discípulos, ou seja, a relação assimétricas. Dou um exemplo. A criança ouve desde cedo em casa (ou deveria!) que não se deve mentir. Ela logo entende que mentir é não falar a verdade. Mas por que não se deve mentir? Na sua experiência com figuras de autoridade, ela percebe que a mentira leva à bronca, ao castigo. Mas evidentemente o sentido moral do não mentir não está no fato de a mentira levar a uma sanção aplicada pela figura de autoridade: o sentido moral básico está na questão da confiança mútua. Pois será nas suas relações com seus pares que a criança tomará consciência da necessidade dessa confiança mútua e, assim, dos efeitos negativos da mentira.[7] Dito de outra forma, será a convivência com pares que lhe permitirá a tomada de consciência do real sentido moral da condenação da mentira.

Esse tipo de tomada de consciência pode ser decorrência não da cooperação, mas da afetividade. Por exemplo, sendo a *simpatia* (que leva nome de compaixão quando o sentimento experimentado por outrem é negativo) um sentimento espontâneo já presente em crianças pequenas, elas compreendem precocemente, já com certa autonomia, o valor da virtude *generosidade* (ver La Taille 2006b). Diferentemente da virtude *justiça*, em geral apresentada à criança por intermédio de regras impostas pelos adultos, é mais raro que a generosidade seja objeto de regras e imposições. Todavia, como decorrência natural da compaixão, os dados mostram que ela é de compreensão mais precoce do que a virtude da justiça.

---

7. O sentido moral da mentira não se reduz à questão da confiança mútua, embora ela seja a razão maior. A mentira pode também desempenhar o papel de preservar a intimidade. Em minhas pesquisas sobre as fronteiras da intimidade, verifiquei que é somente a partir dos 9-10 anos de idade que a criança legitima a mentira para preservar algum segredo íntimo. Antes, ela ainda resiste em aceitar que se possa não dizer a verdade seja lá em que situação for.

Ora, se for verdade que, como vimos, a humilhação decorrente de ser objeto de riso é sentimento precoce, pode-se esperar que uma elaboração moral que, pelo menos em parte, seja independente das imposições adultas, também seja precoce. Foi de fato o que verificamos nos Estudos 1 e 3: crianças de apenas seis anos já condenam o riso quando ocorre em razão de algum infortúnio (cair) e o condenam também quando ele provém de uma ação claramente feita para humilhar ao despertar o riso (chapéu de asno).

Porém, os dados do Estudo 2 mostram que a condenação do riso não é sempre categórica: metade dos sujeitos de seis, sete anos aprova o riso se ele se dirigir a um desafeto. As crianças de nove, dez anos desaprovam o riso nessa circunstância, mas algumas defendem seu ponto de vista alegando que o colega "chato" talvez não seja tão chato assim (argumento que também se encontra em alguns sujeitos menores).

Em suma, verificamos que rir gratuitamente das desventuras alheias ou impor como castigo uma forma de humilhação que faz rir não correspondem, para as crianças em fase ainda inicial de desenvolvimento, a situações que legitimem o que chamei de direito de rir. Mas a proibição de rir de um desafeto não recebe sufrágios tão evidentes. Ora, a risada e o humor, apontadas como "armas" para outrem – que, julga-se, os mereça –, representam pontos sensíveis do tema geral do direito de rir.

Abandonemos então o universo infantil, que nos deu sérias pistas de que o tema do direito de rir é de suma importância para o ser humano – e, portanto, para a cultura –, para nos debruçarmos sobre variados aspectos implicados pelo referido, e polêmico, direito.

Riso positivo e riso negativo

Permaneçamos no âmbito do riso não desencadeado por alguma forma de humor. Vimos no capítulo anterior que o riso pode ser classificado como positivo e como negativo, conforme sugere Marcel Pagnol. Vamos pensar agora o direito de rir para ambas as categorias.

Riso positivo

Tal direito não costuma sofrer nenhuma limitação quando do riso positivo, com duas possíveis exceções.

A primeira: o riso despertado por algum sucesso pessoal que implique a derrota de outrem. Com efeito, se o riso positivo é decorrente de uma vitória contra um oponente (no esporte, por exemplo), sua expressão desbragada pode ferir o perdedor. Caberá ao vencedor, se a sua consciência assim o decidir, manter o seu riso em níveis discretos, ou até mesmo refreá-lo. Foi o que fez, por exemplo, Rafael Nadal quando, um dia, venceu com grande facilidade Roger Federer na final de um importante torneio de tênis: comemorou *discretamente*, sem riso e quase sem sorriso, com a clara intenção (percebida e elogiada por todos) de não aumentar ainda mais o constrangimento de seu eterno amigo e rival. Podemos dizer que Nadal não tinha o direito de rir para demonstrar a sua alegria? Evidentemente que não podemos, no sentido de que não se poderia exigir dele a discrição com a qual comemorou sua vitória. Mas Nadal deve ter considerado que demonstrar a sua grande alegria não convinha naquele momento. Podemos dizer que ele tinha socialmente o direito de rir, mas ele não considerou que, pessoalmente, tivesse tal direito. Ele demonstrou *sensibilidade moral*. Essa mesma sensibilidade levou o tenista suíço Stanislas Wawrinka a não comemorar com júbilo o título de campeão do Aberto da Austrália (2014) após derrotar Nadal, este debilitado por uma lesão nas costas e incapaz de oferecer real resistência. Note-se que se tratava do primeiro título de *Grand Slam* de Wawrinka: mesmo assim, sua sensibilidade moral prevaleceu sobre o desejo de expressar uma compreensível imensa alegria.

Vejamos a segunda exceção relacionada ao riso decorrente do bom humor: socialmente, considera-se como totalmente inadequado dar mostras

158 | Papirus Editora

de bom humor num ambiente que está envolto pela tristeza em razão de algum acontecimento (a morte de alguém, por exemplo). Mesmo que a pessoa bem-humorada não sinta tristeza alguma, pois indiferente aos motivos que entristecem as demais, lhe será negado socialmente o direito de demonstrar seu estado de espírito e, mais ainda, lhe será negado o direito de rir, interpretado como falta de respeito em relação aos sentimentos alheios.

Em suma, no caso da primeira exceção, não há negação do direito de rir, mas problematização deste se houver empatia e sensibilidade moral; no caso da segunda exceção, há, sim, negação social do direito de rir, a qual me parece, aliás, perfeitamente aceitável em nome deste imperativo moral que é o respeito pelos sentimentos alheios. Nada de polêmico, portanto, pelo menos para quem tem senso e sensibilidade morais.

Os outros casos de riso positivo não implicam nenhum problema moral. Com efeito, não se concebe porque haveria alguma restrição ao riso despertado por cenas inusitadas, ao riso de acolhimento, ao riso de alegria etc.: o direito de rir está garantido, a menos que, como o teólogo reformista Calvino, coloquemos "a noção de prazer no mesmo nível que aquela de pecado" (Zweig 1987, p. 54).

Riso negativo

Lembremos que chamamos de riso negativo aquele que tem como motivação um sentimento ele mesmo negativo: vergonha, ódio, raiva, insegurança etc.

Quando o riso negativo é motivado por um sentimento de vergonha ou insegurança, quando, portanto, diz respeito apenas à própria pessoa que ri, a questão do direito de rir evidentemente não se coloca. Tampouco se coloca no caso do riso histérico, pelas mesmas razões. É verdade que poderíamos dizer que, para ele, também vale a limitação apontada acima para o riso positivo: se o ambiente for de tristeza, não caberá o riso. Mas como o riso histérico é de difícil controle, como ele não depende do exercício da liberdade por parte de quem ri, pensar em moral fica difícil. Lembremos que Sempé conta que, inexplicavelmente, de vez em quando ria desbragadamente num ambiente de constantes e graves conflitos entre seus pais. Ele não tinha controle sobre seu riso e até hoje não consegue explicar sua estranha reação.

A questão do direito de rir se coloca quando se ri de outrem.

Fizemos menção ao riso que acompanha a insolência. Mas como a insolência também pode ser encontrada em algumas formas de humor, dela tratarei quando falar do direito de rir relacionado ao humor.

Fizemos também menção ao que Dupréel chama de "riso de exclusão", para opô-lo ao de acolhimento. Como os exemplos dados por ele o assemelham ao riso de humilhação, tratemos então deste frequente e terrível riso.

Freud teria dito que "o primeiro homem a lançar um insulto ao inimigo, em vez de uma lança, foi o verdadeiro fundador da civilização".[8] Poderíamos também dizer que o primeiro homem a rir de seu semelhante em vez de matá-lo participou da fundação da civilização, pois, como vimos, rir de alguém não deixa de ser uma forma de insulto: o próprio riso, por si só, pode ter o efeito de humilhar a sua vítima, ou então acompanha sistematicamente outras formas de humilhação. Porém, acredita-se, a civilização evoluiu e acabou condenando não apenas o assassinato físico de outrem, como também seu "assassinato psíquico"; ou seja, condenando também a humilhação, vista como ferida à honra e à dignidade. Falo em "assassinato psíquico" porque se sabe dos efeitos deletérios da humilhação, os quais podem levar ao suicídio, como foi o caso, em 2012, da enfermeira Jacintha Saldanha, vítima de um trote (ela acreditou que estava falando com

---

8. Citação retirada da biografia de Freud, escrita por Peter Gay (Companhia das Letras, 1999, p. 495).

a família real da Inglaterra, engano este que veio a público). Klein (1991, p. 93) escreveu que

> a experiência da humilhação e o medo da humilhação estão implicados em várias categorias de doenças mentais; eles engendram o sentimento de raiva que se manifesta por um comportamento antissocial, assassinato e suicídio.

Isso dito, poderia parecer que a tarefa de pensar o direito de rir quando de humilhações não apresenta maiores dúvidas morais: tal direito simplesmente não existiria, pois a moral condena categoricamente todas as formas de humilhação. É verdade que tal condenação é relativamente recente, pois, há apenas um século, castigos como obrigar um aluno a usar um chapéu de asno ainda eram práticas frequentes. Mas o fato é que, nos dias de hoje, tais práticas são condenadas e punidas juridicamente. Sim, a tarefa de pensar o direito de rir quando de humilhações pode ser considerada simples: não se vê nenhum motivo que legitimaria a humilhação e, consequentemente, o riso que cumpre ou acompanha esse ato. Porém, dois fatos me obrigam a prosseguir a reflexão.

O primeiro, que não nos interessa diretamente aqui, é a frequência de atos de humilhação em diversas instituições, fato que levou a autora francesa Hirigoyen (1998) a escrever todo um livro sobre o assédio moral em empresas, assédio este que ela chama de "violência perversa do cotidiano". Nas escolas, fala-se incessantemente de *bullying*, fenômeno que não é novo, mas que parece ter aumentado de frequência ultimamente. Ora, o *bullying* traduz-se quase sempre por diversas formas de humilhação às quais uma ou várias vítimas escolhidas a dedo são submetidas quando vão à escola, e mesmo quando não vão, pois os agressores agora empregam covardemente a internet para continuar azucrinando suas vítimas, às vezes de forma muito violenta (colocando, por exemplo, cenas de sexo filmadas à revelia do(a) parceiro(a) — mais frequentemente *da parceira*). Também devemos lembrar que alguns sujeitos de nossa pesquisa sobre a gênese do direito de rir justificaram a legitimidade do riso humilhante quando dirigido a algum desafeto. Logo, a tarefa civilizadora de banir a humilhação das práticas cotidianas ainda está longe de estar acabada.

O segundo fato, que, este sim, nos interessa diretamente, é que *a humilhação é frequentemente legitimada quando associada à brincadeira, quando associada ao riso.*

Vamos ver alguns exemplos, começando por lembrar que o suicídio de Jacintha Saldanha se deveu a um trote: quem passou esse trote evidentemente não visava à morte da enfermeira, mas sim se divertir e divertir o público.

Outro exemplo que ficou bem conhecido no Brasil foi o do "rodeio das gordas". Em 2010, a imprensa noticiou que estudantes da Universidade Estadual Paulista (Unesp) haviam inventado uma "competição" cujo vencedor seria aquele que conseguisse manter-se o maior tempo possível agarrado a uma menina considerada gorda, sem que esta, é claro, desse consentimento para tal: ela era surpreendida e humilhada. Os alunos às vezes filmavam o "rodeio" e colocavam as imagens num *site* de relacionamento, além de discutir regras e prêmios. Note-se que o fato de colocarem suas "proezas" num *site* demonstra que não escondiam seus atos. Fossem eles convencidos do caráter ilícito e imoral de suas humilhações (no caso, humilhação dupla: estigmatizar meninas colocando-as no rol das gordas e o "agarrão"), teriam tomado os cuidados necessários para se manter na clandestinidade. Mas eles não o achavam ilícito nem imoral, porque, segundo o que disseram quando entrevistados, "tratava-se apenas de uma brincadeira".

Outros exemplos podem ser encontrados no já comentado *bullying*. Dou apenas um exemplo recente: numa escola de classe média, alguns meninos de 13 e 14 anos, fazendo-se passar por outrem pelo telefone celular, marcaram um encontro com uma menina num parque e, quando ela lá chegou, com toda confiança, percebeu que tinha sido enganada e se viu ameaçada sexualmente pelos seus algozes. Novamente, estes, denunciados pela vítima, alegaram que era "apenas brincadeira, que era apenas para rir".

Um último exemplo, sobre o qual vamos nos deter um pouco, é o famoso trote universitário (que não é uma exclusividade brasileira e se encontra até em colégios de países como a França).

O trote universitário e a humilhação ritualizada

Dizem os estudiosos do trote universitário que ele tem suas origens na Idade Média, quando era considerado um rito de iniciação. Na França, essa prática teria desaparecido durante a Revolução Francesa para ser ressuscitada logo depois, na famosa École Polytechnique. Segundo Emmanuel Davidenkoff e Pascal Junghans (1993), que dedicaram um livro ao tema, na França, o trote recrudesceu de frequência e violência no final do século XX. No Brasil, segundo Antônio A.S. Zuin (2002), tem-se notícia de trote universitário a partir do início do século XIX.

Quais são as características do que tem sido chamado de *trote violento*? Vejamos alguns exemplos que coletei em vários livros e artigos de jornais: obrigam-se os calouros a rastejar na frente dos veteranos, a chafurdar na lama, a vestir fraldas; obrigam-se as moças consideradas bonitas a ficar no início de uma fila e as "feias" no fim; obrigam-se as calouras a simular felações nos veteranos e a praticar outros jogos sexuais; obrigam-se os calouros a comer coisas infectas, a se embebedar, a ficar seminus ou nus; insultam-se os calouros, colocam-se neles apelidos pejorativos que às vezes permanecerão a eles colados durante toda a faculdade; obrigam-se os calouros a carregar os veteranos como se fossem imperadores, a lhes jurar obediência etc.

Todos os exemplos que acabo de dar (e há outros) configuram claramente atos de humilhação. Fossem eles cometidos fora do trote, sem dúvida seriam moralmente condenados com veemência. Mas não o são, pelo menos pelas pessoas adeptas dessa prática, como veremos a seguir. Em outro lugar, chamei esse tipo de prática de *humilhação ritualizada* (ver La Taille 1996), para diferenciá-la das leves zombarias entre colegas (que chamei de *humilhação domesticada*) e da humilhação propriamente dita, infligida fora de qualquer contexto que supostamente a legitimasse. No caso do trote, atividade que cumpre determinados ritos e cujo período de tempo é claramente delimitado, legitima-se a humilhação (que frequentemente nada tem de leve). Por essa razão chamei-a de *ritualizada*. Há pessoas para quem o fato de a humilhação ser ritualizada em nada muda seu caráter nocivo: elas julgam que deveria ser moralmente condenada. Mas há outras que acreditam que o fato de ela ser ritualizada a legitima. Ora, quais os argumentos que elas empregam para tal legitimação?

Foi o que Carla Baldini Marcelino de Melo, minha ex-orientanda, e eu procuramos saber por intermédio de uma pesquisa que realizamos em 2011 e cujo título é: "O direito de rir: Uma investigação sobre o trote universitário".

Para tanto, foram entrevistados nove estudantes de cursos da Universidade de São Paulo que participaram como calouros e como veteranos de trote violento: Escola Politécnica (6 sujeitos), Instituto de Geologia (2 sujeitos) e Faculdade de Direito (1 sujeito). O número de entrevistados foi pequeno por duas razões: as entrevistas eram longas e foi difícil achar alunos que se dispusessem a participar da pesquisa. Esta última razão já é, em si, um dado: parece haver certa *omertà* em torno do tema do trote, quando violento.

Pedimos aos nossos sujeitos que, primeiramente, descrevessem livremente o trote praticado nas suas respectivas faculdades. Em seguida, foram submetidos a um roteiro de perguntas que visavam saber:

1) Qual é a origem e a função do trote?
2) O que nele se faz é humilhação?

3) O que nele se faz é risível?

4) Há o direito de se rir do que se faz com os calouros?

Comecemos por apresentar os dados e reservemos a análise para depois.

No que se refere às atividades, não encontramos nada de novo em relação ao que já se sabia, o que prova não ser o trote uma atividade criativa: os calouros, chamados de *bixos* e *bixetes*, devem chafurdar na lama, jogar futebol de sabão, ficar em "cercadinhos", ficar em posições ridículas (elefantinhos), beber no gargalo, usar "perfumes" fétidos, ajoelhar-se perante os veteranos, a eles obedecer servindo-lhes bebida, ouvir xingos incessantes, receber apelidos pouco lisonjeiros, carregar vibradores e "consolos de viúva", e outras coisas mais que se encontram em praticamente todos os trotes violentos.

Qual seria então, para nossos sujeitos, a origem desse tipo de trote?

Todos eles, sem exceção, falaram em *tradição*. Um deles chegou até a não entender a razão de nossa pergunta, pois, respondeu laconicamente: "É tradição, ué!". Um outro, também laconicamente, disse: "É tradicional porque sempre tem". Outro ainda confessou não ter muitas informações a respeito da origem do trote: "É uma coisa meio tradicional, que ninguém parou para pensar". Apenas um sujeito soube falar da origem de umas das atividades do trote de que participou: o fato de que sejam atribuídos apelidos aos calouros. Explica ele:

Então, o que marca mais o trote é o apelido. Isso começou na época da ditadura, que todo mundo tinha apelido, porque tinha muita repressão pra quem participava do Centro Acadêmico[9] e tal... A polícia baixava aqui na Geo[10] e queria saber o nome de tal pessoa que participou do protesto. Mas só que

---

9. Os Centros Acadêmicos eram proibidos no tempo da Ditadura Militar.
10. Referência ao Instituto de Geologia da USP.

ninguém sabia o nome de ninguém, só tinha apelido. Todo mundo só se conhece por apelido mesmo. Caras formados há 30, 40 anos são chamados pelos apelidos até hoje.

Eis a explicação que obtivemos sobre a origem de uma das atividades do trote. O resto dos sujeitos limitou-se a falar em tradição, sem identificar origens.

Outra função do trote que todos os nossos sujeitos sublinharam com ênfase é a da *integração*. Uns falam em sociabilidade, outros em boas-vindas, outros mais em comemoração, em festa. Para todos eles, o trote é uma forma de os veteranos conhecerem os calouros e os calouros conhecerem os veteranos. Sua marca maior seria o estabelecimento de novas amizades.

Passemos agora à relação entre humilhação e riso.

No nosso roteiro de perguntas, havíamos incluído, mesmo antes de conhecermos as descrições que nossos sujeitos fariam dos trotes de que participaram, o item "humilhação", prevendo que muitas das atividades impostas aos calouros se assemelhariam a ela. É o que de fato aconteceu, conforme relatado. Note-se, aliás, que em todas as atividades de trote violento, no Brasil ou na França, os dois países dos quais tenho dados, sempre aparecem o ajoelhar-se, o rastejar, o deitar no chão, atos que simbolicamente remetem à origem etimológica do termo humilhação: ficar perto da terra, ficar por baixo, ficar em posição de inferioridade.

São as atividades de trote humilhantes para os calouros? *Nenhum de nossos sujeitos respondeu afirmativamente a essa pergunta.* Alguns chegam a admitir que pode até haver abusos por parte de um ou outro veterano destemperado, mas que não é de forma alguma a regra.

Mas qual é a razão que faz com que os alunos entrevistados não interpretem imposições como ficar em posições ridículas, rastejar, carregar pênis de borracha, sujar-se todo, etc. como formas de humilhação? Duas são as justificativas e ambas apoiam-se não na avaliação da atividade em si, mas nos prováveis sentimentos e decisões dos próprios calouros: (1) a *liberdade de participação* e (2) o *riso*.

A primeira justificativa que aparece em todos os sujeitos é assim argumentada por um deles: "Como aqui é bem aberto, acho que as pessoas que se incomodam vão embora. Mas a gente não vê isso. Este ano tinha inclusive uma barraquinha pra reclamações, e ninguém foi pra falar nada". Outro, na mesma linha, disse: "Quem estava lá é porque queria, ninguém foi obrigado... quem quisesse sair de lá sairia, sem impedimentos".

O argumento pode ser assim resumido: se o calouro se submete livremente às atividades, é porque ele não deve achá-las humilhantes.

A segunda justificativa de que não há real humilhação é o fato de o calouro dar mostras de que está se divertindo, sorrir ou rir das "brincadeiras" feitas com ele. Vejamos o que nos disse um sujeito:

> Acho que qualquer atividade que a gente realize, por estar exposta ao público, e por ter uma coisa de o *bixo* estar subalterno ao veterano, pode se tornar uma humilhação dependendo da forma que o *bixo* quer receber. E isso é muito expresso pelo riso. *O riso é um dos grandes indicadores*. Se o *bixo* está fazendo uma coisa idiota e está com uma cara de sofrimento, mas você bate nas costas dele e ele te abre um sorriso, você sabe que está tudo bem, sabe que ele está se divertindo. O cara pode estar com cara de quem não está bem, mas se você conseguir fazer nascer um sorriso, está tudo *o.k.* (Grifos meus)

Outro sujeito disse: "Dá para perceber na cara dele [do calouro]; ele não vai ficar dando risada se estiver sendo humilhado". Eis mais um argumento da mesma lavra: "Então acho que depende da pessoa; pode ser humilhante até pintar o rosto, ou estourar um ovo na cabeça, tem vários níveis... mas eu vi os *bixos* entrando num balde cheio de lama e saíam rindo, e jogavam lama nos outros... Então depende da pessoa que está sofrendo o trote". Vejamos mais uma fala: "Os calouros começam a achar engraçado, aí eles veem alguém fazendo alguma idiotice e eles entram na idiotice também, e terminam rindo com o veterano... Você acaba tendo um medinho no começo, mas depois o riso do veterano acaba contagiando". Finalizemos com um sujeito que falou explicitamente do direito de rir: "Mas o direito de rir, só quando é consensual. Só quando os dois estão se divertindo".

Em suma, o grande argumento para negar a humilhação é o riso do calouro, prova de que está se divertindo tanto quanto os veteranos. "É mais diversão do que humilhação" nos disse um sujeito; "a gente costuma falar que o trote normalmente é alegria, e os momentos de alegria normalmente são risíveis", disse outro; "a brincadeira que eles fazem é com o sentido de serem engraçadas e não serem humilhantes" disse outro ainda – frases que certamente resumem o pensamento dominante dos veteranos que aplicam trotes violentos e que justificam a humilhação ritualizada.

Passemos agora à análise dos dados que acabamos de apresentar, começando pela referência à tradição, alegada, como vimos, pela totalidade dos nossos sujeitos.

O argumento da tradição não deixa de soar estranho: afinal, o que levaria, nos dias de hoje, jovens – que não costumam dar importância às variadas tradições – a eleger justamente o trote como uma delas a ser meticulosamente resguardada? Será que têm razão Davidenkoff e Junghans (1993, p. 139) quando escrevem que "é preciso que o trote esteja carregado de um incrível sentido simbólico para que essa tradição possa se perpetuar através dos anos e possa se impor diante da lei, da moral, e mesmo das regras sociais"? Mas que sentido simbólico seria esse? Os autores não sabem ao certo e, pessoalmente, não sei se ele realmente existe. O fato de o trote ter as suas origens na noite dos tempos não é suficiente para conferir-lhe um sentido simbólico indelével. E, se esse sentido existir, não encontrei texto algum que desvendasse suas raízes supostamente profundas. E, como vimos, tampouco nós as encontramos nas falas de nossos sujeitos. Apenas um sujeito nos explicou a razão de se darem apelidos aos alunos de seu instituto: assim como o fazem as organizações clandestinas, dão-se codinomes a seus integrantes para maior proteção contra a polícia. Porém, essa "tradição" (que não remonta a épocas distantes, remonta, no máximo, a 1964) não implicaria que os apelidos fossem pejorativos, como em geral o são.[11] Logo, fiquemos com a frase mais sincera que encontramos: "É uma coisa meio tradicional, que ninguém parou para pensar".

Eu me permitiria lembrar que há, sim, pessoas que *pararam para pensar*. Em algumas faculdades (em geral, com um corpo discente mais feminino que masculino), o trote não se caracteriza por humilhações, mas sim por atividades que visam acolher o calouro e iniciá-lo nas características da instituição que o recebe: são várias atividades promovidas pelos veteranos que permitem aos calouros conhecer peculiaridades da instituição na qual ingressaram, conhecer seus problemas, seus locais, alguns de seus professores, suas regras etc., e isso num clima de simpatia, de harmonia e, é claro, de divertimento. Mais ainda, já foram formuladas propostas que associam o trote às chamadas ações solidárias: levar os calouros para realizar trabalhos voluntários voltados a populações carentes. Tais tipos de trotes, inovadores e chamados de "não violentos", parecem seguir à risca uma das metas evocadas pelos nossos sujeitos: integração dos calouros a seu novo ambiente.

Com efeito, assim como ocorreu com o argumento da tradição, o da integração foi unânime. Mas fica a pergunta: Em que medida atividades como as que descrevemos acima, às vezes acompanhadas de agressões físicas (geralmente empregadas como ameaças aos calouros que porventura tentassem se rebelar contra o trote), poderiam promover algum tipo de integração? Em outras palavras: Como a humilhação, ato que é feito para excluir, poderia milagrosamente tornar-se um instrumento de integração?

A resposta que nossos sujeitos nos deram à pergunta que acabo de formular é simples e clara: *não se trata de humilhação*. Ou melhor: *não se trata*

---

11. Um colega meu dos tempos de faculdade, hoje infelizmente falecido, era chamado de "bundão", apelido que lhe haviam dado os veteranos do Instituto de Geologia da USP.

Humor e tristeza | 169

de humilhação porque os calouros não interpretam nem sentem as atividades como tal.
Analisemos então esse argumento que é sustentado de duas formas: os calouros participam do trote porque querem, e, tanto para eles quanto para os veteranos, trata-se de mero divertimento, de meras brincadeiras.

O argumento da liberdade de participação pareceria decisivo: com efeito, sendo a humilhação dolorosa, não se vê bem por que os calouros se submeteriam de bom grado a atividades que causariam tal dor. Seria preciso que todos eles fossem masoquistas para que isso acontecesse.

O problema todo está justamente na existência real dessa pretensa liberdade de participação. Lembro, por exemplo, que quando eu fui fazer minha matrícula para o Instituto de Psicologia da Universidade de São Paulo, na década de 1970, o local também recebia alunos de Medicina. Quando cheguei, o lugar já estava ocupado por uma horda de veteranos que logo perguntavam ao futuro estudante em que faculdade ele tinha entrado. Quando eu respondi que era Psicologia, me deixaram em paz (no Instituto de Psicologia, o trote era e permanece cordial), mas quem respondia Medicina era imediatamente cercado, pintado, chacoalhado, e lhe cortavam os cabelos. Ninguém perguntava ao aluno se ele queria participar desse primeiro momento do trote, se queria ficar careca ou se queria voltar para casa todo pintado. No dia da matrícula, se havia uma grande ausente, esta era justamente a liberdade.[12] E tem mais: sabe-se que o aspecto facultativo do trote, se é que ele existe, não é oficialmente colocado. Paira no ar a ameaça de que não participar será pior (humilhações mais fortes); a integração do recalcitrante na instituição poderá ser fatalmente comprometida, quiçá até a sua futura atividade profissional poderá ficar comprometida, porque ele será colocado numa espécie de lista negra da

---

12. Lembro de uma cena interessante daquele dia de matrícula: um aluno com semblante oriental, antes mesmo de ser cercado de veteranos, adotou uma pose ameaçadora de lutador de caratê. Como oriental tem fama de dominar essa arte marcial, os veteranos ficaram com medo e o deixaram em paz, pelo menos naquele dia. Não sei o que houve com ele depois, durante a semana do trote.

corporação. Volto a dar meu exemplo pessoal: embora o trote do Instituto de Psicologia fosse pacífico, todos nós, calouros, pensávamos que era obrigatório, e que deixaria de ser pacífico em relação àqueles que dele não participassem. Ninguém nunca nos explicitou o contrário e, quando ousávamos perguntar a respeito, os veteranos deixavam nossa dúvida sem resposta (depois confessaram que a ameaça de um trote violento era muito "eficaz" para que todos participassem do trote pacífico). E o que pensar de falas de nossos sujeitos como esta: "Segue uma hierarquia mesmo. Se o *bixo* tira *uma* com o veterano, o veterano é o que aplica o trote, ele vai acabar dando um trote especial no *bixo*". Aqui, fica claro o caráter impositivo do trote. Ou será que o aluno que "tira *uma* do veterano" vai poder escolher se vai receber um trote "especial"?

Em síntese, o argumento da liberdade de participação parece-me pura falácia. E como veremos logo a seguir, alguns veteranos parecem, no fundo, concordar comigo quando apresentam o segundo argumento para negar a humilhação: o calouro não sente as atividades como humilhantes, pois sorriem e riem.

Com efeito, a primeira coisa a ser apontada é uma contradição: Se o fato de participar por livre e espontânea vontade do trote é a maior prova de que suas atividades não são sentidas como humilhantes, por que, então, eleger outro critério? Lembremos do aluno que nos disse: "Se o *bixo* está fazendo uma coisa idiota e está com uma cara de sofrimento, mas você bate nas costas dele e ele te abre um sorriso, você sabe que está tudo bem, sabe que ele está se divertindo". Está pressuposto nessa fala que, sim, o trote pode ser experimentado de maneira dolorosa. Quando outro aluno diz que "depende da pessoa que está sofrendo o trote", está também explicitado o lado possivelmente humilhante deste (note-se o emprego do verbo *sofrer*). E, último exemplo, quando nos é dito que "dá para perceber na cara dele; ele não vai ficar dando risada se estiver sendo humilhado", novamente a hipótese de uma possível humilhação é assumida. Essas falas mostram bem o quanto, para nossos sujeitos, a suposta participação voluntária no trote não é vista como garantia de não sofrimento. E somente vejo uma explicação para isso: é que a participação não é tão voluntária quanto nos afirmam que é. Não são os calouros que *se* submetem ao trote, eles são a ele submetidos.

Analisemos agora a afirmação de que o sorriso ou a risada do calouro seriam provas de que ele não se sente humilhado.

Esse argumento é plausível. *Mas ele é plausível apenas se o riso do calouro for interpretado como riso positivo*, aquele que nada deve a um sentimento negativo. Será possível que alguns calouros, de fato, emitam um riso positivo quando submetidos a atividades como as que descrevemos? Sim, é possível que algumas pessoas não se sintam humilhadas, que levem isso na brincadeira, é possível até que alguns alunos paguem alegremente o preço do trote para garantir que, um ano depois, sejam eles os algozes.[13] Sendo o sentimento de humilhação, como todo sentimento, subjetivo, pode acontecer que aquilo que humilhe uma pessoa seja indiferente para outra.

Mas é possível também que o riso do calouro seja um riso negativo, seja um riso de embaraço, de vergonha. Aliás, eu diria que não somente é possível como é muito provável, pois a reação normal da maioria das pessoas submetidas a uma humilhação, por ritualizada que ela seja, é se sentir constrangida, inconfortável, envergonhada. E vimos no capítulo anterior que não raramente, nessa situação, o riso aparece como um mecanismo de defesa, como um semblante de resgate de sentimento de superioridade.

Aceita essa interpretação, temos uma situação perversa: o veterano interpreta o sorriso e o riso como provas indubitáveis de que o calouro está gostando da "brincadeira" quando é *exatamente o contrário que está acontecendo!*

---

13. Numa sociedade da "euforia perpétua", da "festa incessante", na qual a tristeza não tem lugar, pode ser maior a probabilidade de que, mesmo no trote, o riso seja positivo, ou "forçosamente" positivo. Pode-se concordar com Davidenkoff e Junghans (1993, p. 139) quando dizem do trote violento que "ele é considerado arcaico, mas, na verdade, é pós-moderno".

Dito de outra forma, o veterano interpreta o riso como autorização quando poderia interpretá-lo como sintoma de dor, como não permissão, portanto. Creio, aliás, que o mesmo fenômeno deve acontecer quando do início de uma forma de *bullying*: a vítima, constrangida, envergonhada, começa por rir do que lhe fazem, riso este que encoraja o agressor e lhe permitirá dizer depois que "era apenas uma brincadeira", pois a própria vítima também ria.

Serão sinceros nossos sujeitos quando, na prática, interpretam o riso do *bixo* ou da *bixete* como positivo? É provável que, para alguns, a resposta seja positiva. Mas é também possível pensar que se trata, para muitos, de um argumento pronto, que apenas serve de pretexto para extravasar seu sadismo, como parece ser o caso do aluno que nos disse: "No meu caso, eu gosto um pouco da violência, eu me divirto, eu fiz os *bixos* me carregarem numa cadeirinha e tinha três na frente gritando 'Grêmio todo poderoso' e 'A., o imperador'".

Riso positivo e riso negativo: Conclusões

O objetivo do presente capítulo dedicado ao "direito de rir" não é, como dito na introdução, o de escrever um tratado de moral ou criar uma espécie de código que disciplinaria o referido direito. Eu tenho, é evidente, minha posição pessoal a respeito do referido direito, que procurei deixar clara ao longo do texto. No caso do trote violento, concordo com Davidenkoff e Junghans (1993, p. 46) quando escrevem que "o trote se parece a um estupro". Aliás, note-se que todos os textos que li a respeito do trote violento foram escritos por pessoas que também o condenam, o que não deve ser o caso da maioria das pessoas, notadamente das autoridades universitárias que o toleram e somente tomam alguma atitude (que logo é esquecida) quando tragédias acontecem.[14] Mas minha opinião em nada

---

14. Lembremos de algumas, objetos de reportagens, que escandalizaram a sociedade e mobilizaram as autoridades universitárias, mas que foram rapidamente esqueci-

importa, pois meu objetivo é trazer elementos que deem parâmetros para pensar a legitimação moral, ou não, do riso, deixando, é claro, ao leitor a tarefa de estabelecer seu próprio juízo.

Para tanto, comecei por apresentar uma pesquisa com crianças, que demonstrou a precocidade da sensibilidade ao riso quando sua função é de zombaria e de humilhação, precocidade esta que, creio, por si só justifica que nos debrucemos sobre o tema do direito de rir.

Em seguida, analisei os dois tipos de riso apresentados no capítulo anterior: o positivo e o negativo. Para o primeiro, não costuma haver limitações socialmente estabelecidas, com exceção do riso emitido num ambiente de tristeza, o qual é interpretado como desrespeito aos sentimentos alheios. Não me parece haver polêmica apreciável neste caso. Quanto ao refrear o riso de alegria por uma vitória para poupar a sensibilidade do adversário derrotado, tal ato não decorre de uma proibição social, mas sim de uma sensibilidade moral pessoal, admirável, sem dúvida, mas não obrigatória. Aqui também, não me parece haver matéria para polêmicas.

No que tange ao riso negativo, limitamos a análise ao riso de humilhação (o riso de insolência será tratado depois). Embora a humilhação seja condenada moralmente, ela é por alguns aceita quando assume a forma de humilhação ritualizada, ou seja, quando aplicada em nome de algum rito que ocupa lugar delimitado no espaço e no tempo. Aí sim, há polêmica.

---

das, deixando o trote violento continuar tranquilamente a sua pretensa tradição: em 1980, um calouro do curso de jornalismo da Universidade de Mogi das Cruzes morreu de traumatismo craniano decorrente de agressões de veteranos; em 1990, um calouro de Direito da Fundação de Ensino Superior de Rio Verde (GO) teve parada cardíaca quando procurava fugir dos veteranos que queriam lhe aplicar um trote; em 1999, um estudante da Faculdade de Medicina da USP foi encontrado morto na piscina da Associação Atlética dos alunos, e há mais casos de tragédias desse tipo, com ou sem morte, mas com sequelas físicas não raramente sérias.

De um lado, há aqueles, como Davidenkoff e Junghans, que condenam categoricamente toda e qualquer forma de humilhação ritualizada, condenação esta que os levou a escrever um livro de denúncia sobre a prática do trote violento, um dos exemplos mais claros desse tipo de humilhação. De outro lado, há aqueles que aprovam e promovem as práticas de humilhação ritualizada. De minha parte, procurei conhecer os argumentos daqueles que a defendem, fazendo a hipótese de que o riso estaria no centro de seus argumentos, o que de fato aconteceu. Ao lado de argumentos pouco elaborados como o apelo à tradição, à integração e à suposta liberdade de participação dos calouros no trote, a totalidade dos sujeitos que entrevistamos nega que haja real humilhação, e isso porque o próprio calouro ri das coisas que lhe são impostas. Reconhecemos que, se o riso do calouro for positivo, de fato, ele não sente a humilhação e podemos concordar com um sujeito que nos diz que as atividades do trote foram criadas para "serem engraçadas e não serem humilhantes". Todavia, é necessário também fazer a hipótese, mais que plausível, de que o riso pode ser negativo, hipótese que não parece passar pela cabeça dos praticantes da humilhação ritualizada ou que eles rechaçam *a priori* para resolver, a seu favor, a questão moral.

Portanto, esta é minha contribuição a respeito da crítica à humilhação ritualizada: se o riso da pessoa a ela submetida traduzir seu desconforto, a vergonha ou o próprio sentimento de humilhação — se ele expressar, portanto, dor —, não vejo em nome de que valores e princípios morais haveria o direito de rir. Nesse caso, que certamente é o mais frequente, a humilhação ritualizada é apenas uma variação das inúmeras formas de humilhação que a moral condena.

O que acabo de dizer não se aplica apenas à humilhação ritualizada, pois parece que várias pessoas são da opinião de que, se as coisas são feitas "para rir", se são "apenas brincadeiras" (como disseram os estudantes que promoveram o "rodeio das gordas"), não há intenção de ofensa moral e,

Humor e tristeza | 175

logo, o direito de rir está garantido. Trata-se de uma opinião autocentrada, pois não leva em conta os sentimentos das pessoas que são alvo de tais "brincadeiras" – opinião esta que parece pouco importar aos "brincalhões". É claro que o argumento "é apenas brincadeira" pode ser, para alguns, mero pretexto hipócrita para escapar a possíveis sanções ou resguardar um resquício de boa consciência. Mas pode ser também que traduza uma ignorância ou uma inconsciência a respeito dos efeitos do riso nas demais pessoas. E numa cultura pós-moderna à procura da *euforia perpétua* (Brukner), à procura da *festa contínua* (Minois), tal ignorância ou tal inconsciência podem ser bem mais frequentes do que o desejável.

A inconsciência de que acabo de falar, que testemunha, para dizer o mínimo, uma falta de sensibilidade moral, não se encontra apenas em relação ao puro riso: ela se encontra também no humor. O argumento de que se trata "apenas de uma piada" parece sustentar, para alguns, que nenhuma limitação moral pode se aplicar ao humor e aos humoristas. Qualquer limitação seria pura e simplesmente *censura*, *patrulhamento* – seria condenável, portanto. É o que passo a analisar doravante.

O direito de rir e o humor

Existem duas posições extremas no que se refere ao direito de rir relacionado ao humor.

De um lado, temos as pessoas para as quais nenhum limite deve ser imposto. Três costumam ser seus argumentos. O primeiro é moral e político: em nome da *liberdade de expressão*, nenhuma de suas formas deve ser proibida; logo, tampouco o humor deve sofrer restrições. O segundo: a *única forma de julgar o humor é pela sua qualidade*. Logo, se, por exemplo, uma piada é boa, não há nenhuma razão para não contá-la. Note-se que tal posição não costuma vir acompanhada de critérios técnicos para se decidir se uma piada é boa ou não: o fato de que as pessoas riam bastaria para decidir sobre

176 | Papirus Editora

sua qualidade. O terceiro argumento é aquele de que já falei quando tratei do riso: o *humor é inofensivo*, é uma forma de brincadeira, logo, não há razão "séria" para limitar a sua expressão. "É apenas uma piada" – eis a frase que melhor expressa o terceiro argumento. Em suma, para essas pessoas, o direito de rir é absoluto.

De outro lado, temos aqueles que impõem limites intransponíveis para certas formas de humor. Eles elegem alguns temas sobre os quais fica terminantemente proibido fazer piada, charge, comédia, história em quadrinho etc. Essas pessoas podem ser divididas em dois grupos. Um deles elege um critério para banir o humor: *o sagrado*. Lembrei na introdução do presente capítulo as charges publicadas por um jornal dinamarquês, em 2005, que zombavam do profeta Maomé e de alguns elementos da religião muçulmana. Essa publicação chegou a causar problemas diplomáticos, pois inúmeras pessoas de fé muçulmana protestaram veementemente contra ela. Seu argumento era o de que não se faz humor com a religião, pois o que é sagrado deve ser unicamente venerado, nunca zombado. Molière teve problema semelhante com a Igreja católica quando encenou *Le Tartuffe*, peça que tinha como personagem central um falso devoto. O outro grupo que impõe rígidas restrições à produção e à veiculação do humor é composto pelas pessoas adeptas do chamado *politicamente correto*. A restrição que querem impor ao humor não incide sobre todas as suas formas (como é o caso quando o argumento é o sagrado), mas apenas ao humor que contém alguma forma de crítica, notadamente na forma da zombaria. Assim, seria um desrespeito em relação às louras, aos judeus, aos homossexuais, aos negros, ou outros, fazer humor sobre eles; logo, o humor desse tipo deveria ser proibido. Para ambos os grupos, tanto para aquele que elege o sagrado quanto para o adepto ao politicamente correto, o direito de rir nada tem de absoluto: pelo contrário, ele deve ser severamente limitado.

Em suma, enquanto para os adeptos da não restrição ao direito de rir, ri-se de tudo, para aqueles que colocam rígidas restrições, não se ri de praticamente nada.

Confesso que não me identifico com nenhuma das posições extremas que acabei de resumir. Dizer que o humor não deve ter barreiras parece-me um argumento fraco por ao menos dois motivos. Em primeiro lugar, não vejo porque o humor teria um privilégio de liberdade de que não desfrutam as demais atividades humanas. Em segundo lugar, o argumento de que "piada é apenas uma piada" é moralmente insustentável e, paradoxalmente, destitui o humor de sua importância social. Digo que é paradoxal porque esse argumento é empregado por alguns humoristas que, assim, talvez sem percebê-lo, restringem o valor de seu próprio trabalho. Um Molière, que queria "corrigir os homens divertindo-os" certamente não pensava que o humor era inofensivo. Se o pensasse, teria feito outra coisa da vida.

Logo, aceito a ideia de que o direito de rir não é absoluto, mesmo quando desencadeado pelo humor. Porém, os argumentos do sagrado e do politicamente correto para restringir drasticamente o direito de rir parecem-me exagerados. Aos adeptos do argumento do sagrado, eu diria que eles têm todo o direito de, eles mesmos, não fazer humor sobre aquilo que veneram, mas não o de proibir outrem de fazê-lo. E aos adeptos do politicamente correto, eu responderia que, sendo o humor quase sempre crítico e, como dizia Bergson, um pouco humilhante para quem dele é alvo, sua posição leva praticamente a banir toda forma de humor. E diria mais: tal posição leva seus representantes a defender pessoas que absolutamente não precisam dessa tutela moral.

Mas, evidentemente, não posso me limitar ao que acabo de sumariamente escrever. Devo procurar aprofundar o tema avaliando facetas que a ele estão associadas. É o que vou fazer, começando por analisar o aspecto que me parece central para a questão do direito de rir e para as restrições severas que alguns gostariam de lhe impor: *a relação entre humor e crítica negativa*.

Humor e crítica

É famoso o texto apócrifo atribuído a Hipócrates que versa sobre *o riso e a loucura*. Nele, o pai da medicina supostamente nos conta que lhe pediram para visitar o filósofo Demócrito, que parece estar acometido de loucura: ele ri o tempo todo. Hipócrates encontra o eminente filósofo e este começa por lhe dizer:

> Quando você souber a razão de meu riso, tenho certeza de que com meu riso você levará na sua bagagem, para o bem da pátria e para o seu, uma medicina mais eficaz que a sua missão, e você poderá ensinar a sabedoria aos outros. (Hipócrates 1989, p. 81)

Hipócrates pede então a seu interlocutor que explique a misteriosa razão de seu riso, e este lhe responde:

> Eu rio de um único objeto: o homem cheio de desrazão, vazio de obras válidas, pueril em todos os seus projetos, sofrendo sem benefício provas sem fim, levado por desejos imoderados a aventurar-se até os limites da terra e nas suas imensas cavidades, derretendo o ouro e a prata, nunca cessando de adquiri-los, agindo para os adquirir em quantidade cada vez maior para não decair. (*Ibidem*, p. 83)

Páginas depois, vemos Demócrito resumir a razão de seu constante riso:

> Eis o alvo do meu riso: os homens insensatos que eu condeno a expiar sua maldade, sua avareza, sua insaciabilidade, seu ódio, suas ciladas, seus complôs, sua inveja (...). Meu riso condena neles a ausência de projeto refletido. (*Ibidem*, p. 90)

O riso de Demócrito é sua maneira de *criticar* os homens, crítica esta tanto ética (vazio de obras válidas, projetos pueris, ausência de projeto refletido etc.) quanto moral (maldade, avareza, complôs etc.). Ora, o humor, que é feito para rir, quase sempre é também uma forma de crítica.

Digo *quase sempre* porque há formas de humor que não são críticas. É frequentemente o caso do chamado nonsense, do qual já vimos exemplos no capítulo anterior. Nele, o efeito humorístico se deve às relações (i)lógicas ou empiricamente fantásticas (que Bariaud chama de *incongruências*), não a juízos dirigidos a pessoas ou à sociedade. Eis mais três exemplos da safra de Eric Satie: "Se o senhor quiser viver muito tempo, fique velho";[15] "Meu guarda-chuva deve estar muito preocupado de me ter perdido"; "Que a música não agrade aos surdos, mesmos se eles são mudos, não é uma razão para desconhecê-la". Vejamos também esta resposta criada por George Hurns:

– Você sabe tocar violino?
– Não sei. Eu nunca tentei.

Um último exemplo, devido a Dick Cavett: "Se seus pais nunca tiveram filhos, é grande a probabilidade de você também nunca ter".

Há também os jogos de palavras que fazem rir, não por um juízo negativo dirigido a alguém ou a alguma coisa, mas apenas pela sua engenhosidade, como o famoso "Eles passarão, eu passarinho" de Mário Quintana. Vejamos outro: "É a história de um X^2 que passeia na floresta. Quando dela sai, ele se transformou num X. Por quê? Porque ele tropeçou numa raiz". Finalmente, há piadas que não podem ser classificadas nem como zombaria nem como humor existencial e que não contêm um átomo de crítica. Por exemplo, esta que li um dia na coluna de José Simão, na *Folha de S.Paulo*:

– Doutor, cada vez que aperto aqui, dói muito.
– Então, para que apertar!

---

15. De forma parecida, escreveu Groucho Marx: "Todo mundo pode ficar velho; basta viver muito tempo".

Há outra, no mesmo estilo, criada por Raymond Devos:

– Doutor, quando coloco meu dedo na barriga, dói.

– E quando o senhor o coloca no peito?

– Também dói.

– Coloque-o no pescoço agora. Dói?

– Sim.

– Então seu dedo está quebrado.

Quando o humor não contém crítica, não costuma haver polêmica sobre o direito de rir, a não ser que se empregue uma figura sagrada, tema ao qual voltarei mais à frente. Em compensação, polêmicas existem quando o humor apresenta alguma crítica. Ora, é o caso da grande maioria das obras de humor. Quando ele é de zombaria, criticam-se a falta de inteligência, a vaidade, a avareza, a afetação etc. E quando é existencial, criticam-se ações e/ou atitudes que são obstáculos para a *vida boa*.

Falta apenas sublinhar o óbvio: as críticas são, na sua quase totalidade, negativas. É verdade que às vezes acontece de elas estarem acompanhadas de críticas positivas. Vimos que é o caso da personagem Alceste na peça *Le misanthrope*, de Molière, amável e odiosa ao mesmo tempo. É também o caso nesta definição (a melhor que eu já li ou ouvi) do que é um crítico, proposta por Kenneth Tynan: "Um crítico é alguém que conhece o caminho, mas que não sabe guiar". Mas esses casos são muito raros, com predomínio praticamente total das críticas negativas. Por essa razão, aliás, doravante só empregarei a palavra *crítica* entendendo-a como negativa.

Em resumo, podemos considerar o humor como uma expressão, entre várias, de crítica aos seres humanos, à sociedade, à cultura. O direito de rir relaciona-se, portanto, ao direito de criticar. Ora, o direito de criticar está ele mesmo associado à *liberdade de expressão*, que, como vimos, é um argumento empregado por alguns para isentar o humor de toda e qualquer

Humor e tristeza | 181

limitação moral, jurídica ou política. Falemos, então, um pouco desse objeto da liberdade.

Liberdade de expressão

"Não estou de acordo com o que o senhor diz, mas lutarei até a morte para que tenha o direito de dizê-lo." Essa frase, que costuma ser atribuída a Voltaire, resume admiravelmente o grande valor da liberdade de expressão. Tal valor teve enormes dificuldades para conquistar seu lugar ao sol. Apenas dois séculos antes de Voltaire, Sébastien Castellion, indignado com o despotismo religioso de Calvino em Genebra, havia ousado escrever, mas prudentemente sob um pseudônimo, o seguinte: "depois de ter longamente procurado o que é um herético, somente encontrei que chamamos com esse nome todos aqueles que têm opinião diferente da nossa" (*apud* Zweig 1987, p. 137). E ele acrescentava: "É por essa razão que é preciso acabar de uma vez por todas com essa loucura que consiste em dizer que devemos torturar os homens unicamente porque eles têm opiniões diferentes daquelas dos poderosos do momento" (*ibidem*, p. 140). Tratava-se, na época, de defender a *tolerância* em relação àqueles que interpretavam as palavras de Deus de forma diferente daquela das autoridades eclesiásticas. Nas palavras de Voltaire, já não se trata mais de tolerância, mas sim de um *direito*: cada um tem o direito de expressar suas opiniões.

A liberdade de expressão representa uma grande conquista dos direitos humanos e da democracia. Mas ela (ainda?) não é universal, pois é pura e simplesmente sacrificada pelos Estados autoritários e totalitários, assim como geralmente é inexistente em Estados teocráticos. Note-se que ela também é limitada em Estados que, embora formalmente democráticos, são dirigidos por caudilhos populistas que aproveitam sua popularidade pessoal para impor silêncio a várias camadas da sociedade e à mídia.

Mas cabe a pergunta: a liberdade de expressão permite a qualquer pessoa dizer qualquer coisa? Perguntado de outra forma: tal liberdade é absoluta? Ou ela é regulada por outros valores?

Comecemos falando deste valor moral e ético que é a liberdade, para depois falar da liberdade de expressão.

Quando se fala em liberdade, fala-se em liberdade *de*. Ora, a avaliação da legitimação da liberdade depende do que virá depois dessa preposição. Por exemplo, temos a liberdade *de* gostar de determinada canção e não de outra, mas não temos a liberdade *de* ferir, humilhar ou matar nossos desafetos. Esse exemplo é suficiente para mostrar que o usufruto da liberdade não é absoluto, mas sim relativo, porque a liberdade é regulada por outros valores. Um dos valores essenciais para essa regulação é o da *dignidade*: sendo um dever moral respeitar a dignidade alheia, não temos evidentemente a liberdade *de* feri-la. Mais ainda, é o próprio conceito de dignidade que embasa o de liberdade, como o explicita a Declaração Universal dos Direitos Humanos: "(...) o reconhecimento da dignidade inerente a todos os membros da família humana e dos seus direitos iguais e inalienáveis constitui o fundamento da liberdade".[16]

Do que acabamos de ver decorre que a liberdade de expressão também não seja absoluta, pois regulada pelo respeito à dignidade alheia. É por esse motivo que falas racistas são moralmente (e juridicamente) condenadas, assim como o são discursos que procuram despertar o ódio e a violência. E há outros exemplos: não temos a liberdade de atentar

---

16. A dignidade pode ser considerada valor absoluto no sentido de que nunca haveria uma boa razão para desrespeitá-la. Tal é a posição de Kant e também aquela assumida na Declaração Universal dos Direitos Humanos. Mas deve-se se notar que há quem discorde, notadamente os seguidores do utilitarismo para os quais a fórmula-guia para se avaliar moralmente uma ação é verificar se ela causa o maior bem para o maior número de pessoas. Aceita essa fórmula, torturar terroristas (ou seja, ferir a integridade física e moral de alguém, e, portanto, desrespeitar a sua dignidade), para que confessem seus planos de destruição, seria um bem porque evitaria um mal maior.

Humor e tristeza | 183

contra a honra alheia difamando uma pessoa ou um grupo; nas instituições educacionais, não temos a liberdade de ensinar que certos crimes contra a humanidade nunca ocorreram (negacionismo ou revisionismo);[17] não temos a liberdade de mentir etc.

Falta agora vermos como fica a liberdade quando há expressão de uma crítica, ou seja, quando há a expressão de uma *opinião*. Falo em opinião porque toda crítica é, implícita ou explicitamente, a manifestação de um ponto de vista diferente ou antagônico ao de outrem. Ora, é justamente no caso da manifestação de opiniões que a liberdade de expressão encontra a sua maior justificativa. Já citei Sébastien Castellion, que corajosamente defendeu, no século XVI – quando muitos pensavam que a liberdade de consciência era uma doutrina diabólica –, que o conceito de heresia carecia de fundamento porque "qualquer um que interprete a palavra de Deus pode se enganar e cometer erros, e eis porque a tolerância mútua é o primeiro do deveres" (*apud* Zweig 1987, p. 136). Decorre da posição de Castellion que a liberdade de expressão deve ser garantida, pois não há parâmetro claro para decidir quem tem razão e quem não tem. Nos dias de hoje, não é esse critério epistemológico que embasa a liberdade de expressão, mas sim o reconhecimento de que cada homem e cada mulher têm o direito inalienável de manifestar seus valores, suas ideias, suas teses, suas dúvidas etc. Nos dias de hoje, concebe-se que a liberdade de expressão não somente corresponde a um direito, como também a um elemento-chave para o exercício da democracia e para a evolução da cultura, pois a manifestação de ideias e o diálogo decorrente são ferramentas incontornáveis para tal.

Logo, pelo menos nas verdadeiras democracias, é aceito, tanto do ponto de vista moral quanto do ponto de vista jurídico e político, o direito

---

17. Em vários países o negacionismo é reprimido penalmente. Recentemente, o governo francês aprovou uma lei que define como crime a negação do massacre dos armênios perpetrado pelo antigo Império Otomano em 1915, fato que causou protestos do governo da Turquia e deu origem a um conflito diplomático.

de opinar e, consequentemente, o de criticar. Sendo o humor quase sempre uma forma de crítica, não será por essa razão que não se reconhecerá o direito de rir.

Mas será por outra: *a forma pela qual se apresenta a crítica*. E aqui reencontramos o tema do respeito pela dignidade alheia. Dou um exemplo recente que aconteceu na França. Um político do Front Nacional (partido de extrema direita) criticou um militante do Parti Socialiste por suas posições a respeito de um episódio de violência ocorrido dias antes. Em meio a seus argumentos, o político do Front National fez alusão ao fato de o deputado socialista ser "francês de curta data" (ele é, de fato, um brasileiro naturalizado francês) e sugeriu que estaria abusando da hospitalidade que a França estaria lhe dando. Ou seja, o político de extrema direita misturou argumentos políticos a dúvidas a respeito da legitimidade pessoal de seu adversário, adversário este que afirmou "ser o primeiro ataque público tão forte e ignóbil que recebi". Ele entrou na justiça por danos morais, por ter sido ferida a sua dignidade.

Em resumo, a liberdade de expressão e, logo, de crítica (como qualquer tipo de liberdade, aliás) é garantida moral e juridicamente, contanto que o respeito pela dignidade da pessoa alvo da crítica seja preservado. Dito de outra maneira, somos livres para criticar, mas não para escolher toda e qualquer forma de crítica que bem quisermos. Ora, sendo o humor uma *forma* peculiar de crítica, devemos passá-la pelo crivo do respeito pela dignidade da pessoa ou do grupo de pessoas dele objetos.

Prossigamos então focando algumas formas de humor, começando pelo que chamamos de humor existencial.

Humor existencial

Quando o humor existencial foca elementos naturais, como a velhice, a doença, a morte, catástrofes naturais ou temas desse tipo, não se pode falar em crítica no sentido habitual da palavra: não faz sentido criticar uma doença, um furacão ou dores advindas da velhice. Trata-se de lamentações. Em compensação, o humor existencial é crítico quando se remete a pessoas em geral, a certas corporações ou instituições. Lembremos que o que o diferencia do que chamei de humor de zombaria é o fato de seus alvos, embora criticados, não serem ridicularizados. Recordemos três exemplos dados no capítulo anterior que, respectivamente, apresentam crítica aos seres humanos, aos banqueiros e aos psicanalistas: "Um verdadeiro amigo é aquele que te apunhala pela frente"; "Um banco é uma instituição que lhe empresta dinheiro se você provar que não precisa dele"; "Eu falei para meu analista que tenho tendências suicidas, e a única coisa que ele conseguiu me dizer foi: 'A partir de agora, o senhor pagará adiantado'".

E conheçamos mais alguns exemplos, começando por uma crítica a pais: "Ter um filho não faz necessariamente de você um pai, assim como possuir um piano não faz de você um pianista" (Michel Levine).

Agora a crítica é dirigida a alguns seres humanos: "Muitas pessoas morrem aos 25 anos, mas não são enterradas antes dos 75" (Max Frisch). Esta outra se dirige a todos os seres humanos: "O cérebro é um órgão com o qual nós pensamos que pensamos" (Ambrose Bierce).

Crítica aos homens: "A bigamia é ter um marido a mais. A monogamia, idem" (anônimo). Agora, às mulheres: "Todo homem casado compreende porque se dão nomes femininos aos ciclones" (Art Buchwald).

Eis uma crítica a uma instituição pública: "Vivemos numa época na qual as *pizzas* chegam mais rapidamente que a polícia" (Jeff Marder). Esta outra, dirigida aos militares, foi criada por George Clémenceau, que foi primeiro-ministro do Estado francês no início do século XX: "Basta acrescentar 'militar' a uma palavra para que ela perca todo o seu sentido. Assim, a justiça militar não é justiça, a música militar não é música".

Uma crítica aos médicos agora: "Acabo de receber a fatura de minha operação e estou começando a entender por que os cirurgiões usam

186 | Papirus Editora

máscara" (Jim Boren). Outra dirigida a eles: "Sempre podemos decifrar a fatura dos honorários de um médico, mas nunca a sua receita" (Peter Finley Dunn). Woody Allen fala dos psicanalistas: "Ainda dou um ano para meu analista. Depois eu vou para Lourdes".[18] Agora uma sobre psiquiatras: "Um psiquiatra é alguém que, quando vai ver um *show* de *striptease*, fica olhando o público" (Mervyn Stockwood).

Acabo as citações com duas reflexões humorísticas dirigidas aos acadêmicos. Wilson Mizner disse que "se você copia o texto de um autor, é plágio, se você fizer a mesma coisa com vários autores, é pesquisa". E Herbert Prochnow ponderou: "*Et coetera* é a fórmula que faz as outras pessoas acreditarem que você sabe mais do que na realidade sabe".

O que há em comum a todas as reflexões que acabo de transcrever é que, por um lado, são, como vimos, expressões de crítica e, por outro, são críticas com, no mínimo, um fundo de razão. Esse último aspecto é importante: não costuma haver nada de gratuito nas críticas contidas no humor existencial, pois não foram criadas para desvalorizar sem motivo certas pessoas, certas instituições ou corporações, ou melhor, certas *características* das pessoas, instituições e corporações. Com efeito, no humor existencial, diferentemente do que veremos em certas formas de humor de zombaria, não se desqualificam médicos, psicanalistas, militares, homens, mulheres, seres humanos em geral, mas são apenas apontadas uma ou outra de suas características que merece crítica. E essas críticas poderiam muito bem ser apresentadas de forma não humorística. Retomando alguns exemplos acima dados, poderíamos protestar contra as limitações da justiça militar por intermédio de um panfleto, poderíamos denunciar o preço abusivo que certos médicos praticam escrevendo um editorial,

---

18. Lourdes é uma cidade do sul da França à qual se dirigem muitas pessoas na esperança de que a santa de mesmo nome faça algum milagre e resolva os seus problemas. Acrescente-se que Lourdes é cidade de peregrinação, assim como o é Aparecida, no estado de São Paulo.

poderíamos nos queixar dos resultados incertos da psicanálise escrevendo uma monografia, poderíamos lamentar a morosidade da polícia protestando nas ruas, poderíamos analisar a incompetência de certas famílias para educar seus filhos redigindo uma tese de doutorado, e assim por diante. Mas a forma escolhida pelos nossos autores foi o humor.

Ora, vimos que o problema do direito de rir não está no fato de o humor ser crítico, mas sim na forma de humor escolhida: a dignidade alheia é respeitada ou não? No caso do humor existencial, a resposta é claramente positiva, a não ser que se interprete toda e qualquer crítica como uma espécie de "lesa-pessoa" ou "lesa-instituição". Tal interpretação ocorre em sociedades dirigidas ditatorialmente (por militares, religiosos ou partido único), mas, nelas, o que deve estar no foco da moral é o próprio autoritarismo, não as críticas a ele dirigidas por intermédio do humor existencial.[19] É claro que toda crítica tem, retomando as palavras de Bergson, um efeito um pouco humilhante para quem é dela alvo, *a fortiori* quando é feita com humor, mas como ela é inevitável (somos julgados o tempo todo), superar tal suscetibilidade é tarefa incontornável, como é tarefa necessária não confundir dignidade com "imunidade".

Em suma, o direito de fazer rir e de rir, no caso do humor existencial, parece-me estabelecido. Tal forma de humor corresponde a uma maneira inteligente e sutil de falar de variadas pessoas ou grupos de pessoas, cujo efeito crítico pode ser até mais contundente que aquele alcançado por formas "sérias". No caso do humor existencial, recusar o direito de rir é, na prática, recusar à inteligência o direito de "ir e vir" nos meandros e mazelas da vida e dos seres humanos.

---

19. Por exemplo, durante a Ditadura Militar brasileira (de 1964 a 1985), certamente pouca gente teria se arriscado a dizer publicamente, como Clémenceau, que justiça militar não é justiça e que música militar não é música.

Humor de zombaria – 1

Salvo melhor juízo, emancipar o humor existencial de alguma tutela moral foi tarefa fácil. Em compensação, não encontramos a mesma facilidade quando se trata de pensar o humor de zombaria, e isso por uma razão bem simples de ser explicitada: o humor de zombaria torna *ridículo* o seu alvo. Ora, a relação entre ridicularizar e humilhar é patente. Já condenamos a humilhação – e, portanto, negamos o decorrente direito de dela rir. Vamos então negar o direito de rir quando do humor de zombaria?

É o que alguns são tentados a fazer, como é o caso dos grupos chamados de politicamente corretos. Aliás, seu alvo não é apenas o humor. Por exemplo, segundo alguns deles, não deveríamos empregar o verbo *judiar* por ser desrespeitoso em relação aos judeus, não deveríamos falar em *lista negra* em razão da referência negativa à cor de inúmeras pessoas; pelo mesmo motivo, teriam errado os autores que denunciaram a repressão política da União Soviética ao intitular sua obra de *Livro negro do comunismo*, e pela mesma razão ainda deveríamos banir definitivamente dos dicionários de língua portuguesa expressões como *denegrir, a coisa ficou preta* e outras mais. Por razões parecidas, não deveriam então circular piadas sobre loiras, homossexuais, judeus, negros, portugueses, argentinos etc.

O argumento do politicamente correto certamente nasce de uma boa intenção moral: proteger pessoas da ridicularização. Logo, julgar, como não raramente se faz, os politicamente corretos como "chatos de galochas" é cometer uma injustiça.[20] Eu preferiria dizer que eles levantam uma questão moralmente relevante, mas que a ela trazem uma resposta sem nuances e, portanto, muitas vezes insatisfatória. É o que vou procurar

---

20. Segundo o jornal *O Estado de S. Paulo* (22/03/2014, p. A22), na Alemanha existe um *blog* que veicula veementes posições contra as pessoas de fé muçulmana. Ora, o nome desse *blog* é *Politically Incorrect* (PI)! É um alerta para quem acha que ser "politicamente incorreto" é necessariamente ser "para frente", rebelde, livre. No exemplo do *blog* alemão, o referido rótulo acolhe o que há de mais retrógrado e reacionário.

mostrar começando pela esfera privada, na qual ocorre com frequência o que chamei de *humilhação domesticada*.

Lembro ao leitor que chamei de humilhação ritualizada aquela que, por submeter as pessoas a situações degradantes, certamente seria moralmente condenada por todos, mas que é legitimada por alguns por ser motivada por algum evento social e por ocorrer num espaço de tempo limitado. O exemplo que dei e analisei foi o do trote universitário dito violento. O que chamo de humilhação domesticada opõe-se à ritualizada não somente por poder ocorrer a qualquer momento, mas, sobretudo, por obedecer a limites morais. Trata-se das pequenas zombarias que são feitas entre membros de uma família, entre colegas de trabalho, entre colegas de classe etc. Assim, por exemplo, um colega de trabalho ironiza o que outro colega disse ou fez, um pai zomba da forma como o filho fala ou se veste, um aluno faz uma piada sobre um amigo etc.

O efeito da zombaria entre colegas é, repetimo-lo, inevitavelmente um pouco humilhante para quem dela é vitima, por mais leve que seja, e por isso ela merece o nome de humilhação domesticada. Pois eu escrevi acima que ela obedecia a limites morais: mas quais?

Se compararmos a humilhação domesticada à ritualizada, duas diferenças são dignas de nota. A primeira refere-se à liberdade: na humilhação ritualizada, obriga-se a pessoa a ela submetida a fazer determinadas coisas que certamente não faria se tivesse o poder de decisão (e lembremos que o argumento da liberdade do calouro de participar ou não do trote é pura falácia). Na humilhação domesticada, quem é dela objeto não é obrigado a fazer alguma coisa, não é submetido à vontade soberana de alguém. A segunda diferença refere-se ao tipo de atividade e de situação às quais são submetidas as pessoas que são obrigadas a passar pela humilhação ritualizada, situações e atividades estas que, como vimos, são quase sempre degradantes (rastejar, simular relações sexuais, carregar os veteranos nos ombros, receber apelidos pejorativos, ouvir xingos pesados etc.). Na humilhação domesticada, os limites da decência são respeitados: são pequenas piadas, ironias, reflexões espirituosas a respeito do colega etc.

Sim, mas aqui o leitor poderá me contestar de duas formas. A primeira é dizer que, se é verdade que na humilhação domesticada a pessoa alvo goza de liberdade por não ser obrigada a fazer o que seja contra a sua vontade, em compensação, ela não é livre para decidir se vai, ou não, escutar a piada ou a ironia da qual é objeto. A segunda contestação é a de que, como o sentimento de humilhação, por definição, é subjetivo, aquilo que pode ser facilmente suportado por uma pessoa pode não o ser por outra. Dito de outra forma, a questão dos limites morais em caso de humilhação não fica resolvida apenas com a referência ao respeito da decência e, logo, os limites ao direito de rir também se colocam para a humilhação domesticada.

Concordo com as duas virtuais objeções, contanto que elas não levem a equivaler os dois tipos de humilhação de que estamos tratando, pois, se fosse o caso, coerentemente recusaríamos o direito de rir em ambas as situações. Limitar drasticamente o direito de rir no caso da humilhação ritualizada traduz o desejo de vivermos numa sociedade mais respeitosa da dignidade alheia, mas fazer a mesma coisa com a humilhação domesticada levaria a uma sociedade triste, pois exclusivamente regrada pelo limiar das pessoas que têm a suscetibilidade à flor da pele. Contudo, imagino que meu suposto leitor não pensa em não diferenciar os dois tipos de humilhação e tampouco é partidário de uma sociedade triste, do contrário, provavelmente não estaria lendo um livro dedicado ao tema do riso. Vamos então pensar na baliza moral que regula o direito de rir quando das zombarias entre amigos e colegas, retomando as duas objeções acima imaginadas.

É claro que a pessoa submetida a zombarias feitas pelos colegas ou familiares não decidiu livremente ser objeto delas. Mas como as zombarias são formas de crítica, e como estamos, por viver em sociedade, necessariamente expostos a elas, não haveria como garantir a liberdade de escapar delas. Como eu disse acima, não devemos confundir dignidade e

Humor e tristeza | 191

imunidade. O problema reside apenas no caráter humilhante da zombaria que, no caso da humilhação domesticada, é, por definição, *leve*. Mas quem decide de tal "leveza"? Evidentemente, quem é dela objeto. Como os limiares de suscetibilidade variam de pessoa para pessoa, caberá ao autor da zombaria avaliar em que patamar se encontra esse limiar na pessoa que elegeu como objeto de sua zombaria. E, para tanto, ele precisa ser dotado de *sensibilidade moral*: deve identificar em outrem sinais com base nos quais poderá inferir se a zombaria será bem aceita ou se ela "machucará" para além dos limites aceitáveis. Por exemplo, ele não elegerá como objeto de humor uma pessoa que está passando por uma fase de tristeza, de depressão ou não elegerá como tema de sua zombaria características pessoais que ele sabe serem mal vividas pela pessoa de quem ele vai caçoar.

Em resumo, não vejo o que justificaria uma proibição do direito de rir no que chamei de humilhação domesticada: não somente ela é fenômeno universal, conforme vimos no capítulo anterior, como ela pode reforçar os laços sociais entre as pessoas envolvidas, pois cria uma situação que permite que as pessoas riam juntas, incluindo a pessoa "zoada". Porém, a sensibilidade moral deve comparecer para que sejam identificados limites para o referido direito, limites estes inspirados pelo respeito devido aos diversos níveis de suscetibilidade alheia.

Humor de zombaria – 2

As acaloradas polêmicas sobre o direito de rir aparecem quando o humor ocupa o espaço público, ou seja, quando é divulgado pelos jornais, pelas revistas, pelo rádio, pela televisão, quando é apresentado em teatros, cinemas, praças públicas etc.

Comecemos por falar das chamadas piadas que têm como objeto algum *grupo social*. Esse grupo pode ser formado por pessoas de uma mesma nacionalidade (belgas, portugueses, argentinos, americanos ou outra), de

192 | Papirus Editora

mesmas características físicas (loiras, magros, feios etc.), de mesma religião (judeus, islamitas ou outra), de mesma profissão (médicos, psiquiatras, jornalistas, professores, entre tantas) e assim por diante. Curiosamente, a grande maioria das piadas desse tipo é de autor desconhecido. Trata-se, pelo jeito, da única obra humana que ainda escapa aos direitos autorais. É claro que há piadas "assinadas", e, em relação a elas, o autor pode reivindicar a autoria se ela tiver sido apresentada e registrada em algum espetáculo ou publicação. Mas essa não é a regra. Agora, com a internet, há inúmeros *sites* nos quais podemos ler uma quantidade enorme de piadas de autores anônimos, mas anteriormente elas eram transmitidas boca a boca e, de maneira misteriosa, piadas idênticas, com apenas variação de grupos, eram ouvidas no mundo inteiro, o que parece atestar não somente a presença incontornável do humor nas diversas culturas, como o fato de elas se comunicarem por seu intermédio, assim como o fazem por intermédio da arte, do esporte e da ciência.

Encontrei poucas piadas que ridicularizam profissionais, ou seja, que criticam a sua incompetência. A maioria das piadas de médicos, por exemplo, coloca situações nas quais a zombaria não recai sobre eles, mas sim sobre seus pacientes. Eis uma exceção, não anônima, pois assinada pelo espirituoso Mark Twain: "Uma morte natural é quando a gente morre sozinho, sem a ajuda de um médico". Mesmo quadro se verifica em relação a psicólogos, psicanalistas, psiquiatras, enfermeiros, engenheiros ou outros profissionais: sua ganância está frequentemente em jogo (lembremos da piada anônima que fala de um psicanalista que cobra adiantado um paciente com tendências suicidas), mas não a sua competência. E como interpretar a seguinte piada que tem economistas como objeto: "No primeiro dia, Deus criou o Sol. E o Diabo criou a insolação. No segundo dia, Deus criou o sexo. E o Diabo criou o casamento. No terceiro dia, Deus criou um economista. Aí, o Diabo ficou em dúvida. Pensou um pouco e então criou um segundo economista"? Na piada que acabo de transcrever, os economistas são apresentados como um mal, assim como as insolações e o casamento, mas não se pode dizer que sejam ridicularizados. Em compensação, o são na famosa piada a seguir:

Numa montanha, um economista encontra um pastor e seu rebanho de ovelhas. O economista diz ao pastor:

– Eu aposto uma ovelha com o senhor que sou capaz de lhe dizer quantas ovelhas tem no seu rebanho.

O pastor, confiante, aceita a aposta. Então, o economista abre seu *laptop*, constrói um pequeno sistema de estimativas e diz ao pastor:

– O senhor tem 253 ovelhas, com uma margem de erro de 3 ovelhas para cima ou para baixo.

O pastor estupefato responde que, de fato, ele tem 253 ovelhas e deixa seu interlocutor pegar uma delas. O economista olha o rebanho e escolhe uma ovelha que lhe parece bem bonita. Então o pastor lhe diz:

– O senhor é economista!

Agora é a vez de o economista ficar estupefato. Ele pergunta então como o pastor fez para adivinhar sua formação, e este lhe responde:

– Devolva-me o meu cachorro e eu lhe explico.

Eis outra de zombaria sobre economistas: "Diz-se que Colombo foi o primeiro economista. Quando ele partiu, não sabia para onde ia. Quando chegou, não sabia onde estava. E tudo isso graças a subvenções públicas".

Não deixemos os economistas sem a companhia de outros profissionais zombados. Henry Youngman disse que "os jornalistas são pessoas incapazes de ver a diferença entre um cão atropelado e o declínio de uma civilização". John Updike falou dos especialistas em arte: "É muito fácil ser um *expert* em arte contemporânea: se a coisa está pendurada na parede, é um quadro, se der para contorná-la, é uma escultura". Uma para os poetas, assinada Robert Frost: "Fazer versos livres é um pouco como jogar tênis sem rede". Embora comandar escoteiros não seja propriamente uma profissão, vale a pena saber o que Jack Benny disse a respeito dessa atividade criada por Baden Powell: "Um bando de escoteiros é uma dúzia de crianças vestidas como idiotas que seguem um idiota vestido como criança".

Se eu encontrei pouco humor de zombaria que tem profissionais por objeto, em compensação, ele é muito frequente quando se trata de nacionalidades. Nem é preciso lembrar aqui as inúmeras piadas de portugueses que se contam no Brasil, como esta que li na coluna de José Simão na *Folha de S.Paulo* de 2 de outubro de 2013: "Tenho um amigo que se chama Manoel Manoel. É que seu pai queria que ele se chamasse Manoel. E a sua mãe também". Eis uma sobre escoceses: "Os irlandeses deram uma gaita de fole aos escoceses para lhes pregar uma peça, mas até hoje os escoceses não entenderam que era uma peça". Eis outra, bem conhecida, que mistura zombaria e humor existencial:

Pesquisa na internet:

"Por favor, diga honestamente qual a sua opinião sobre a escassez de alimentos no resto do mundo."

A Europa mandou dizer que não sabe o que é "escassez".

A África mandou dizer que não sabe o que é "alimentos".

Os Estados Unidos responderam que não têm a mínima ideia do que seja "o resto do mundo".

Cuba falou que não sabia o significado de "opinião".

A Argentina disse que não sabe o significado de "por favor".

E o Brasil mandou dizer que não sabe o que é "honestamente".

Encontram-se também muitas piadas de zombaria quando aspectos físicos estão em jogo, como nesta: "Ela acaba de voltar do salão de beleza, mas, na minha opinião, ele estava fechado". O caso das piadas sobre loiras é particular: não é a cor do cabelo que é zombada, mas sim a falta de inteligência, como nesta conhecida: "Por que as loiras balançam o cabelo? Para o cérebro pegar no tranco".

Voltemos então ao tema do direito de rir quando estão em foco piadas de zombaria que têm grupos de pessoas como objeto.

No capítulo anterior, escrevi que a intenção de humilhar não é absolutamente condição necessária ao riso de origem humorística. Pode, é claro, acontecer que, em razão de sua xenofobia, alguém se delicie com piadas de argentinos ou escoceses, e outro, em razão de seu antissemitismo, ria maldosamente de toda piada sobre judeus. Mas tal não é a regra, apesar de haver importantes exceções que examinarei logo a seguir. Mais ainda: não raramente tais piadas escolhem certos grupos apenas como pretexto para fazer rir; tanto é verdade que as mesmas piadas têm como alvo grupos diferentes em países diferentes. Logo, rir de piadas de portugueses ou de loiras não implica pensar, de fato, que lhes falta inteligência, rir de piadas de professores não implica menosprezá-los, rir de economistas não implica achá-los incompetentes, e assim por diante.

Porém, o fato de não haver intenção de humilhar não deve nos fazer esquecer que pessoas do grupo escolhido como objeto de piadas podem, sim, se sentir humilhadas. Se ficarmos apenas com essa possibilidade, deveremos afirmar que não é legítimo o direito de rir de piadas de zombaria que recaem sobre grupos, pois existe o risco de alguém se sentir humilhado. Costuma ser esse o critério daqueles que aderem ao politicamente correto: como portugueses, belgas, irlandeses, loiras, homossexuais, pessoas feias, ou qualquer outro grupo são ridicularizados pelas piadas a eles dedicadas, tais piadas são necessariamente de mau gosto e não deveriam ser veiculadas, pois além de humilhar as pessoas concernidas, reforçam os preconceitos que elas sofrem. Mas como tal solução radical é tão inviável quanto suspeita de fundamentalismo moral, devemos encontrar critérios que, em vez de erradicar a zombaria do cenário social, imponham-lhe algum limite.

Ora, creio que há dois critérios. O primeiro: *a força social do grupo escolhido como objeto da zombaria*. O segundo: *a forma do humor proposto*. Logo veremos que os dois critérios são complementares, porque quase sempre o humor feito sobre um grupo afetado por fortes preconceitos – e, portanto, socialmente fraco – corresponde a uma forma específica: o rir cruelmente do mundo e das pessoas.

Comecemos pelo primeiro critério assim explicitado por Raymond Devos, ele mesmo humorista de enorme prestígio e talento. Respondeu ele a uma pergunta sobre seus critérios de escolha de temas para criar as suas piadas e seus esquetes: "É preciso somente atacar *valores sólidos*, é preciso fazer rir honrosamente (...). Se você degrada coisas já degradadas, você as *ameaça de morte*" (grifos meus).[21] O etólogo Konrad Lorenz (1969, p. 280), que tinha em alta conta o humor, pois sem ele "o homem não é realmente humano", já havia escrito que "o riso pode se transformar numa arma cruel quando ele bate injustamente um ser humano *indefeso*: é criminoso rir de uma criança" (grifo meu).

O argumento de Devos e Lorenz lembra aquele que sugeri para as humilhações domesticadas: a sensibilidade moral deve permitir ao criador de uma zombaria inferir os limites da suscetibilidade alheia a não serem ultrapassados. Porém, agora, como se trata de grupos sociais, e não de pessoas isoladas, o critério, além de moral, deve ser sociológico e político. Devemos entender como correspondendo a "valores não sólidos" e "seres humanos indefesos" pessoas que pertencem a grupos que costumam sofrer severo preconceito e severa marginalização no seio da sociedade: por exemplo, mulheres feias, gordos, negros, homossexuais, pobres e outros mais.

Tomemos o exemplo dos homossexuais. Até um passado recente, confessar publicamente a própria homossexualidade era algo impensável. Atualmente, a chamada "causa *gay*" obteve importantes vitórias, entre as quais deve ser sublinhada a legalização do casamento entre pessoas do mesmo sexo, adotada por alguns países. Contudo, a aceitação da homossexualidade ainda está longe de ser um fenômeno universal. Por

---

21. Entrevista dada por Devos a qual se encontra no vídeo *80 ans, 80 sketches: Raymond Devos* (Monus Production, 2002).

um lado, todavia, causa espécie celebridades assumirem publicamente essa orientação sexual: se ainda é notícia, é porque não é percebido como algo normal. Por outro, assiste-se ainda a tentativas de colocar a homossexualidade no rol das perversões. Para muitos, é perversão moral, digna de desprezo. Basta ver as reações que jorraram na *internet* depois de um jogador de futebol (Sheik), em 2013, ter dado um "selinho" num colega: o termo pejorativo "veado" esteve na boca de muitos torcedores. Para outros, a homossexualidade é perversão biológica ou psíquica, é doença, como pensam aqueles que apoiaram a chamada "cura *gay*". Em suma, a homofobia ainda é fenômeno forte; logo, podemos dizer que o grupo dos *gays* ainda carece de força para usufruir de um lugar tranquilo na sociedade. Logo, fazerem-se piadas de zombaria sobre eles é atacar um valor ainda não sólido na sociedade e, consequentemente, elas podem causar estragos que não existiriam se fosse outro o grupo objeto do humor. Por exemplo, as loiras certamente representam o que Devos chama de *valor sólido*, notadamente porque muitas pertencem à classe financeira e politicamente dominante. Mas certamente a mesma coisa não pode ser dita das mulheres em geral. É por essa razão que a "piada" de Rafinha sobre a gratidão que deveriam sentir as mulheres feias pelos seus estupradores é duplamente perigosa: por um lado, as mulheres ditas feias costumam ser socialmente estigmatizadas e, por outro, a violência sexual ainda é um crime frequente. Dizer, como Rafinha, que "é apenas uma piada" é negar que ela possa ser, como diz Lorenz, uma arma que, apontada para certos grupos de pessoas, os tornam mais fracos do que já são, pois reforça o preconceito de que são objeto.

Em resumo, quando zombarias recaem sobre grupos, a legitimação do direito de rir deve se basear na *responsabilidade social* de quem faz e consome humor: o humor pode ser deletério para certos grupos e inofensivo para outros.

Abordemos agora o segundo critério anunciado, a saber, a forma do humor de zombaria proposta, comentando esta reflexão de George Orwell, que pode parecer contradizer a opção de Devos por não degradar coisas já degradadas: "o objetivo das piadas não é degradar o ser humano, mas lembrar que ele já é degradado".

Se entendermos a reflexão de Orwell como descritiva do que sempre se faz com piadas, ou seja, se pensarmos que ele diz que as piadas, de fato, nunca degradam o ser humano, há contradição com o que Devos disse, uma vez que este admite que o humor pode degradar seu objeto. Mas seria estranho o romancista negar o fato de que há, sim, piadas que degradam seu objeto, como, por exemplo, esta sobre negros: "Por que caixão de preto tem duas alças? Você já viu lata de lixo com quatro alças?". O que Orwell certamente quis dizer é que o *objetivo* de uma piada *deveria* ser a de mostrar o que é degradado, e não o contrário. E, nesse caso, há concordância entre ele e Devos e também com o que escrevi nos parágrafos anteriores.

Mas qual a diferença entre *degradar* e mostrar o que já é *degradado*? Não são termos técnicos, mas podemos interpretar o que disse Orwell da seguinte maneira.

Mostrar o que já é *degradado* é fazer uma crítica a algum aspecto humano reconhecido como *negativo*: por exemplo, falta de inteligência, vaidade, avareza, ingratidão, ganância, incompetência etc. Do ponto de vista da forma, podemos retomar uma classificação que adotamos no capítulo anterior: tal humor procura fazer *rir de um mundo cruel* – cruel, no caso, por ser habitado por pessoas que apresentam vícios e defeitos.

Degradar pode ser entendido como destruição simbólica de um ser humano ou de um grupo. A "piada" de negro que acabo de transcrever é um bom exemplo de destruição desse tipo. Podemos dizer que esse tipo de humor procura fazer *rir cruelmente do mundo*.

Isso posto, perguntemo-nos então se há grupos sobre os quais recaem mais um ou outro tipo de humor. Ora, a resposta parece-me clara: grupos que correspondem ao que Devos chamou de valores sólidos costumam ser objeto do humor que faz *rir de um mundo cruel*, e aqueles que correspondem a valores não sólidos, pois estigmatizados socialmente, costumam ser objeto do humor que procura fazer *rir cruelmente do mundo*.

Comecemos pelos grupos que correspondem a valores sólidos. No caso das diferentes profissões, vimos que raramente são alvos do humor de zombaria. E quando o são, a piada escolhe algum aspecto verossímil para aplicar a sua crítica: por exemplo, a sempre possível incompetência do médico, o exagerado apelo a modelos teóricos entre os economistas, a dificuldade de se identificar o que significa a arte contemporânea etc. No caso das loiras, elas são apenas pretextos para zombarias sobre a falta de inteligência. Mesma coisa pode ser dita das piadas que têm como alvo grupos de diferentes nacionalidades: percebe-se que eles são escolhidos para "representar" um tipo de defeito específico: no Brasil, portugueses para a burrice ou a ingenuidade, argentinos para a vaidade, judeus para a avareza, e assim por diante. Rimos mais de defeitos humanos do que de características singulares de determinados grupos.

Passemos agora aos grupos que não podem ser considerados representantes de valores sólidos por serem frequentemente alvo de preconceito social, começando pelo grupo que certamente mais tem sido alvo de desvalorização: os negros. Eis algumas "piadas" feitas a seu respeito:

Qual a semelhança entre um carro com o pneu furado e uma crioula grávida? Os dois estão esperando um macaco.

Por que é que preto gosta de boxe? Porque tem um assalto a cada três minutos.

Quando preto sobe na vida? Quando explode o barraco.

Qual a diferença entre o câncer e um crioulo? O câncer evolui.

200 | Papirus Editora

Por que na África não existem cartomantes? Porque negro não tem futuro.

Quando preto é gente? Quando tá no banheiro! Alguém bate na porta e ele responde "tem gente".

Quando preto é bonito? Quando vai preso. O delegado olha para o Boletim de Ocorrência e comenta: "Muito bonito, hein!".

O que você fala a um homem negro vestindo uniforme? "Digo que quero um Big Mac e uma Coca-Cola".

Por que todos os negros migram para Detroit? Porque ouviram falar que não há emprego por lá.

As "piadas" que acabo de transcrever foram compiladas por um ex-orientando meu, Fernando Marques de Melo (Instituto de Psicologia, USP) para seu trabalho de pesquisa de Iniciação Científica que incidiu sobre a relação entre riso e preconceito. Como se percebe, nessas zombarias, os negros são associados a variados defeitos e vícios, e não a apenas um ou outro, como costuma acontecer quando grupos de nacionalidades diferentes são eleitos para deles se fazerem piadas. Na primeira zombaria, o negro é um animal; na segunda, é ladrão; na terceira, na quarta e na quinta é um "perdedor" nato; na sexta, ele não é gente; na sétima, é feio etc. Mais ainda: os negros não são um pretexto para se zombar da preguiça, da pobreza, da feiúra, da marginalidade etc. É exatamente o contrário que acontece, pois tais características, colocadas como indissociáveis desse grupo, são apresentadas para ridicularizar os negros. Escreveu com razão Fernando Marques de Melo, no seu relatório de pesquisa, após analisar as zombarias sobre negros: "Todos os conceitos remetem à tentativa desmesurada de, por um lado, destituir tal população da condição de humano ou, por outro, destituí-los de dignidade (...). O negro é nitidamente arrastado para um patamar animalesco ou coisificado". É a destruição simbólica à qual me referi.

Ora, esse mesmo fenômeno, embora em menor escala, pode ser encontrado em zombarias que têm como objeto outros grupos que padecem de forte preconceito social. Vejamos alguns exemplos, começando por esta "piada" dedicada às mulheres consideradas feias: "Por que Deus inventou o álcool? Para que as mulheres feias possam transar". As mulheres gordas, e logo também consideradas feias, são objeto de várias "piadas" do quilate das que transcrevo abaixo:

Sua mãe é tão gorda que, quando ela nasceu, tiveram que cortá-la no meio para fazê-la sair.

Sua mãe é tão gorda que, quando ela cai da cama, é dos dois lados ao mesmo tempo.

Sua mãe é tão gorda que sua cintura é o Equador.

A próxima é dedicada a todas as mulheres: "Como saber se sua mulher morreu? Você continua fazendo sexo como antes, mas a louça suja vira uma pilha".

Passemos agora às "piadas" sobre homossexuais, grupo identificado como ainda socialmente fraco e, logo, alvo de preconceitos:

Como podemos fazer sentar quatro pederastas numa só cadeira? Virando a cadeira de ponta-cabeça.

Dois pederastas brincam de esconde-esconde e aquele que corre para se esconder diz: "se você me achar, você me enraba, e se não achar, estou dentro do armário".

Nos dois exemplos, os homossexuais são apresentados como "tarados", e fica claro que não são pretexto para se zombar da tara sexual dos homens em geral.

Para finalizar os exemplos, cito o povo judeu, povo este que pode ser visto hoje como valor sólido, pois bem integrado na sociedade ocidental, mas também como valor fraco, em razão da triste e longa história do antissemitismo. Ora, como esperado, tal povo é tanto alvo de piadas espirituosas quanto de "piadas" que visam fazer rir cruelmente de seu destino.

Eis um exemplo do primeiro tipo:

Um homem pergunta a um judeu se ele poderia levá-lo no seu barco até a outra margem do rio. Ele responde que sim e lhe diz o preço da travessia. O preço é muito alto.

— Que preço absurdo! — responde o homem.

— Mas foi nesse rio que Cristo andou sobre as águas!

— Não fico surpreso. Com o preço que vocês cobram!

Eis três exemplos do segundo tipo, claramente antissemitas, em razão do júbilo decorrente do sofrimento dos judeus durante o nazismo:

Por que os chuveiros de Auschwitz têm 11 furos? Porque, com os dedos, somente se podem tapar 10 buracos.

Por que os judeus pediram dinheiro aos suíços? Para pagar a conta de gás.

Qual a diferença entre um judeu e uma *pizza*? O tempo de cozimento.

Como se percebe, as três "piadas" que acabo de transcrever não deixam de degradar o povo judeu, pois, ao negar seu sofrimento, é-lhes retirada sua condição de humano, para retomar a expressão de Fernando Marques de Melo. E como a grande maioria das "piadas" que visa zombar cruelmente do povo judeu faz referência ao holocausto, voltarei a elas no final no capítulo, quando falar do delicado tema do direito de rir, ou não, de tragédias.

Humor e tristeza | 203

Voltemos então ao tema do direito de rir quando as zombarias incidem sobre grupos. Quando os grupos correspondem a valores sólidos, não vejo necessidade de restrição do direito de rir. Em compensação, quando correspondem a pessoas vítimas de preconceitos sociais, não reconheço legitimidade ao referido direito, porque, como o diz Devos, a zombaria é mais uma forte arma que os "ameaça de morte". E tal ameaça fica ainda mais clara se compararmos as formas de humor destinadas aos grupos sólidos e aos grupos frágeis: a estes últimos são frequentemente destinadas zombarias que "degradam o ser humano", para retomar a expressão de Orwell, ao passo que aos primeiros são destinadas piadas que mostram o que "já é degradado". Com efeito, é raro encontrar uma piada que nos faça rir de um mundo cruel quando se trata de grupos fracos: praticamente só encontramos zombarias que visam nos fazer rir cruelmente do mundo — no caso, rir cruelmente de certas pessoas e grupos.[22] Ou seja, *a própria forma de zombaria escolhida testemunha o preconceito, o desprezo, a destruição simbólica*

---

22. Emprego o advérbio *praticamente*, porque também há, é obvio, formas outras de humor que tomam grupos que são alvo de preconceitos como objeto de zombaria. Temos, por exemplo, o esquete *Negro, eu?* apresentado pela TV Pirata, que nada tem de degradante para a população negra: coloca o embate entre assumir, ou não, a própria negritude – o que é, sabe-se, um problema para muitas pessoas. O esquete acaba com essa fala: "chegou a hora dessa gente bronzeada mostrar seu valor". Tomemos outro exemplo (achado por meu ex-orientando Melo), provavelmente criado pelos próprios negros para zombar de sua triste condição:

"Um garoto negro pinta o rosto de branco e vai mostrar ao pai:
– Olha, pai, agora sou um menino branco!
– Deixa de ser ridículo – diz o pai, e lhe dá um puxão de orelha. Ele sai gritando e vai mostrar para a mãe:
– Mãe, olhe! Agora sou branco!
– Você não tem senso de ridículo não, menino – diz a mãe, que lhe dá um bom tapa. Ele sai aos pulos, e vai falar com o tio:
– Tio, tio... agora eu estou branco, olhe...
– Larga de ser besta, moleque – esbraveja o tio, que lhe dá um pontapé.
O garoto sai de lá reclamando...

que a inspira. Ora, não há como legitimar o direito de ter preconceitos, de desprezar e de destruir simbolicamente. Logo, não há como legitimar o direito de rir cruelmente de grupos e pessoas que não somente já padecem de marginalização social, como a veem reforçada e ampliada pelo humor.

Mas um leitor poderá aqui perguntar: *Merecem o nome de humor as zombarias que pretendem nos fazer rir cruelmente do mundo? Merecem o título de humoristas as pessoas que têm tal pretensão?* Na introdução do presente capítulo, anunciei que o juízo sobre a *qualidade* do humor frequentemente passa pela dimensão moral. Prometi voltar ao tema e vou fazê-lo agora.

Defini o humor como uma obra que desencadeia o riso. Para alguns, o fato de as pessoas rirem de uma fala é suficiente como prova de que é ela é humorística, o que é empiricamente incontestável. Há pessoas que riem das "piadas" de negros que transcrevi? Sim, e certamente não são poucas. De maneira mais geral, há pessoas que riem das reflexões que visam nos fazer rir cruelmente do mundo e que operam uma destruição simbólica de seu objeto? Há, e muitas, pelo jeito, uma vez que em *sites* e livros elas são colocadas como exemplos de piadas hilariantes. Logo, essas pessoas que riem responderiam a meu suposto leitor que se trata de humor, sim, pois o único critério a ser adotado para separar o que é humor do que não é seria *o riso dos outros.*

Do argumento que acabo de lembrar decorre, em boa lógica, que uma fala que não desencadeie o riso em determinada pessoa não é, para ela, humor. Com efeito, se o único critério que temos para identificar o

---

— Não faz nem dez minutos que eu virei branco e já estou com uma bruta raiva destes pretos!".

Interessantemente, enquanto na piada que acabo de transcrever a família negra castiga o menino que quer se fazer passar por branco, no esquete da TV Pirata, os pais negros não querem assumir a negritude (disponível na internet: http://www.youtube. com/watch?v=KSmR41_tbq0). A despeito dessa diferença, nos dois exemplos, ri-se do mundo cruel, e não o contrário.

que é humor é a presença do riso, devemos admitir que ele está sujeito à subjetividade pessoal. Mas que elementos compõem tal subjetividade?

Um elemento é certamente a avaliação do aspecto técnico da fala que pretende desencadear o riso. Por exemplo, um procedimento clássico para se fazer humor é o de criar uma surpresa e explicitar um sentido não previsto no início da fala. Se tal não ocorrer ou se a esperada surpresa desapontar o ouvinte, não haverá riso. Tomemos o exemplo da "piada" de negro já apresentada: "O que você fala a um homem negro vestindo uniforme? 'Digo que quero um Big Mac e uma Coca-Cola!'". O elemento-surpresa está presente, pois o início da fala faz o ouvinte pensar em alguma autoridade policial ou militar, pensamento este que é subitamente negado pela referência a outra função do uniforme. Logo, tecnicamente falando, a "piada" segue um procedimento básico comum a muitas obras de humor.

Mas, mesmo assim, haverá pessoas que, apesar de identificar seu aspecto técnico, não rirão dessa fala. Por quê?

Não vejo outra resposta senão a de afirmar que o outro elemento subjetivo presente na avaliação do que merece ou não o nome de humor é o *juízo moral*. Como pessoa pertencente ao grupo que é alvo da fala, não rirá aquela que identifica algo que a destrói simbolicamente, algo que não somente fere sua dignidade como parece ser dito justamente para feri-la. E será esse mesmo critério que não fará rir alguém que, embora não pertença a tal grupo, com ele se solidariza em nome da justiça e da dignidade. Esse alguém simplesmente *não terá vontade alguma de rir* e, na prática, *não legitimará para si o direito de rir*.

E merece o nome de humorista quem criou as falas sobre negros, mulheres feias, homossexuais, sobre o holocausto, entre outros temas, que apresentei? Creio ser legítimo balizar, como eu o fiz, o direito de fazer rir e de rir, mas não vou me arvorar outro direito: o de decidir quem é humorista e quem não é. Vou me limitar a lembrar que, no capítulo dedicado à relação entre humor e tristeza, concordei com os autores que

206 | Papirus Editora

afirmam que os humoristas de talento sentem apego e ternura pelos alvos de seu trabalho. Ora, será *amoroso* e *terno* alguém que faz rir cruelmente do mundo? Deixo ao leitor a resposta. De minha parte, penso que seria correto modificar um pouco a reflexão de Marcel Pagnol citada no final do capítulo anterior – "diga-me do que ris, e te direi quem és" – para: "Diga-me do que procuras fazer rir, e te direi que tipo de humorista és". Com efeito, colocar nomes como Chaplin, Quino, Chico Buarque, Brassens, Tati, Twain e vários outros na mesma categoria que aqueles que se limitam à solução simplória de apelar cruelmente para preconceitos para fazer rir uma suspeita plateia é prestar um desserviço a esta sofisticada criação humana chamada humor. Aliás, como veremos agora, mais sofisticado é o humor, mais corrosivo e, logo, mais perigoso pode ser seu poder de crítica, o que levanta outra dimensão do direito de rir que pode assim ser colocada: Temos o direito de fazer rir e de rir de certas personalidades públicas, de certas instituições e de certos valores caros à sociedade ou a uma parte dela? Fazê-lo não seria uma insolência?

Humor e insolência

Vou encetar a reflexão sobre humor e insolência referindo-me a uma das inspirações mais frequentes do humor, a saber, a escolha de uma pessoa conhecida do grande público para dela zombar. Tais zombarias são feitas por intermédio de piadas, de imitações, de charges, de esquetes e de caricaturas.

Vamos conhecer alguns exemplos, começando por duas zombarias que tomaram o pintor Pablo Picasso por alvo: "Pablo Picasso foi atropelado por um motorista do qual ele fez um retrato falado que permitiu à polícia prender três suspeitos: um padre, a Torre Eiffel e um televisor". A piada que acabo de citar é de autor anônimo, mas esta outra é atribuída ao compositor Igor Stravinsky: "Eu fui acusado de sair da Alemanha com um mapa de fortificações. Mas, na verdade, era o meu retrato feito por Picasso". Conan O'Brien zombou de um grande compositor americano: "Quando Bob Dylan cantou para ele, o papa disse: 'Eu falo mais de oito idiomas, mas não entendi nada'".

Um objeto preferencial de muitos humoristas são os políticos. Eis uma piada francesa que tem como objeto o general Charles de Gaulle:

> Malraux[23] leva o presidente Charles de Gaulle e sua esposa para visitar o museu do Louvre. Ele lhes apresenta os quadros: Leonardo da Vinci, Watteau, Fragonard e outros mais. A esposa de De Gaulle, entusiasmada pelas obras, diz a seu marido:
>
> – Como seria bom termos quadros como estes em casa!
>
> Então De Gaulle responde:
>
> – Yvonne! Quando você acha que terei tempo para pintar?

Vejamos uma sobre o ex-presidente Luiz Inácio Lula da Silva:

> O presidente Lula chama a sua secretária e diz:
>
> – Por favor, marque uma reunião para sexta-feira.
>
> – Presidente, sexta é com "s" ou com "x"? – pergunta a secretária.
>
> O presidente pensa um pouco e responde:
>
> – Marque para quinta.[24]

No capítulo anterior, eu já havia citado a personagem Salomé, criada por Chico Anysio, para zombar do então presidente do Brasil, João Baptista Figueiredo, assim como os programas de televisão *Casseta & Planeta*,

---

23. André Malraux foi um escritor francês que atuou como ministro da Cultura quando da presidência de Charles de Gaulle.

24. Esta piada é certamente inspirada noutra que tinha o ex-presidente do Corinthians, Vicente Matheus, como objeto: ele pede à sua secretária que faça um cheque de sessenta mil cruzeiros e, quando ela lhe pergunta se sessenta se escreve com "ss" ou com "c", ele responde: "Faça dois de trinta".

no Brasil, e *Le Bêbête show*, na França, que têm políticos como principais alvos de suas imitações e piadas. Nos dias de hoje, temos, por exemplo, os textos de José Simão, humorista que zomba de tudo e de todos, e que acabou criando o apelido de *picolé de chuchu* para o governador do estado de São Paulo, Geraldo Alckim, apelido este que "colou" ao "tucano". É dele também as expressões *tucanês* para se referir ao jeito empolado de falar dos políticos do PSDB e *lulês* para definições que sugerem a falta de cultura do inspirador do nome.

Isso posto, a questão do direito de rir de celebridades se coloca de duas formas diferentes.

A primeira é idêntica àquela que analisei quando da zombaria sobre grupos. Se houver tentativa de destruição simbólica da pessoa concernida, se houver ataque à sua dignidade, não há como justificar moralmente o humor. Porém, isso não é frequente. Na maioria das obras de humor que tem figuras públicas como alvo, predomina a crítica a aspectos peculiares dessas pessoas – como, por exemplo, o orgulho para De Gaulle, a falta de estudo para Lula, o pedantismo para os políticos do PSDB, a longevidade e o excesso de posses e poder para José Sarney, e assim por diante. Há também as formas de humor que incidem sobre momentos políticos por elas vividos como, por exemplo, a charge de Nani na qual o presidente dos Estados Unidos, Barack Obama, sentado num divã de psicanalista diz "Ouço vozes!", em referência às denúncias de espionagem que, em 2013, foram dirigidas a esse país.[25] Evidentemente há exceções, pois sempre existem pessoas que veem, no que chamam de humor, uma forma de agredir cruelmente seus desafetos. Dou apenas um exemplo: uma charge que mostra Nicolas Sarkozy com um preservativo na cabeça acompanhado da frase "o homem com a cabeça de pinto". No mesmo *site* que mostra essa charge há outras de igual calibre, mas nada que trate daquilo que costuma ser objeto

---

25. Charge descrita por José Simão na *Folha de S.Paulo* (20 de outubro de 2013).

de humor quando se fala do ex-presidente da França (sua fome de poder, por exemplo). Mas tal não é a regra. Afinal, celebridades costumam ser valores sólidos, para reempregar a expressão de Devos.

A segunda forma de se pensar o direito de rir é bem diferente, e, como sugerido, chega a inverter a relação até agora percebida entre aceitação do humor e sua qualidade: *melhor a piada, menos teríamos o direito de rir.*

Vou introduzi-la por intermédio da lembrança de uma lei brasileira (lei 9.504, de 1997) recentemente suspensa, que veda, cito, "trucagem, montagem ou outro recurso de áudio ou vídeo que, de qualquer forma, degradem ou ridicularizem candidato, partido ou coligação". Dito de forma mais simples, a lei proíbe toda e qualquer forma pública de humor que, em época de eleição, tenha candidatos ou partidos como alvo. Ou seja, em época de eleição, não teríamos o direito (jurídico) de fazer rir e de rir de figuras políticas empenhadas no pleito. Por quê? Ora, a razão é simples de ser percebida: o humor é reconhecido como eficaz arma de crítica e, logo, é reconhecido como algo que pode influenciar os eleitores. Curiosamente, no texto da lei reencontramos dois termos que empregamos acima: degradar e ridicularizar. Ou seja, reencontramos o que chamei de rir cruelmente do mundo (degradar) e rir de um mundo cruel (ridicularizar). Se podemos aceitar sem maiores problemas o veto à degradação (e não se vê porque seria apenas em momentos de eleições), em compensação, é problemático o veto à ridicularização, pois ele implica que não podemos fazer piadas, por melhores que sejam, de políticos que procuram ser eleitos. Mais ainda: "piadas" que degradam um candidato apenas fazem rir as pessoas que já o desvalorizam e que, portanto, não teriam influência no pleito. Em compensação, as piadas que merecem esse nome, aquelas que destacam com engenhosidade algum aspecto risível de um ou outro candidato, podem fazer rir e, talvez (apenas talvez), influenciar quem tinha anteriormente a intenção de nele votar. Ora, é certamente esse "perigo" que a lei visa evitar. Mas fica a pergunta: Se temos o direito de criticar os candidatos por meio

210 | Papirus Editora

de variados discursos, não raramente violentos, por que não teríamos o mesmo direito quando a expressão da crítica é humorística?

Mas deixemos de lado essa lei, que me serviu apenas como introdução a um tema maior, a saber, *a problematização do direito de rir quando ele incide sobre pessoas, vivas ou mortas, que representam instituições e valores sociais, e também quando ele incide diretamente sobre tais instituições e valores*. No caso da lei brasileira acima citada, o alvo da proteção ainda são pessoas de carne e osso em busca de mandatos. Mas há quem julga que fazer rir ou rir de políticos corresponde a uma *indevida desvalorização das instituições políticas*. E o que acabo de escrever pode ser generalizado para qualquer instituição, qualquer valor. Devemos aqui lembrar as instituições religiosas. Na introdução do presente capítulo, falei da celeuma criada pelas charges publicadas num jornal dinamarquês que tinham o profeta da religião muçulmana como foco. É provável que muitos muçulmanos, por motivos morais, tenham achado que aquilo não era humor. Mas é também provável que outros tenham reconhecido valor humorístico em algumas charges e que tenham até, contra a sua própria vontade, rido, mas isso não afetou sua posição: ninguém tem o direito de rir dos representantes de Deus, pois tal riso é *inaceitável insolência*.

Portanto, o que devemos analisar agora não é mais a relação entre moral e qualidade do humor, mas sim, mesmo quando o humor é reconhecidamente espirituoso, refletir sobre o direito de rir de certos valores profundamente enraizados na sociedade. E, repito-o, mais espirituoso é o humor, mais forte é a crítica que ele contém[26] e, logo, mais problemático seria o direito de fazer rir e de rir.

---

26. Em 2012, o jornal francês *Charlie Hebdo* resolveu também publicar algumas charges sobre Maomé. Diferentemente daquelas publicadas pelo jornal dinamarquês, as charges francesas tinham a clara intenção de degradar a imagem do profeta. Em outras palavras, eram muito mais agressivas que espirituosas. Ora, embora também tenham sido alvo de reclamações por parte de fiéis da religião muçulmana, sua repercussão foi muito menor que a dos desenhos do *Jyllands-Posten*, prova, creio, de que mais o humor é bom, mais ele é potente e mais realmente incomoda.

Insolência

Ao tratar do direito de rir quando do chamado riso negativo, eu havia prometido falar de um de seus casos: o riso insolente. É chegado o momento. Mas, afinal, o que realmente é a *insolência*? Já adianto que não se trata de um conceito simples de ser definido. Vamos então por etapas.

Falta de respeito: essa é a definição primeira que os dicionários costumam dar à palavra *insolência*. Tal falta de respeito pode se expressar por palavras (insultos, por exemplo), mas também por gestos (obscenos, por exemplo), por olhares (fala-se em *olhar insolente*) e também, como o vimos, pelo simples fato de rir.[27] Se ficarmos apenas com essa definição de insolência, e se nos limitarmos a definir o respeito como reconhecimento da dignidade inerente a todas as pessoas, o direito ao *riso insolente* não é legítimo. Porém, tanto o uso da palavra *insolência* quanto a extensão a que se aplica o conceito de respeito devem nos levar mais longe.

No capítulo anterior, notei que a palavra *insolência* é mais frequentemente empregada para se referir ao polo inferior de uma hierarquia: dir-se-á, por exemplo, que um aluno foi insolente com o seu professor, e mais raramente que o professor foi insolente com o seu aluno. Se a insolência do polo inferior de uma hierarquia se expressar como desrespeito à dignidade da pessoa que ocupa o polo superior (por exemplo, um aluno insultar seu professor ou ficar gratuitamente dele rindo), o direito à insolência é negado. Porém, é preciso atentar para o fato de que também se fala em insolência quando não é a pessoa hierarquicamente superior em si que é visada, *mas sim a sua função, o seu lugar de autoridade*. Por exemplo, um policial poderá considerar uma insolência o simples fato de a pessoa que ele para na rua lhe perguntar em nome de que lei ele age, e isso por mais bem educada que seja a forma de perguntar. Outro exemplo: um professor

---

27. No idioma francês, existe o verbo *ricaner* que significa *rir com desprezo* e que se aplica frequentemente ao riso insolente.

poderá achar que é insolente um aluno que *ousa* lhe dizer, mesmo que educadamente, que não responderá à sua pergunta ou que não entregará o trabalho exigido. A "falta de respeito" nesses casos nada tem de moral: é, como toda forma de desrespeito, *ausência de consideração*, não pela pessoa em si, mas sim pelo que ela representa.

É legítima essa forma de insolência que não reconhece a legitimidade de uma instituição e, portanto, não reconhece a autoridade de quem a representa? Depende, por um lado, da razão pela qual se é insolente e, por outro, da forma pela qual a insolência se manifesta.

Comecemos falando da razão da atitude insolente. Por exemplo, se um aluno que é ligado ao tráfico de drogas e que valoriza a violência se mostrar insolente com seus professores por negar todo e qualquer valor às instituições sociais, será difícil dar razão à sua atitude, a não ser que coloquemos como moralmente legítima a existência do chamado mundo do crime, cujos membros desprezam tudo e todos que não sejam ligados a ele. Mas imaginemos que um aluno se mostre insolente com seus professores por julgar que a instituição escolar na qual se encontra é de péssima qualidade, demonstrando, assim, desprezo para com seus alunos. Nesse caso, podemos dizer que sua insolência tem justificativa válida. O mesmo pode ser dito de um cidadão que "desacata" alguma autoridade por julgar que ela representa um poder burocrático, autoritário e injusto. Em suma, seria grande erro pensar que a insolência é necessariamente negativa. Pelo contrário até: ela é frequentemente justificada.

Porém, a forma de se mostrar insolente também deve ser levada em conta. Como escrevi antes, se a forma escolhida para demonstrar a insolência se expressar como desrespeito à dignidade da pessoa, não há como aceitá-la, e, por essa razão, nos exemplos que acima dei, fiz questão de sublinhar que a insolência pode ser "educada": ela será mesmo assim interpretada como insolência pela figura de autoridade (mas esta não terá legitimidade para dizer que a sua pessoa foi moralmente desrespeitada).

Antes de voltarmos ao riso, falta ainda falarmos de uma situação hierárquica na qual a insolência pode se manifestar: o abuso pessoal de poder, e, logo, a injustiça. Permaneçamos no mundo da educação e imaginemos um professor que age de forma injusta com um de seus alunos dando-lhe sistematicamente notas baixas injustificadas. Nesse caso, esse docente perderá legitimidade aos olhos de seu aluno, não porque a instituição de ensino seja ruim, mas porque ele mesmo age de forma errada. Em resposta a essa atitude de seu "algoz", o aluno poderá dar mostras de que não o legitima como autoridade, fato que certamente será sentido como insolência pelo referido professor. Tal forma de insolência é, evidentemente, justificada, contanto que sua expressão não fira a dignidade alheia (do contrário estaremos na "lei do talião" – olho por olho, dente por dente –; estaremos, portanto, no primitivismo moral).

Em situações hierárquicas, como as que acabamos de ver, a insolência pode se manifestar de várias formas. Uma delas é o riso, visto como negativo, pois a pessoa insolente encontra-se desconfortável por estar em posição de inferioridade, seja porque submetida às leis de uma instituição, seja porque vítima de alguma injustiça vinda de um indivíduo que detém alguma forma de poder. Tem ela o direito de rir? Tem o direito de rir insolentemente na cara de seu algoz um preso submetido a violências? Tem o direito de sorrir insolentemente o aluno que recebe uma nota injusta ou uma advertência injustificada? Tem o direito de rir na cara dos professores um aluno que percebe que não se esforçam para garantir um ensino digno desse nome? Nos exemplos que acabo de dar, penso que sim, pois as razões da insolência são justificadas. Mas se não o forem, a insolência será gratuita e, logo, o direito de rir será negado.

Um leitor poderá dizer aqui que o riso insolente fere a dignidade da pessoa dele objeto, mesmo que esse riso seja dirigido mais ao que ela representa do que a ela mesma e, coerentemente com o que escrevi acima, deveria ser então condenado.

A essa ressalva eu responderia duas coisas. A primeira: diferentemente do riso de zombaria, no riso de insolência advindo de uma situação de inferioridade não se ri *da* pessoa, mas sim *para* a pessoa. É uma forma de resgatar um semblante de sentimento de superioridade. É claro que o riso insolente visa ferir a suscetibilidade da pessoa-alvo, não ridicularizando-a, mas sim destituindo-a simbolicamente de autoridade ou de poder. Logo, não vejo em que medida a dignidade alheia estaria em jogo. Aliás, é frequentemente o contrário que acontece: é a dignidade do insolente que está em jogo, a qual ele procura resgatar. A segunda coisa que eu responderia é a seguinte: o principal problema do riso insolente é sua *fraqueza*. Com efeito, como já foi dito, há várias formas de se mostrar insolente. A mais básica é a simples desobediência às ordens vindas do polo hierarquicamente superior. Já dei o exemplo do aluno que se recusa a responder a seu professor ou a lhe entregar trabalhos por ele exigidos. O simples silêncio pode ter efeito insolente. Outra forma de insolência pode ser uma postura verbal assertiva: dizer claramente as razões pelas quais não se acatam as "ordens superiores". Há outras mais, como, por exemplo, a conhecida e espirituosa fala de um aluno que, depois de ter pedido várias vezes a seu professor que lhe explicasse determinado ponto da matéria e este tendo sempre repetido, palavra por palavra, a mesma explicação, então observa: "Eu não disse que não estava escutando o que senhor falou; disse que não estava entendendo". Tal resposta certamente terá sido interpretada pelo referido professor como insolência. E é humor!

Sim, o humor, em algumas de suas formas, também pode ser interpretado como insolência, e não apenas em situações hierárquicas.[28] Prossigamos, portanto.

---

28. Notemos aqui que a palavra *insolência* pode ser empregada em situações que implicam assimetria, sem que tal assimetria se deva necessariamente a uma clara intenção de destaque. É, por exemplo, o caso quando se fala na *insolência da riqueza*, a qual se traduz pelos sinais exteriores que sublinham a clara diferença de nível econômico (conta-se que o rei francês Luís XIV mandou seu superintendente Fouquet para a prisão apenas

Humor e tristeza | 215

Já vimos que a definição primeira de insolência é a de falta de respeito. Tal falta de respeito pode ser entendida moralmente, mas também, de forma mais ampla, como *falta de consideração*, ou seja, como negação de atribuição de valor. Vimos exemplos de falta de consideração de polos hierarquicamente inferiores em relação àqueles hierarquicamente superiores, a qual pode dar lugar ao riso (reação fraca) e também a falas espirituosas (reação mais sofisticada e, logo, mais poderosa). Porém, há situações nas quais não há hierarquia em jogo, mas, mesmo assim, há desvalorização de certas pessoas que representam instituições, de certas instituições elas mesmas, de certos costumes etc. Tal falta de consideração ou desvalorização merece o nome de insolência? Creio que sim, pois o conceito de insolência pode recobrir um extenso campo de comportamentos, o que permite a um autor como Michel Meyer (1995, p. 9) propor a sua própria definição: "Sair da fila, eis o que é a insolência; mostrar o seu próprio ser, mostrar uma diferença, no início apenas insólita, antes que ela se torne um insulto para todos os outros que aceitam as normas feitas para eles". Ou seja, a insolência é "não fazer como os outros" (*ibidem*, p. 13).

A definição proposta por Meyer deve nos fazer lembrar do que escrevi a respeito dos humoristas no final do capítulo anterior. O leitor deve recordar que, inspirado em Gary e Camus, escolhi o conceito de *estrangeiro* para caracterizá-los: eles são observadores, inteligentes (no sentido de estabelecerem relações variadas e frequentemente inusitadas entre os fatos que observam) e, como decorrência das duas primeiras características, são acometidos por um sentimento de "estranhamento", pois não enxergam as coisas do mundo e da vida como a maioria costuma fazê-lo, não aderem

---

porque este, talvez ingenuamente, não escondia nem um pouco sua imensa fortuna – construiu para si um castelo –, fato que o Rei Sol interpretou como insolência). Outro exemplo semelhante: fala-se na *insolência da genialidade* para sublinhar o quanto a grande capacidade intelectual ou criativa de algumas pessoas pode ser sentida como ofensiva pelas demais pelo simples fato de os referidos gênios exercerem natural- mente seu talento.

espontaneamente aos valores dominantes – em síntese, não estão presos a pautas culturais que determinam a vida da maioria. Ora, serão eles vistos como insolentes? Certamente sim, pelo menos por alguns. A própria personagem de Meursault no romance O *estrangeiro*, de Camus, é considerada insolente por aqueles que devem julgar seu crime. "Falaram mais de mim do que do meu crime!" – espanta-se ele. Com efeito, o que vai pesar para sua condenação à pena capital não é tanto seu crime (ele matou um homem), mas sim atitudes dele durante sua vida, atitudes estas que mostram que *ele não faz como os outros*, que contrariam aquelas esperadas e valorizadas pela sociedade. O promotor lembra, por exemplo, que Meursault não chorou no dia do enterro de sua mãe, e que, logo após a morte dela, começou uma relação amorosa e levou a nova amante para ver uma comédia no cinema. Embora o promotor não empregue a palavra *insolência*, fica claro que, para ele, as atitudes de Meursault são provas cabais de que ele tem total falta de consideração para com valores caros à sociedade. Para ele, o coração de Meursault "é um abismo no qual a sociedade pode sucumbir". Já durante a instrução do processo, o juiz, percebendo que o que ele diz ao "estrangeiro" não tem nenhum efeito sobre este, havia-lhe perguntado: "O senhor quer que a minha vida não tenha sentido?".

Ora, certas formas de humor podem ter efeito parecido àquele que Meursault causou naqueles que o julgaram e condenaram. Quando grupos são escolhidos como pretextos para se zombar de defeitos humanos, o efeito insolente é praticamente nulo, pois não há real falta de consideração para com os grupos escolhidos, a não ser que, como vimos, a "piada" expresse degradação. Mais ainda: quando são feitas zombarias a respeito da falta de inteligência, da avareza, da vaidade etc., criticam-se humoristicamente defeitos humanos pelos quais ninguém costuma ter respeito no sentido amplo do termo (demonstrar consideração).

Em compensação, quando se faz humor sobre políticos, costumes sociais, instituições, representantes religiosos ou temas similares, há quem tenha grande consideração por tais pessoas, costumes e instituições, e, portanto, entenda o humor que os toma por objeto como insolência. E, é claro, quem vê aí insolência tende a negar o direito de rir e de fazer rir.

Mas será legitima tal negação do direito de rir? Para responder a essa pergunta, vejo três critérios a ser pensados. Os dois primeiros já foram apresentados quando tratei do humor que recai sobre grupos sociais: a degradação simbólica e a força social do alvo do humor. O terceiro será a crítica social.

Como a degradação simbólica de quem quer que seja é moralmente condenável, não precisamos voltar a ela. Fiquemos, portanto, apenas com as formas de humor que realmente merecem esse nome. Em compensação, a força social do objeto de zombaria pode ter relevância em certos casos de humor que têm como alvo pessoas, instituições e costumes. Já a crítica social tem relevância em todos os casos.

Vou procurar expor minha reflexão mediante exemplos, por assim dizer, clássicos de humor, os quais têm como objeto personalidades públicas, instituições e costumes, começando pelos políticos.

Políticos

Escolher ser político é forçosamente escolher ser virtual objeto de zombaria. É escolher ter a voz, os gestos e trejeitos imitados, é escolher ser alvo de piadas, charges e caricaturas. Pode-se até dizer que, além de escolher, é *desejar* ser objeto de humor: com efeito, mais conhecido é o político, fato que costuma ser prova de uma carreira bem-sucedida, mais objeto de humor ele é. Vale para eles a letra de Ataulfo Alves:

Fale mal
Mas fale de mim
Não faz mal

Quero mesmo assim

Você faz cartaz para mim

O despeito seu

Me põe no apogeu.

Todavia o *apogeu* a que se refere o compositor pode ser mal vivido por certos políticos objetos de zombarias, de imitações, de charges e caricaturas. Há alguns para os quais o humor até pode massagear o ego, como era o caso do ex-presidente francês Charles de Gaulle, que costumava ser apresentado nas piadas como orgulhoso e poderoso. Mas certamente Geraldo Alckmin não terá ficado muito alegre de ser apelidado de *picolé de chuchu*, o marechal Costa e Silva de ser considerado privado de inteligência, Lula de ser constantemente associado à falta de cultura e George W. Bush de ser visto como totalmente incompetente. Terá este último apreciado a charge na qual se vê seu pai (que também foi presidente dos Estados Unidos) lhe dizer: "Filho, você está cometendo no Iraque o mesmo erro que eu cometi com a sua mãe: não me retirei a tempo"?

Mas, apreciando ou não, os políticos não podem se queixar de serem objeto de humor: não somente escolheram ser figuras públicas com alto nível de exposição, como frequentemente têm em suas mãos o destino de milhões de pessoas. É, portanto, normal e legítimo que sejam objeto de avaliações e críticas que recaem sobre a aparência física, os defeitos e as decisões deles. Uma vez que o humor é uma das formas de se fazerem críticas, não vejo, então, razão para negar o direito de se rir deles.

E são o que Devos chamou de valores sólidos? A resposta é quase sempre positiva. São, diga-se de passagem, às vezes valores sólidos demais! Porém, nem sempre é o caso. Por exemplo, circulou há muitos anos na França a seguinte associação: *couler un bronze = libérer Mandela*. Traduzo: *defecar = liberar Mandela*. Para além do caráter racista da "piada", devemos lembrar que, durante muito tempo, Mandela foi um homem político perseguido, preso; foi, portanto tudo menos um valor sólido. Ora, zombar de pessoas nessa situação pode, retomando a expressão de Devos, *ameaçá-los de morte*. Porém, mais uma vez, percebe-se, como na "piada" acima transcrita, que zombarias destinadas a pessoas em situação de fraqueza social costumam seguir a receita do rir cruelmente do mundo.

Vejamos agora outra piada que também tem Mandela (hoje em dia, um valor sólido) como referência: "Qual é a diferença entre Nelson Mandela e um membro do governo francês? É que Mandela foi preso antes de ser eleito". Note-se que essa piada é perfeitamente adaptável a alguns políticos brasileiros. A diferença entre essa piada e aquelas que comentamos anteriormente reside no fato de que ela não elege nenhuma pessoa em particular: trata-se de fazer humor sobre a classe política. A referência a Mandela é pretexto para se falar dos dirigentes franceses. Conheçamos algumas outras desse tipo:

> Qual a diferença entre uma minissaia e um bom discurso político? Não há. Ele deve ser o bastante curto para conservar a atenção, mas o bastante longo para esconder o essencial.

> Ser político é ser capaz de prever o que vai acontecer amanhã, na semana que vem, no mês que vem e no ano que vem, e ser capaz, depois, de explicar por que nada disso aconteceu.

Vamos conhecer agora uma do humorista Coluche: "Os tecnocratas: se alguém lhes desse o deserto do Saara, cinco anos depois eles teriam que comprar areia em outro lugar".

Nesses exemplos, e em vários outros do mesmo naipe, trata-se de crítica a uma instituição e a seus representantes que gozam de grande força social: não vejo em nome do que não teríamos o direito de rir (mesmo em época de eleição). Talvez até devamos ter a obrigação de rir, pois há um fundo de verdade na reflexão de Coluche: "As pessoas riem quando percebem que podemos zombar da política. Mas, na verdade, é a política que zomba de nós".

Passemos agora ao humor que tem por objeto a religião ou seus representantes, citando uma piada que circulou na década de 1960 e que contempla tanto a política quanto a religião:

> O primeiro homem a viajar pelo espaço, Yuri Gagarin, foi convidado por três personalidades: o dirigente da União Soviética, o papa e o presidente dos Estados Unidos.
>
> O dirigente da União Soviética lhe perguntou:
>
> – E então, o senhor viu Deus? Ele existe?
>
> – Sim, eu vi. Ele existe – respondeu Gagarin.
>
> – Eu bem que desconfiava! – comentou o dirigente soviético.
>
> Depois, o cosmonauta russo foi recebido pelo papa, e este lhe fez a mesma pergunta:
>
> – E então, o senhor viu Deus? Ele existe?
>
> – Eu não vi Deus. Ele não existe – respondeu Gagarin.
>
> – Eu bem que desconfiava! – pensou o papa.
>
> Finalmente, Gagarin foi recebido pelo presidente dos Estados Unidos, que lhe perguntou:
>
> – E então, o senhor viu Deus? Ele existe?
>
> – Sim, eu vi. Ele existe.
>
> – Que alívio! Confesso que eu não tinha certeza. E como ele é?
>
> – Negro.

O sagrado

Mais um valor é forte, mais a falta de consideração para com ele é interpretada como insolência. Quando tal força atinge sua máxima força, pode-se falar em sentimento do sagrado: o objeto que o inspira exige um respeito absoluto, deve-se venerá-lo, nunca criticá-lo e, *a fortiori*, nunca dele rir.

Humor e tristeza | 221

Por exemplo, um objeto que durante muito tempo inspirou o sentimento do sagrado foi a *pátria*: ela devia ser idolatrada ("Ó pátria amada, idolatrada") e seus símbolos (bandeira, hino etc.) venerados. Quando a Ditadura Militar brasileira criou o *slogan* "Brasil, ame-o ou deixe-o" e a oposição o completou com a frase "o último que sair, apague a luz do aeroporto", não somente, por motivos óbvios, os generais acharam tal zombaria uma inaceitável insolência, como assim também o interpretaram pessoas inspiradas por um inabalável ufanismo. Na mesma época, Juca Chaves teve problemas por ter composto e interpretado a canção *"Take me back to* Piauí", na qual zombava do ufanismo a que acabo de me referir e também de outras canções que enalteciam o país (como, por exemplo, "Brasil, eu te amo", de Dom e Ravel, interpretada pela banda Os Incríveis – ex-Clevers):

> Adeus Paris Tropical, adeus Brigite Bardot
> O champanhe me fez mal, caviar já me enjoou
> Simonal que estava certo, na razão do Patropi
> Eu também que sou esperto vou viver no Piauí!

As antipatias dirigidas a Juca Chaves não se deviam apenas ao fato de o Brasil viver sob um regime autoritário. Na democrática França, o cantor Serge Gainsbourg teve sérios problemas com militares quando lançou a canção "Aux armes et caetera", que nada mais é do que o hino nacional francês "La Marseillaise" recitado com um fundo musical em ritmo de *reggae* e com seu famoso refrão apenas encetado: *"aux armes, et caetera"*. Gainsbourg ousara "tocar" no que, para alguns, seria "intocável".[29]

Nos dias de hoje, o sentimento do sagrado tem se enfraquecido. Há, contudo, para um bom número de pessoas, uma exceção: o que se refere

---

29. Para "vingar-se" dos ataques de militares e dos *anciens combatants*, Gainsbourg adquiriu em leilão (1981) o manuscrito do hino francês composto por Rouget de Lisle!

a Deus e à religião. Aliás, note-se que a noção de sagrado tem a sua mais forte relação com o religioso.

Ora, exemplos de humor que tenham como objeto Deus e a religião não faltam! Conheçamos alguns, a começar por esta reflexão de Woody Allen: "Não acredito nas relações extraconjugais. Penso que os seres humanos deveriam fazer amor apenas para a reprodução, assim como os pombos e os católicos". Coluche brincou: "O casamento dos padres, eu sou a favor. Se eles se amam...". E esta, anônima: "Jesus está andando sobre as águas; Pedro está nadando a seu lado e lhe diz: 'Não seja bobo, Jesus, a água está boa'". Finalizemos nossos exemplos de piadas lembrando esta, bem conhecida, que tem um padre, um pastor e um rabino por tema:

> Um padre, um pastor e um rabino estão discutindo a respeito do que fazem com o dinheiro recolhido durante os ofícios religiosos. O padre diz:
> – Para decidir que parte do dinheiro eu guardo e qual dou a Deus, tenho um método: traço uma linha no chão e jogo as moedas. Aquelas que caem na frente da linha são minhas, as que caem atrás são de Nosso Senhor.
> – Eu – diz o pastor – faço um pouco diferente: traço um círculo no chão e jogo as moedas. Aquelas que caem dentro do círculo são minhas, e o resto é de Deus.
> Fala então o rabino:
> – Eu lanço as moedas para o alto e fico apenas com aquelas que caírem.

Não conheço a reação de católicos, protestantes e judeus às zombarias que acabo de citar. Em compensação, conhecemos bem as reações às já citadas "charges de Maomé" publicadas na Dinamarca, e também a polêmica que cercou o filme *A vida de Brian*, realizado pelo grupo Monty Python em 1979. Nos dois casos, falou-se em alto e bom som de *blasfêmia*, palavra que costuma ser empregada quando a insolência é dirigida ao que é considerado religiosamente sagrado. No caso das charges, já falei das reações violentas de fiéis da fé muçulmana. Quanto ao filme *A vida de*

Brian, conta-nos um integrante do Monty Python (Michael Palin)[30] que ele foi recusado pelas grandes empresas cinematográficas que temiam um escândalo, sendo finalmente produzido, fato interessante e significativo, pelo ex-*beatle* George Harrison. Digo que é fato interessante e significativo pois se sabe que o *"beatle* quieto" era extremamente religioso, tendo sido seu maior sucesso musical a canção "My sweet Lord".

Voltemos então ao direito de rir – no caso, direito de rir do que é considerado sagrado por alguns.

A não ser que o objeto do sagrado implique alguma ameaça social (como no caso do ainda existente culto ao nazismo), não se vê por que haveria razão para negar às pessoas o direito de eleger algum, religioso ou não. A liberdade impõe-se, nesse caso. Ora, ela se impõe também para as pessoas que não elegem nenhum objeto como sagrado ou que elegem outros. Dito de outra forma, numa sociedade livre, ninguém pode impor a outrem o respeito absoluto a um ou outro objeto. Logo, o direito de crítica e, portanto, o direito de rir de temas considerados sagrados por alguns está moralmente garantido, contanto que, como sempre, não haja degradação simbólica do objeto do riso.

Retomemos o exemplo da religião que, como vimos, costuma ser o mais sensível, quando se trata de aceitar que dela se faça humor. No âmbito religioso, a liberdade é garantida pela *laicidade*. Algumas pessoas mal-informadas interpretam laicidade como um valor antirreligioso, quando é exatamente o contrário que corresponde à verdade. O primeiro sentido de laicidade é: o que independe de opções religiosas. A ciência, por exemplo, deve ser laica, pois os conhecimentos que ela produz devem ser independentes de crenças religiosas.[31] Digo a ciência, não os cientistas,

---

30. A fala de Palin encontra-se no DVD *Concert for George* (Warner, 2003).

31. Conta-se que Napoleão teria pedido a Laplace que lhe explicasse o seu sistema teórico. Após a explanação do cientista, o Imperador teria perguntado: "E Deus nisto tudo?". E Laplace teria respondido: "Não preciso desta hipótese".

que têm toda a liberdade de escolher a religião que quiserem ou de não escolherem nenhuma (caso dos ateus e dos agnósticos). Mas o que garante que eles e as demais pessoas possam escolher uma religião ou outra, ou não escolher nenhuma? Novamente, é a própria laicidade entendida agora no plano político e jurídico: é laico um país no qual, por um lado, há separação entre religião e Estado e, por outro, há liberdade de culto, ou seja, onde as pessoas têm a liberdade de escolher e praticar a religião que bem quiserem. Logo, o que garante a liberdade de opção religiosa é a própria laicidade, e é nesse sentido que afirmei que ela, longe de ser um valor antirreligioso, é um valor que garante a presença e a legitimidade de todas as religiões. Ora, a presença e a legitimidade de todas as opções religiosas são inexistentes nos países não laicos. Neles, uma opção religiosa é politicamente dominante e as outras são simplesmente proibidas ou marginalizadas, e frequentemente seus adeptos são alvo de *pogroms* promovidos por fiéis da religião oficial.

Isso posto, é em geral nos países nos quais não há laicidade que se verifica maior negação do direito de rir, no caso, o direito de rir da religião oficial ou dominante. Digo "em geral" porque, mesmo em países em que há separação entre Estado e Igreja e liberdade de culto, pode acontecer de certas obras que têm a religião e os religiosos como objeto de zombaria serem proibidas, como aconteceu com o filme *A vida de Brian*, cuja apresentação foi censurada durante algum tempo em países como a Noruega, a Irlanda e a Itália. Mas esse fato não deve nos fazer esquecer de que foi nos Estados religiosos ou fortemente dominados por uma opção religiosa que as charges dinamarquesas acima citadas suscitaram indignação e a exigência de que não fossem publicadas. Em compensação, foram publicadas sem maiores problemas em vários Estados laicos: neles, o direito de rir do sagrado religioso é juridicamente garantido. No caso de *A vida de Brian*, embora ele tenha incomodado muitas pessoas e tenha sido recusado por grandes empresas cinematográficas (não se sabe se por opção moral de seus dirigentes ou simplesmente por medo de serem malvistas pela população), sua divulgação foi normalmente autorizada na maioria dos países laicos. Foi ver quem quis e riu quem quis; mas também não foi ver e não riu quem assim o decidiu. De minha parte, penso que está muito bem assim. Todavia, há uma ressalva a ser feita, que não diz respeito ao sentimento do sagrado, mas sim ao fato de haver religiosos que, em certos países, não representam um valor sólido. Ora, nesse caso, o critério deve ser o mesmo que aquele que enunciei quando falei de humor que recai sobre grupos.

Tomemos o exemplo dos muçulmanos na França. Não há dúvidas de que, naquele país, a chamada "islamofobia" existe e, embora haja mesquitas aqui e ali, pode se dizer que não é fácil ser muçulmano na França, assim como não o era ser judeu décadas atrás. Eis o que escreveu Pascal Boniface em 2012, quando a revista *Charlie Hebdo* publicou charges que tinham a religião muçulmana como objeto:

> É muito diferente zombar da morte de De Gaulle numa França gaulista, na qual a oposição era fraca e a liberdade de imprensa menos consequente do que hoje, e zombar, hoje em dia, dos muçulmanos, que não estão em posição de poder na França, não têm apoio na mídia, são estigmatizados e têm dificuldades de integração. Dito de outra forma, não é a mesma coisa bater no forte ou no fraco. No primeiro caso, trata-se de coragem, no segundo, não. Os verdadeiros dissidentes não batem no fracos, mas sim nos fortes. Aí está a coragem.[32]

Creio que tudo está dito assim. Não se trata de negar radicalmente o direito de rir, mas sim de, pelo menos, tomar consciência da responsabilidade social do humor. Não é porque os muçulmanos consideram sagradas as figuras de sua religião que devemos, no caso deles, mitigar o direito de rir, mas sim porque, na França e em outros países da Europa, eles não correspondem a um valor sólido. E, como disse Boniface, rir e fazer rir de valores sólidos às vezes demanda coragem. E é certamente essa coragem

---

32. Artigo intitulado *"Charlie Hebdo* caricature Mahomet: Pas du courage, mais du pur opportunisme". *Nouvel Observateur Le Plus*, 19/9/2012.

que o grupo Monty Python teve ao zombar, em pleno Ocidente, de um valor forte e dominante como a tradição judaico-cristã.[33]

Em resumo, penso ser legítimo o direito de não rir ou de achar que não se deveria rir de objetos considerados sagrados, contanto que tal limitação valha apenas para quem elegeu este ou aquele objeto. Mas não se pode reconhecer o direito de impedir que outros deles façam rir e riam.

---

33. O filme *A vida de Brian*, apesar de problemas com a censura e a indignação de grupos religiosos, foi, no Ocidente, um sucesso de bilheteria! Uma vez que a maioria das pessoas ocidentais diz acreditar em Deus e ser cristã, cabe se perguntar por que o filme fez tanto sucesso. Não seria mais compreensível que, com tanta gente que se diz religiosa, tivesse acontecido o contrário? Vejo duas explicações possíveis. A primeira: para um número considerável de pessoas, a crença em Deus e a filiação a uma determinada Igreja são, por assim dizer, elementos marginais em suas vidas e, desse modo, elas não experimentam o sentimento do sagrado em relação a Deus e seus diversos sacerdotes. A segunda refere-se a diferenças de juízos e atitudes entre pessoas que têm dominância heterônoma e aquelas que têm dominância autônoma. Pessoas com dominância heterônoma dão mais valor à instância de autoridade do que às ideias por ela veiculadas. Logo, para elas, a aceitação de qualquer crítica a tais instâncias coloca em perigo seus próprios valores e crenças. Com efeito, aceitar que a instância de autoridade seja passível de crítica implica aceitar que ela pode se enganar e, ao aceitar essa possibilidade, é a própria ideia de autoridade que se enfraquece. E sem referência a uma fonte de autoridade, o heterônomo fica, por assim dizer, órfão. Sua tendência é, portanto, defendê-la por achá-la, *a priori*, perfeita. Ora, como o humor é uma forma de crítica, uma maneira de apontar uma imperfeição, a pessoa com tendência heterônoma nele enxerga uma espécie de perigo. Mais ainda, como o humor é algo que não raramente alia a crítica à ridicularização, e que esta tem, como vimos, um lado humilhante, a pessoa com tendência heterônoma tende a interpretá-lo como intolerável insolência. Já uma pessoa com maior tendência para a autonomia não somente está aberta a críticas – pois, afinal, seus valores passaram pelo crivo da racionalidade –, como também interpreta que zombar de Deus, de seus representantes e de seus fiéis em nada afeta os valores que eles representam. Para eles, a perfeição é um ideal, não um fato. Para eles a perfeição está no que se constrói, não em alguma fonte, por mais valorizada que ela possa ser. E assim, um George Harrison, para quem a religião era espiritualidade e não ritos e dogmas, aceitou financiar um filme como *A vida de Brian*, certamente por ver nele humor em certos aspectos suspeitos da religião e dos religiosos; humor que, aliás, longe de aniquilar o valor da religião, pode, ao contrário, ajudá-la a se aperfeiçoar.

Contanto que se respeite a dignidade alheia e que se leve em conta a solidez social das pessoas direta ou indiretamente objeto do humor, é legítimo o direito de rir do que alguns enxergam como sagrado. É insolência? Sim, uma vez que insolência significa ausência de consideração para com determinados valores, uma vez que ela se traduz por "não fazer ou não pensar como os outros". Somente os moralistas e os despóticos podem pensar em bani-la. E também as pessoas que, por cegueira causada pela heteronomia, não percebem que não raramente o humor feito sobre objetos considerados sagrados, na verdade, não incide sobre o que é sagrado em si. Para verificá-lo, retomemos os exemplos acima dados.

Na piada de Coluche, na qual ele diz ser a favor do casamento dos padres "se eles se amam", percebe-se claramente que a intenção do autor francês é puramente humorística: ele opera uma guinada inesperada de sentido e a referência a padres é apenas um truque para que tal guinada tenha efeito de humor. Na piada em que Pedro diz a Jesus que ele poderia também nadar, pois "a água está boa", temos escolha parecida à que fez Coluche: toma-se o fato de Jesus ter andado sobre as águas para mudar totalmente o sentido milagreiro de sua façanha. Em suma, nesses dois exemplos, a religião serve de pretexto para se fazer humor.

Os demais exemplos de humor que dei apresentam-se de forma diferente: eles incluem uma crítica não à ideia de Deus ou de religião, mas sim a aspectos bem humanos de seus representantes e adeptos. Naquela em que vemos o papa dizer "bem que desconfiava" da não existência de Deus, fala-se da fé que muitos sacerdotes apresentam ao público como supostamente inabalável. Na piada de Allen, na qual ele diz que os seres humanos deveriam fazer amor apenas para se reproduzir "como os pombos e os católicos", fica clara a crítica à moral sexual da Igreja católica, que proíbe anticoncepcionais. Na piada que tem como objeto o destino do dinheiro arrecadado dos fiéis, além de uma zombaria ao apreço que judeus teriam pelo "vil metal", também podemos inferir uma crítica velada às relações frequentemente polêmicas e até escandalosas das Igrejas, sejam de que confissão forem, com as finanças. Nas charges dinamarquesas sobre Maomé, a crítica, explícita desta vez, dirige-se aos atos terroristas que certos islamistas fundamentalistas praticam ou apoiam. Finalmente, no filme *A vida de Brian*, há críticas ao misticismo e à radical heteronomia de vários fiéis religiosos. É notável a cena na qual Brian, de sua janela, diz ao povo que resolveu identificá-lo com o Messias e adotá-lo como guia supremo: "Vocês não precisam me seguir. Não precisam seguir quem quer que seja. Vocês têm que pensar por vocês. Vocês têm que caminhar com os próprios pés. Não deixem ninguém dizer o que devem fazer".

Em suma, nessas obras de humor, nada há que seja feito para ferir o sentimento do sagrado ou o objeto considerado sagrado. São críticas aos seres humanos de carne e osso, crítica a suas ações e seus *costumes* e a atos bem *terrestres*.

Os costumes

Escreveu Sílvio Romero a respeito da obra teatral de Martins Pena:

Se se perdessem todas as leis, escritos, memória da história brasileira dos primeiros cinquenta anos do século 19, que está a findar, e nos ficassem somente as comédias de Pena, era possível reconstruir por elas a fisionomia moral de toda essa época. (*Apud* Mate e Schwarcz 2012, p. 10)

Fazendo abstração do lado retoricamente exagerado do comentário do ensaísta brasileiro, coisa parecida poderia ser dita de obras como as de Aristófanes, Molière, Marcel Pagnol, Quino, Chico Anysio, Sempé, Luis Fernando Verissimo e outros mais, sem esquecer esse grande observador dos costumes de sua época que foi Jacques Tati.

Já tivemos a oportunidade de ver que, com raras exceções (nonsense, trocadilhos, chistes etc.), o humor é uma forma de crítica ao que os seres humanos fazem, pensam e valorizam. Algumas formas de humor fazem abstração do tempo e do espaço. Por exemplo, quando Oscar Wilde nos diz que "um verdadeiro amigo é aquele que te apunhala pela frente", ele não está falando de uma época ou de um lugar determinado: trata-se de uma avaliação das relações de amizade que deve valer universalmente. A mesma coisa pode ser dita de piadas que têm como alvo a falta de inteligência, a avareza, a vaidade etc.: tratam de defeitos humanos que — infelizmente, aliás —, transcendem o espaço e o tempo. Em compensação, quando Sempé nos apresenta um desenho no qual se veem, numa sala com aspecto de cofre de banco, várias volumosas caixas hermeticamente fechadas contendo quadros de Picasso, Gauguin, Klee, Matisse e outros mais (sabemo-lo porque em cada caixa há uma etiqueta com esses nomes), e o visitante diz ao rico proprietário dessas obras: "Eu não sabia que o senhor gostava tanto de pintura", trata-se de uma ironia que toma todo o seu sentido na atualidade, quando adquirir quadros famosos é mais uma forma de investimento do que uma atitude estética. Outro exemplo: a referência à política brasileira certamente foi decisiva quando Chico Anysio criou a personagem de Justo Veríssimo, político assumidamente corrupto e que tem ojeriza pelos pobres. Nos dois exemplos que acabo de dar, podemos dizer que as obras de humor incidem sobre os costumes de determinados lugares e épocas. Vejamos outros, começando por Molière.

O dramaturgo francês coloca em cena costumes do século em que vive: a afetação e o deslumbramento dos "novos ricos" da época em *Le bourgeois gentilhomme*; as pretensões pseudocientíficas de certos médicos em *Le malade imaginaire*; o pedantismo de amadores de filosofia em *Les femmes savantes*; o tema da autoridade familiar (o marido ou a mulher) nessa mesma peça; a hipocrisia de suspeitos devotos em *Le Tartuffe*; os casamentos arranjados em *L'école des femmes* e outros temas mais. Em praticamente todas as suas peças, assistimos a sátiras sociais.

Mais perto de nós, encontramos elementos variados de sátira social em diversos esquetes de Chico Anysio. Já comentamos o corrupto Justo

Veríssimo, mas há outros mais: a soberba de celebridades com a personagem Alberto Roberto; a malandragem com Azambuja; o desmedido orgulho de trabalhar numa grande e famosa empresa com Bozó; a admiração cega dos pais pelos filhos com Cascata e Cascatinha; uma espécie de Tartuffe do século XX com Divino; o problema do desemprego para pessoas de mais idade com Nico Bondade e finalizemos a longa lista com o famoso Professor Raimundo, cujo bordão "E o salário, ó!", símbolo do descaso social para com a educação, tornou-se expressão popular.

Outro exemplo de humor que incide sobre costumes é a série de histórias em quadrinhos *Asterix* criada por Uderzo (desenhos) e Goscinny (textos). Vale notar que a sua tradução em outros idiomas é, sintomaticamente, problemática, não somente por motivos semânticos, mas também por aspectos culturais. Por motivos semânticos, porque se encontram aqui e ali trocadilhos intraduzíveis e também porque todos os nomes dados às variadas personagens (gauleses, belgas, romanos, bretões, entre outros) fazem sentido em francês. Por exemplo, o nome do bardo Chatotorix – no original em francês, Assurancetourix, que significa "seguro contra todo risco" (tipo de seguro existente na França); o nome do chefe da aldeia, no original, Abraracourcix, significa ao pé da letra "a braços encurtados", que remete em francês ao fato de alguém se lançar contra outrem para socá-lo; último exemplo, Bonnemine, nome da mulher do chefe da aldeia gaulesa, significa "com cara de saúde". A tradução de *Asterix* em português evidentemente perde todos esses sentidos que fazem rir aqueles que falam francês. Mas também há perdas de sentido de outro nível: quando os criadores do gaulês fazem referências a traços culturais tipicamente franceses. Dou um só exemplo: quando, no álbum *Le Tour de Gaule* (*A volta da Gália*, título este que remete ao Tour de France, tradicional competição de ciclismo que certamente muita gente desconhece), Asterix e Obelix cruzam turistas franceses que, numa estrada congestionada, brigam entre si, a referência cultural é o legendário mau humor dos parisienses.

Um dos criadores de *Asterix*, Goscinny, criou com o desenhista Sempé as *Histoires du Petit Nicolas*, pequenas histórias que têm como protagonista um menino, sua família e seus amigos, por meio das quais os autores zombam de variados aspectos dos relacionamentos escolares e familiares contemporâneos.[34]

Temos também *Mafalda*, criada por Quino, menina brava que se faz porta-voz crítica do mundo atual. Por exemplo, numa tira, vemos Mafalda olhar para um homem que carrega uma caixa na qual está escrito "frágil" e dizer: "A paz acaba de passar num caixote". Outro exemplo: ela batiza uma tartaruga de Burocracia! Há também nessa obra outras personagens que encarnam a frivolidade consumista (Suzanita), o amor ao dinheiro e ao capitalismo (Manolito), as angústias existenciais modernas (o "encafifado" Felipe), o idealismo de esquerda (Liberdade), sem contar as mazelas familiares e profissionais contemporâneas representadas pelo Papá e pela Mamá de Mafalda (os pais de Mafalda lembram muito aqueles do Petit Nicolas: pequeno funcionário e dona de casa de classe média).

Acabo meus exemplos com os filmes de Jacques Tati. Ele nos faz rir dos costumes dos turistas, de férias na praia, em *As férias do senhor Hulot*; das maneiras estereotipadas de se morar e viver em *Meu tio*; dos hábitos e valores dos motoristas em *Trafic*, e do mundo do trabalho e da diversão em *Playtime*.

As obras humorísticas que têm os costumes por tema geralmente não enfrentam maiores problemas de desaprovação ou de censura. E isso certamente por uma razão bem simples: via de regra, não há grupos sociais precisamente visados. Quando há e quando são poderosos, problemas aparecem – como, por exemplo, no caso de *Le Tartuffe*, de Molière, que teve as suas primeiras apresentações vetadas pelo Rei Luís XIV, atitude que lhe

---

34. Inspirado pelo *Petit Nicolas*, publiquei em 2011 um livro chamado *Ética para meus pais* (Papirus), no qual ousei zombar de aspectos culturais como o uso do celular, a vaidade relacionada à posse de carros, as formas agressivas de se guiar, o *bullying*, o turismo, as festas de aniversário e outros costumes contemporâneos.

valeu os elogios do jornal *La Gazette*: "Sua Majestade plenamente lúcida em todas as coisas, julgou [*a peça*] absolutamente injuriosa à religião e capaz de produzir efeitos muito perigosos". O mesmo Molière também foi e é objeto de críticas por não raramente eleger como tema de suas zombarias valores sociais na sua época emergentes e, portanto, ainda não sólidos — como os estudos realizados por mulheres (*Les femmes savantes*); a medicina (*Le malade imaginaire*); a autoridade feminina no lar (novamente *Les femmes savantes*); a burguesia (*Le bourgeois gentilhomme*) —, para fazer rir uma corte cheia de desdém por tudo aquilo que não a venerava. Se eu estivesse escrevendo o presente livro no século XVII, certamente apontaria esse lado às vezes não corajoso de Molière e problematizaria sua responsabilidade social.

Porém, o problema maior do humor que incide sobre costumes talvez seja a apreciação do público. É claro que há obras de grande sucesso popular, *Mafalda*, as personagens de Chico Anysio, algumas peças de Molière, os filmes *Tempos modernos* de Chaplin e *Meu tio* de Tati — este último laureado com um Oscar. Mas não devemos esquecer que, por exemplo, *Playtime*, considerado hoje pelos especialistas um clássico, foi desprezado pelo grande público e levou Tati à beira da falência. *Les histoires du Petit Nicolas*, segundo Sempé, quase não tiveram sequência em virtude do fracasso comercial do primeiro livro (e sua tradução no Brasil passou praticamente despercebida). E nos dias de hoje, pouco se vê humor relacionado a costumes sociais. O próprio *Asterix* não sobreviveu à morte de seu autor, Goscinny, em 1977: digo que não sobreviveu porque o desenhista, Uderzo, resolveu continuar sozinho a empreitada, mas, por falta de talento ou por opção, praticamente abandonou a crítica de costumes, apresentando-nos álbuns recheados apenas de brigas, trocadilhos, histórias familiares e fantasias. Com Uderzo solitariamente no comando, seus álbuns carecem do humor de costumes, e Asterix e Obelix viraram uma espécie de super-heróis que encontram até seres de outros planetas. Mesmo assim, continuam vendendo milhões de exemplares na França e em todo o mundo! Pouca gente parece ter percebido a radical mudança (voltarei ao tema da apreciação do humor no *Post-scriptum* do presente capítulo).

É uma pena, pois o humor de costumes, portanto o humor que tem a moral e a ética como temas, inspirou as melhores e mais duradouras obras humorísticas, as quais traduzem magnificamente a reflexão de Escarpit (1960, p. 72) de que "o humor é o único remédio que desfaz os nós dos nervos do mundo sem adormecê-lo, lhe dá sua liberdade de espírito sem torná-lo louco e coloca nas mãos dos homens, sem esmagá-los, o peso de seu próprio destino".

E o direito de rir no caso do humor de costumes? Se não recair sobre costumes de grupos não sólidos, não vejo restrição alguma, pois esse tipo de humor nos faz rir de um mundo cruel, de um mundo não raramente "seriamente ridículo". Repetiria até o que escrevi acima a respeito do humor sobre políticos: é quase uma obrigação moral e ética fazer rir e rir dos costumes sociais, porque quase sempre equivale a fazer rir e rir de nós mesmos. "A autoderrisão" – disse Michel Kichka (2009, p. 246) – "é a forma superior do humor". Ora, entre as formas de humor, aquela que incide sobre costumes é justamente a que mais contém autoderrisão. Sem a insolência de um Tati, de um Chico Anysio, de um Sempé, de um Goscinny, de um Verissimo, de um Quino e de outros mais, o mundo seria mais triste e também mais pobre porque menos lúcido e, logo, menos humilde.

Humor e tragédia

O humor do filme *A vida de Brian* poderia muito bem ser classificado como humor de costumes. Como já assinalado, o filme apresenta uma sátira do misticismo, da heteronomia, e também de hábitos comerciais (pechincha), da sexualidade, do feminismo, do poder político (romanos) e até mesmo de facções políticas de esquerda, mostradas gastando mais tempo brigando entre si do que combatendo seus reais adversários, perdendo-se em infindáveis discussões e votações em vez de agir com a prontidão que os eventos exigiriam, e criando mártires. Porém, o final do filme opera uma guinada inesperada: vê-se um grande número de pessoas crucificadas cantando e assobiando alegremente. Diz o refrão da letra que cantam: "Sempre veja o lado positivo da vida (...) / Sempre veja o lado positivo da morte".

Foram as cenas finais da crucificação que mais chocaram um bom número de pessoas e que levaram, em alguns países, à proibição da obra. E isso por duas razões.

A primeira é da ordem do sagrado: se, durante o filme, a história bíblica de Jesus Cristo servia como pretexto para a zombaria dos costumes vigentes na cultura contemporânea, quando o Monty Python faz humor com a condenação à morte do messias, ele toca diretamente num ponto nevrálgico do cristianismo: Jesus morreu na cruz para salvar os homens. E serão justamente a cruz e o crucifixo os símbolos maiores do cristianismo. Logo, se ao zombarem de certos comportamentos e valores religiosos os comediantes ingleses mostraram-se heréticos, ao brincar com o episódio da crucificação, eles ultrajaram uma divindade, cometeram uma blasfêmia ou até mesmo um sacrilégio.

Mas há outra razão pela qual o final do filme *A vida de Brian* chocou algumas pessoas, mesmo ateias ou agnósticas: os comediantes ingleses fizeram humor sobre um evento real e terrível da história da humanidade.[35] *Eles fizeram humor com uma tragédia.*

E temos o direito de fazer humor de tragédias? É esse delicado ponto que quero analisar para fechar o capítulo sobre o direito de rir.

Ele nos traz de volta à relação entre humor e tristeza da qual tratei no capítulo anterior. Nele falei do chamado *humor negro*, cuja definição é fazer rir de temas trágicos da vida. Ora, o que o grupo Monty Python fez no final de *A vida de Brian* cabe perfeitamente na definição de humor negro.

---

35. Mesmo quem não acredita em Deus pode admitir que Jesus existiu e que foi crucificado. E até mesmo quem duvida da própria existência do homem Jesus sabe que crucificações eram sacrifícios comuns na época da dominação romana.

Lembro ao leitor que distingui duas formas de humor negro.[36] Na primeira, a tristeza decorrente da tragédia é negada, pois o humor pretende nos fazer *rir do chorar*, nos fazer *rir cruelmente do mundo*. Na segunda, a tristeza é assumida, e o humor é criado para nos fazer *rir de um mundo cruel* — crueldade esta que, portanto, não é negada, mas antes reforçada.

Ora, quando se trata de tragédias que aconteceram com certos homens, certas mulheres ou determinados grupos de pessoas, reencontramos as duas formas que acabo de lembrar.

Exemplos da primeira encontram-se nas "piadas" que falam das atrocidades cometidas pelos nazistas, como aquelas que apresentei, quando tratei do humor de zombaria que tem grupos sociais como alvo:

Por que os chuveiros de Auschwitz têm 11 furos?

Por que os judeus pediram dinheiro aos suíços?

Qual a diferença entre um judeu e uma *pizza*?

Eis agora um exemplo da segunda forma que também tem Hitler e judeus como objeto, citada por Andréa Lauterwein (2009, p. 104):

Diz um judeu: tenho mais confiança em Hitler do que em qualquer outra pessoa. Ele é o único que cumpriu todas as promessas que fez ao povo judeu.

Isso posto, creio que, do ponto de vista moral, não há como conceder o direito de rir das formas de humor que procuram nos fazer rir cruelmente

---

36. Existe uma outra, também apresentada no capítulo anterior, mas que não nos interessa aqui: um evento trágico serve de pretexto para se fazer humor sobre algo que é estranho ao motivo da tragédia.

das tragédias, da tristeza e da dor de suas vítimas, pois traduzem uma tentativa de degradação, de desumanização, traduzem, portanto, uma falta de respeito em relação às vítimas.

Do que acabo de escrever, *decorreria que o rir de um mundo cruel, quando o tema são tragédias reais, corresponde a um direito evidente?* Procurarei responder a essa pergunta analisando argumentos favoráveis e desfavoráveis ao direito de fazer rir e de rir de uma tragédia em particular: o holocausto.

Comecemos com esta reflexão de Haim Vidal Sephiha a respeito do filme *A vida é bela*, de Benigni. Lembro ao leitor que, nesse filme, o diretor nos mostra um pai, Guido, procurando fazer o filho, uma criança ainda pequena, não perceber que estão presos num campo de concentração nazista, mas crer que estão participando de uma espécie de gincana na qual devem ganhar o máximo de pontos possível. Diz Sephiha (2009, p. 114):

> Eu condeno o filme *A vida é bela*. É uma ficção que nutre o negacionismo. O começo me parece muito bom, mas logo que a gente entra no campo e que se vê uma criança de oito anos sobreviver lá dentro, eu digo: isso não faz sentido, isso não existe. Com Benigni, a irrealidade total nega a verdade e dá força aos negacionistas, que dirão: "Vocês estão vendo! Isso não é nada" (...). O espectador que vê pela primeira vez um filme sobre o universo dos campos de concentração vai pensar "é uma casa de bonecas".

Vejamos agora um outro argumento que retoma a denúncia de Sephiha a respeito do lado enganador do mesmo filme. Escreveu Diane Cohen (2009, p. 58):

> Quando Guido emprega os microfones do campo para transmitir à sua amada palavras de amor: eis um atalho feito para provocar no espectador um comovido riso. Mas esse atalho é falso, inimaginável na realidade dos campos de concentração. E eis que o filme se torna mentira.

A autora faz crítica igual ao filme *O grande ditador*, de Chaplin, lembrando notadamente a cena em que uma moça (Hannah) bate com uma frigideira na cabeça de alguns soldados da SS e sai ilesa do combate. E Cohen apresenta mais um argumento, o da cumplicidade: "O riso sobre o fascismo, não levando a sério um perigo que nada perdeu de sua atualidade, torna-se cúmplice e joga o jogo dessas forças que somente esperam o momento propício para ressurgir" (*ibidem*, p. 57).

Conheçamos agora uma opinião diametralmente oposta ao que acabo de transcrever: a de Doron Rabinovici. A respeito do filme de Benigni, disse ele:

> *A vida é bela* é um êxito porque o filme se compõe de duas partes: um conto de fadas e em seguida a sua denúncia. Esse filme não nos diz "era assim". Nenhum espectador desse filme chegaria a pensar que as coisas efetivamente aconteceram dessa forma (...). E é evidente que essa história de sobrevida deve ser interpretada num sentido metafórico (...). Em *A vida é bela*, o que me parece interessante no riso produzido pelo filme é que no fim não se ri. Na realidade, rimos no início do filme, mas o humor final está envolto em lágrimas. (Rabinovici 2009, p. 288)

Os três autores que acabo de citar participaram de um livro intitulado *Rire, mémoire et Shoah* (Riso, memória e Shoah), organizado por Andréa Lauterwein e Colette Strauss-Hiva (2009), que tem por tema central o lugar do riso e do humor nesse terrível episódio do século XX. O fato de haver um livro inteiramente dedicado ao tema depõe a favor tanto de sua importância quanto de seu caráter polêmico. Como está em jogo o que chamei de direito de rir, dou a seguir a minha contribuição.

Começo com a afirmação de Sephiha segundo a qual um filme como *A vida é bela* poderia servir de munição aos negacionistas e revisionistas, ou seja, àqueles que negam a existência do holocausto e gostariam de reescrever a história à sua maneira. Seguindo o raciocínio de Sephiha,

238 | Papirus Editora

poderíamos dizer que o filme *O grande ditador* também poderia servir à causa do negacionismo, uma vez que nele os soldados da "Tomânia" não são mostrados com a truculência que costumava caracterizar os soldados alemães. Ora, esse argumento parece-me exagerado: o sistema educacional teria de ser de uma profunda incompetência para que alguém que por ele passou chegasse a acreditar que os campos de concentração nazistas se pareciam com uma "casa de bonecas", ou que, durante a dominação nazista, uma moça poderia bater em soldados da SS e sair ilesa, como acontece numa cena do filme de Chaplin. Os professores de História teriam de ser eles mesmos revisionistas ou totalmente irresponsáveis para que seus alunos chegassem a pensar que as ações de Guido, no campo de concentração onde se encontrava, fossem minimamente possíveis. Logo, creio que Rabinovici tem toda razão quando afirma que os espectadores do filme de Benigni nunca chegariam a pensar que as coisas efetivamente aconteceram daquela forma, que eles compreendem perfeitamente o lado metafórico das cenas de sobrevida que acontecem no campo de concentração, e percebem claramente que se trata de uma "mentira".

Trata-se de uma mentira: eis um argumento central de Cohen para condenar filmes como *A vida é bela* e *O grande ditador*. A autora não fala no perigo de se dar munição a negacionistas; seu argumento não é, portanto, pragmático, como aquele de Sephiha. Seu argumento é estritamente moral, pois escreve ela: "trata-se de uma realidade tão grave que a mentira não é permitida" (2009, p. 58).

Se fizermos abstração de que estamos falando de humor e ficarmos apenas com a formulação empregada por Cohen, só podemos lhe dar razão. Com efeito, que direito teríamos de mentir sobre as atrocidades cometidas pelos nazistas contra os judeus, dos católicos contra os protestantes na Noite de São Bartolomeu, do Império Otomano contra os armênios, de Saddam Hussein contra os curdos, de Pinochet contra seus opositores, dos Estados Unidos contra os japoneses em Hiroshima etc.? Fazê-lo seria dar provas de revisionismo ou negacionismo, o que equivaleria a cometer um crime contra a humanidade, alienando-a de sua própria história. Porém, uma coisa é ter a intenção de enganar as novas gerações sobre o que, de fato, aconteceu na história, outra é apresentar os fatos de maneira ficcional para fins artísticos – no caso, humorísticos. Se não atentarmos para essa distinção, cairemos no que Piaget chamou de realismo moral: não se levar em conta a intencionalidade dos atos, interpretando as regras "ao pé da letra". Ora, no caso de Chaplin e de Benigni, por um lado, é óbvio que eles nunca tiveram a intenção de enganar quem quer que fosse e, por outro, além do fato de as "mentiras" que eles inventaram serem tão absurdas que o mais ingênuo dos seres percebe o "truque", havia uma evidente função humorística. Portanto, é exagerado chamar o que inventaram de mentiras, a não ser que, por realismo moral, se chame de mentira tudo o que não corresponde à realidade. Mas imagino que Cohen concordaria com o que acabo de escrever. O que ela certamente quis dizer é que o que ela chama de mentira nos referidos filmes é o fato de o atroz sofrimento dos judeus e dos prisioneiros dos campos de concentração aparecer como leve, para não dizer benigno. Chame-se isso de mentira ou de outro nome, o fato é que algo gravíssimo é apresentado como brando, e isso, para Cohen, é um problema moral. Analisemos esse ponto.

Comecemos por imaginar um filme "sério", ou seja, sem a intenção de fazer rir, no qual campos de concentração sejam mostrados como lugares de certa tranquilidade, sem nenhum sinal de fornos crematórios, povoados de guardas com certa cordialidade e de prisioneiros bem nutridos e serenos: tratar-se-ia, sem dúvida, de uma mentira no sentido habitual do termo, mas de uma *mentira totalmente gratuita*, pois sem nenhuma função artística. Um filme assim certamente despertaria indignação, e seu diretor mereceria ser chamado de negacionista, revisionista ou simplesmente de ignorante crasso.[37] Porém, nos dois filmes de que estamos falando, as

---

37. Às vezes, a profunda ignorância causa enganos desrespeitosos, como foi o caso de uma peça publicitária brasileira que apresentava Machado de Assis como homem branco,

"traições" em relação à realidade histórica têm evidente função humorística. Quando Chaplin faz uma moça bater nos terríveis soldados da SS com uma frigideira, ele simplesmente repete cenas típicas dos filmes de Carlitos e opera simbolicamente uma efêmera superioridade da vítima em relação a seus algozes. Goste-se ou não desse tipo de humor circense, fica clara a intenção do diretor de fazer rir, e, no caso, fazer rir não dos judeus, mas sim dos nazistas. O caso de *A vida é bela* é diferente: se o campo de concentração no qual se encontram Guido e seu filho é fantasiosamente mostrado de tal forma que a sobrevida de ambos é momentaneamente possível, não foi em si para fazer rir, mas sim para permitir o enredo humorístico pretendido por Benigni com a sua gincana paterna. E certamente, no caso dos dois filmes, o espectador percebe claramente os "truques" empregados pelos diretores para fazê-lo rir. Portanto, penso que o argumento de Diane Cohen peca por purismo: sim, é verdade que nos dois filmes, a dureza dos soldados da SS em *O grande ditador* e a atrocidade dos campos de concentração em *A vida é bela* são momentaneamente (digo bem *momentaneamente*, fato da maior importância, como logo veremos) abrandadas, porém, trata-se não de mentiras, mas sim de artifícios sem intenção moralmente suspeita e perfeitamente identificáveis pelos espectadores.

Em suma, diferentemente de Sephiha e Cohen, não condeno ambos os filmes nem em nome do perigo do negacionismo, nem em nome de um juízo moral que nos impediria categoricamente de trair a realidade, mesmo que para fins humorísticos.

Mas o que acabo de escrever ainda não é suficiente para chegar à conclusão de que temos o direito de fazer rir e de rir de tragédias. Falta pensar em outro argumento de Cohen: o da cumplicidade. Sim, um perigo de se fazer rir e de rir de tragédias é *destituí-las de sua gravidade e sua seriedade*. E isso pode ter efeitos políticos e morais.

---

causando uma revolta bem compreensível em pessoas negras. O pior é que a referida propaganda fora feita por um banco público, ou seja, por um órgão do Estado.

Humor e tristeza | 241

Comecemos pelo aspecto político: penso que tem razão Cohen quando lembra que o fascismo (eu diria, até mesmo o nazismo) representa força ainda atual e ameaçadora e que, portanto, torná-lo objeto de zombaria pode ter o efeito de nos fazer esquecer de tal ameaça. Nos meus termos, eu diria que o riso pode ter o perverso efeito de *banalizar* seu objeto. Ora, ao banalizarmos o nazismo, corremos o risco de esquecer sua força histórica, de fechar os olhos sobre um elemento ainda presente.

Passemos à dimensão moral: ao banalizarmos uma tragédia, e a dor de quem dela padeceu, mostramo-nos insolentes em relação às vítimas, logo, cúmplices de seus algozes. Temos esse direito? Evidentemente, não. Se for para sermos insolentes, que seja em relação aos algozes.

Mas como então fazer humor com tragédias sem cair na banalização condenavelmente insolente?

Creio que a resposta está na reflexão de Doron Rabinovici a respeito do filme *A vida é bela*, quando ele corretamente lembra que, no final dessa obra, *o humor está envolto em lágrimas*: Guido é friamente assassinado. Como disse o mesmo autor, o filme não se limita a nos fazer rir, ele também *denuncia* a tragédia e os autores desta. Acabasse o filme com Guido e seu filho sãos e salvos, aí sim poderíamos dizer que a obra "mentiu" do começo ao fim e banalizou o destino e a dor de milhões de pessoas. Mas ele não acaba em "conto de fadas", mas com a trágica realidade. Por essa razão, escrevi acima que o campo de concentração nos é mostrado com certa leveza *apenas momentaneamente*: o que ele é realmente encontra-se sublinhado no final do filme, filme este que, portanto, não nos faz esquecer a tragédia. Muito pelo contrário, ele nos faz dela lembrar, e isso sem sacrificar o humor. O mesmo pode ser dito de *O grande ditador*. No final do filme, Chaplin nos mostra, sem humor algum, os soldados de Hinkel (Hitler) invadindo Osterlich, lugar idílico onde se refugiou Hannah com sua família. No capítulo anterior, eu procurei mostrar que, com essa cena, Chaplin alia humor à tristeza. No presente, posso dizer que aliou humor à moral: o lado trágico de seu objeto de humor não é negado; pelo contrário, é explicitado, como ele o é também no discurso final do pequeno barbeiro que os nazistas confundiram com Hinkel: trata-se de um discurso moral sobre a justiça, a concórdia e a paz, valores antagônicos àqueles que promoveram a tragédia do povo judeu.

Em suma, penso que *nós temos, sim, o direito de fazer rir e de rir de tragédias, contanto que o aspecto trágico não seja banalizado ou esquecido*. Não temos direito de rir cruelmente das tragédias e de suas vítimas, mas temos o direito de fazer rir e rir de um mundo cruel, contanto que a dimensão atroz da tragédia escolhida permaneça presente, como o fizeram Benigni e Chaplin.

Para finalizar, a crítica que eu faria ao filme *A vida de Brian* incide justamente sobre o fato de que na cena final o lado trágico dos episódios de crucificação é banalizado, até negado. Dizia Adorno (*apud* Cohen 2009) que o filme "O *grande ditador* perde sua força satírica e comete um ultraje na cena em que uma jovem bate na cabeça de soldados da SS com uma frigideira, um por um, sem que eles a reduzam a frangalhos".[38] Não concordo com o filósofo a respeito da obra de Chaplin pelos motivos acima expostos, mas faria minhas as suas palavras em relação ao filme do grupo Monty Python: a cena final, gratuitamente insolente em relação a um episódio trágico da história, compromete a força satírica do restante do filme e assim sugere a ideia de que tudo a que assistimos anteriormente não passava de "uma banal diversão".

Post-scriptum

Escreveu Konrad Lorenz (1969, p. 282): "Eu creio que o humor exerce sobre o comportamento social do homem uma influência que, num certo sentido, é absolutamente análoga à da responsabilidade moral: ele tende a tornar nosso mundo um lugar mais honesto e, portanto, melhor". Para o notório etólogo, portanto, o humor é capaz de exercer alguma influência benéfica sobre os homens e sobre a sociedade. Outros pensam como ele.

---

38. T.W. Adorno. *Engagement*, dans *Noten zur literatur III*, GS 11, p. 418.

Lembremos o que escreveu Molière (1971a, p. 889) ao rei Luís XIV para defender a sua peça *Le Tartuffe*:

> O dever da comédia sendo o de corrigir os homens divertindo-os, acreditei que, no lugar onde me encontro, eu não tinha nada de melhor a fazer senão atacar, por intermédio de pinturas ridículas, os vícios do meu século; e como a hipocrisia é provavelmente um dos vícios mais incômodos e mais perigosos, eu pensei, Majestade, que prestaria um grande serviço a vosso reino se fizesse uma comédia que criticasse os hipócritas.

No plano político, Rabinovici (2009, p. 280), para quem se não pudéssemos mais rir depois do holocausto, isso equivaleria a uma vitória do adversário, afirmou que "depois de Auschwitz, é essencial tornar risíveis ditadores e torturadores". E completou: "Os extremistas ou os populistas, tal como Le Pen ou Jörg Haider, somente começam a ficar realmente perigosos quando não se prestam mais a se fazerem deles boas piadas" (*ibidem*, p. 281). Cohen (2009, p. 61), na mesma linha, escreveu que "se os alemães tivessem rido de Hitler em 1933, seu riso teria sido subversivo e salvador". E lembremos também do pensamento de Escarpit (1960, p. 72) segundo o qual o humor é um remédio, o único que "coloca nas mãos dos homens, sem esmagá-los, o peso de seu próprio destino".

Para os autores que acabo de citar, o humor cumpre uma função social benéfica. Mas ela também pode ser maléfica, como adverte Raymond Devos, pois "se você degrada coisas já degradadas, você as ameaça de morte". Seja sua função benéfica ou maléfica, os autores que acabo de citar pensam que o humor é dotado de certa eficácia: ele pode ajudar a transformar o mundo. E para todos eles, quando a função é benéfica, o humor tem o poder de corrigir os homens e de tornar o nosso mundo um lugar melhor.

Mas nem todos pensam assim. Sibony (2010, p. 22), por exemplo, escreveu que "Molière, apesar do que ele disse para 'justificar' sua obra cômica, não alterou os costumes de sua época, que pretendia moralizar.

Apenas deles se aproveitou para fazer rir". Comediantes da atualidade parecem concordar mais com Sibony do que com o dramaturgo do século XVII. Vejamos alguns exemplos, começando com um comediante francês de grande sucesso, Nicolas Canteloup, que disse a respeito do grupo de humoristas que com ele trabalha: "Procuramos, antes de tudo, fazer rir. Não temos uma missão editorialista. Não temos linha editorial a não ser a de fazer rir, a de dar prazer às pessoas".[39] Comediantes brasileiros entrevistados no vídeo *O riso dos outros*, de Pedro Arantes, parecem concordar plenamente com seu colega europeu. Diz Danilo Gentili: "Eu não tenho nenhum critério para escolher o alvo de minha piada; meu único critério: se for engraçado". Rafinha Bastos pensa da mesma forma: "Minha missão é subir no palco e ser engraçado". Marcela Leal é categórica: "Humorista não deve ter responsabilidade. Ele deve divertir as pessoas".

Quem tem razão? Aqueles que pensam que o humor desempenha uma função social ou aqueles que o restringem à pura diversão? E para estes últimos, que critérios empregam para sustentar sua posição? O critério sociológico e psicológico empregado por Sibony segundo o qual o humor carece de eficácia e, portanto, é perda de tempo procurar corrigir os homens divertindo-os? Ou o critério é ético, moral e político bem explicitado por Marcela Leal quando ela diz que o humorista não deve ter responsabilidade, que deve se limitar a fazer rir sem que nada mais se exija dele?

À primeira indagação, é claro que respondo como o fizeram Lorenz, Molière e os demais que concordam em atribuir alguma influência social ao humor. Digo que é claro porque eu não teria consagrado todo um capítulo ao que chamei *o direito de rir* se pensasse que o riso e o humor são inócuos, que "uma piada é apenas uma piada" sem consequências apreciáveis, que o riso e o humor, portanto, são tão desprezíveis que seria pura perda de tempo passá-los pelo crivo da moral. Minha resposta também deve ser esperada pelo leitor, pelo menos por aquele que minimamente concordou

---

39. Entrevista dada por Canteloup no vídeo *Nicolas Canteloup deuxième couche* (TF1, s.d.).

comigo a respeito da riqueza psicológica do riso e do humor e de sua relação com a ética, como procurei mostrar no capítulo dedicado às relações entre humor e tristeza. Ora, se eu e muitos outros autores bem mais abalizados constatamos a riqueza do riso e do humor, não podemos fugir à conclusão de que alguma influência eles devem ter nos comportamentos humanos. Eu acrescentaria que o fato de termos observado, na pesquisa com crianças em fase de desenvolvimento que realizei com Júlia Cisik, precocidade na preocupação e na elaboração moral a respeito do riso é um achado que depõe a favor de sua importância psicológica, com naturais consequências para o convívio social. É preciso, evidentemente, limitar a influência social do humor. Quando Sibony diz que Molière não alterou os costumes de sua época, a afirmação constata uma obviedade, se a interpretarmos como a constatação de que costumes zombados por ele sobreviveram à sua obra e que alguns resistem até hoje. Mas é preciso lembrar que as mudanças sociais são desesperadoramente lentas, mas que elas ocorrem. Ora, como provar que as obras de humor nenhuma relação têm com tais mudanças? Em suma, penso que o humor pode, sim, ter alguma influência benéfica, e que a insolência que às vezes o caracteriza pode ter algum poder, por menor que seja, transformador.

Porém, é preciso acrescentar mais um elemento do qual já falei no decorrer do capítulo e que diz respeito à qualidade do humor. Se o que alguns chamam de humor for feito para degradar certas pessoas, certos grupos, certos valores, ele é tudo menos transformador. No caso, ele é conservador ou até reacionário, porque somente ri dele quem já, de antemão, despreza seu objeto. Ele reforça o *status quo*, não o modifica. Somente o humor de qualidade pode transformar alguma coisa, somente aquele que traduz real poder de observação e revela um criador espirituoso pode incomodar a ponto de despertar uma tomada de consciência, e, quiçá, encetar alguma evolução.

O que acabo de escrever me remete ao juízo de Minois segundo o qual o riso está em perigo, pois é "vítima de seu próprio sucesso". Podemos dizer a mesma coisa do humor. No capítulo anterior, analisei a afirmação do historiador do ponto de vista da relação humor e tristeza. Posso fazê-lo agora do ponto de vista de sua função crítica, da qual também fala Minois, função crítica esta reservada apenas ao humor realmente espirituoso. Cabem, então, as seguintes perguntas: é fácil fazer boas obras de humor? É simples elaborar uma boa piada? Dá pouco trabalho fazer rir as pessoas levando-as a pensar sobre pessoas, costumes, instituições e valores?

A essas perguntas, o mínimo bom senso nos leva a responder negativamente: não é fácil nem simples criar uma boa obra de humor; dá muito trabalho e demanda tempo. Aceita essa resposta, impõe-se outra pergunta: sendo que, como o constatou Finkielkraut "o dia inteiro o público que nós formamos é convidado a rir", como será possível se criarem tantas obras de humor sem perder em qualidade? Como será possível criar, toda semana, um novo capítulo de seriado resguardando a fineza humorística? Como será possível escrever uma coluna humorística ou uma charge todos os dias, sempre mantendo um bom nível? Como será possível alimentar 24 horas por dia canais exclusivamente dedicados ao humor, sem cair na repetição de clichês? De minha parte, penso que é totalmente impossível. É como se exigíssemos de um Chico Buarque que escrevesse uma excelente canção a cada semana! Darei alguns exemplos de pessoas que demonstraram e demonstram ter, a meus olhos, fino senso de humor, mas que, pela exigência de uma intensa produção, não raramente se repetem ou apelam.

Começo por um humorista que admiro: Chico Anysio. Apesar de suas personagens serem muito bem elaboradas e de suas falas serem frequentemente espirituosas, creio que não se pode negar que ele não mantinha um alto nível toda semana em que apresentava seu *Chico Total*. Não raramente apelava para estereótipos ou para o sexo. O mesmo pode ser dito do bom e simpático seriado *Friends*, cujo sucesso ainda é grande, pois, quase dez anos após seu término, ainda é veiculado por vários canais de televisão. Há excelentes tiradas nas falas de Rachel, Ross, Joey, Monica, Phoebe e, sobretudo, Chandler – há genuínos achados em alguns quiproquós, há boas situações burlescas, mas há também muitos estereótipos e muita referência a sexo que preenchem as naturais lacunas de inspiração dos autores do seriado. Voltemos ao Brasil com o colunista José Simão, de quem citei algumas piadas e zombarias ao longo do texto: seu senso de humor é inegável, mas creio que ele mesmo reconheceria que, na falta de inspiração, coisa normal para quem deve produzir seis colunas por semana, ele não raramente apela, às vezes, até para o *rir cruelmente do mundo*. Acabo meus exemplos de bons autores com referência a outro excelente humorista, Luis Fernando Verissimo:[40] seus livros, que ele deve escrever em ritmo normal para o processo criativo, são, na minha avaliação, melhores que suas colunas semanais em jornais do país. E há, é claro, ao lado desses inspirados humoristas, aqueles que nunca ultrapassam o nível do clichê, do sexo, do palavrão e dos estereótipos, os quais são contratados para alimentar a fabulosa e milionária máquina de entretenimento que encontrou no "riso dos outros" uma galinha dos ovos de ouro – galinha esta que ela talvez já esteja matando de tanto inebriar as pessoas de fúteis gargalhadas.

Em resumo, creio, sim, que o humor pode ter um poder transformador, contanto que baseado em observações precisas e com elaboração realmente espirituosa. Porém, ao ser produzido em cadeia, como nos dias de hoje, ele perde em qualidade e, logo, em influência social. Como o disse Rabinovici (2009, p. 282) "é verdade que hoje em dia há também o riso totalmente estranho ao humor e ao chiste sutis, um riso vulgar que provém da banal distração (...) é música ambiente, nada mais".

Falta responder a duas outras perguntas que coloquei anteriormente. Aqueles que negam ao humor um poder transformador o fazem por achar que ele não tem, na prática, esse poder, ou porque julgam que a função do humorista é apenas divertir? Somente em Sibony achei o argumento da ausência de eficácia do humor. As outras falas que transcrevi nos levam a

---

40. O pai de Luis Fernando Verissimo, Erico Verissimo, também tinha fino senso de humor, como se pode constatar lendo a sua trilogia *O tempo e o vento*.

pensar que as pessoas que as proferiram optam pela segunda opção: nada de linha editorialista, segundo Canteloup; o único critério é ser engraçado, segundo Gentili e Rafinha; nada de responsabilidade, segundo Leal. Tais argumentos parecem dar razão a Lipovetsky (1983, p. 157), que escreveu: "quem não percebe que a tonalidade dominante e inédita do cômico não é mais sarcástica, mas sim lúdica?".

Farei apenas dois rápidos comentários.

O primeiro é que a redução do humor à simples diversão é perfeitamente compreensível numa "cultura do tédio", numa sociedade da "euforia perpétua", para retomar a expressão de Pascal Bruckner. Rir a todo preço, eis o imperativo que muitas pessoas colocam para si, e, nessa ânsia de diversão, elas suspendem exigências estéticas e intelectuais.

O segundo comentário nos traz de volta ao tema da influência social do humor. A despeito do que afirma Marcela Leal, não somente o humorista tem responsabilidade social, como creio ter evidenciado durante todo o presente capítulo, como ele também tem uma influência social que pode ser maléfica, como o afirmou Devos. Ora, a exclusiva procura por "ser engraçado" pode levar o humorista, para não correr o risco de fracassar na sua tentativa de fazer o público rir, a referendar estereótipos, clichês, o que pode ter o efeito negativo de reforçar preconceitos. Mais ainda: como comentado no final do capítulo anterior, a procura por "ser engraçado" o leva frequentemente à fórmula fácil de fazer rir cruelmente do mundo, o que tem o efeito de degradar as pessoas, as instituições e os valores objeto do riso. Logo, concordo com Finkielkraut (2009, p. 39) quando escreve que "O riso do humor desagrega uniões sagradas, o riso dos divertidores designa vítimas a serem sacrificadas. Os primeiros desafiam a matilha, os segundos a atiçam".

Então, fiquemos com o alerta de Doron Rabinovici (2009, p. 281): "Hoje em dia, é preciso, sobretudo, se perguntar quem ri, com quem ri e contra o quê".

Referências bibliográficas

ADLER, Alfred (1991). *Le sens de la vie*. Paris: Payot.

_____ (1992). *Le tempérament nerveux*. Paris: Payot.

ARISTÓTELES (1990). *Poétique*. Paris: Le Livre de Poche.

BAKHTIN, Mikhaïl (1970). *L'oeuvre de François Rabelais et la culture populaire au Moyen Age et sous la Renaissance*. Paris: Gallimard.

BARIAUD, Françoise (1988). *La genèse de l'humour chez l'enfant*. Paris: PUF.

BAUDELAIRE, Charles (1855). *De l'essence du rire et généralement: Du comique dans les arts plastiques*. Paris: Editions Sillage. [Disponível na internet: http://editions. sillage.free.fr/pdf/baudelaire-essencedurire.pdf, acesso em 1/7/2014.]

BAUDELOT, Christian e ESTABLET, Roger (2006). *Suicide: L'envers de notre monde*. Paris: Seuil.

BERGSON, Henri (1940). *Le rire*. Paris: PUF.

BLONDEL, Eric (1988). *Le risible et le dérisoire*. Paris: PUF.

BRINGUIER, Jean-Claude (1977). *Conversations libres avec Jean Piaget*. Paris: Robert Laffont.

BRUCKNER, Pascal (2000). *L'euphorie perpétuelle: Essai sur de devoir de bonheur*. Paris: Grasset.

CAMUS, Albert (1973). *Le mythe de Sisyphe*. Paris: Gallimard.

COHEN, Diane (2009). "Rire à tout prix?". *In*: LAUTERWEIN, Andréa e STRAUSS-HIVA, Colette (orgs.). *Rire, mémoire, Shoah*. Paris: Editions de l'éclat, pp. 54-62.

COMTE-SPONVILLE, André (1995). *Petit traité des grandes vertus*. Paris: PUF.

DARWIN, Charles (1998). *L'expression des émotions chez l'homme et les animaux*. Paris: Editions du CTHS.

DAVIDENKOFF, Emmanuel e JUNGHANS, Pascal (1993). *Du bizutage, des grandes écoles et de l'élite*. Paris: Plon.

DELEUZE, Gilles (2004). *L'abécédaire de Gilles Deleuze*. Paris: Editions Montparnasse. (DVD).

DESCARTES, René (1996). *Les passions de l'âme*. Paris: Flammarion.

DUPRÉEL, Eugène (1949). *Le problème sociologique du rire*. Paris: PUF.

ELGOSY, Georges (1979). *De l'humour*. Paris: Denoel.

ESCARPIT, Robert (1960). *L'humour*. Paris: PUF.

FINKIELKRAUT, Alain. (2009). *Un coeur intelligent*. Paris: Flamarion.

FREUD, Sigmund (1940). *Le mot d'esprit et ses rapports avec l'inconscient*. Paris: Gallimard.

GARY, Romain (1960). *Les promesses de l'aube*. Paris: Gallimard.

_____ (1969). *Adieu Gary Cooper*. Paris: Gallimard.

_____ (1978). *Affaire d'homme*. Paris: Gallimard.

GUIRLINGER, Lucien (1999). *De l'ironie à l'humour: Un parcours philosophique*. Nantes: Editions Plein Feux.

HARKOT-DE-LA-TAILLE, Elizabeth (1999). *Ensaio semiótico sobre a vergonha*. São Paulo: Humanitas.

HIPÓCRATES (1989). *Sur le rire et la folie*. Paris: Rivages Poche.

HIRIGOYEN, Maria France (1998). *Le harcellement moral: La violence perverse du cotidien*. Paris: Syros.

HOBBES, Thomas (1999). *De la nature humaine*. Paris: Vrin.

IMANISHI, Helena; PASSARELLI, Vanessa e LA TAILLE, Yves de (2011). "Moral no mundo adulto: A visão de jovens sobre os adultos de hoje". *Educação em Pesquisa*, v. 37, n. 4, pp. 743-762.

JANKÉLEVITCH, Vladimir (1986). *L'innocence et la méchanceté: Traité des vertus III*. Paris: Flammarion.

JEAN-CHARLES (1959). *Les perles du facteur*. Paris: Calmann-Lévy.

KANT, Emmanuel (1995). *Critique e la faculté de juger*. Paris: Flammarion.

KICHKA, Michel (2009). "L'humour est un merveilleux instrument de transmission qui libère et rassemble". *In*: LAUTERWEIN, Andréa e STRAUSS-HIVA, Colette (orgs.). *Rire, mémoire, Shoah*. Paris: Editions de l'éclat, pp. 243-250.

KLEIN, Donald C. (1991). "The humiliation dynamic: An overview". *The Journal of Primary Prevention*, v. 12, n. 2, pp. 93-121.

LA TAILLE, Yves de (1996). "Os conceitos de humilhação e honra em crianças de 7 a 12 anos de idade". *Coletânea da Anpepp*, v. 1, n. 6, pp. 137-154.

_____ (2002). *Vergonha: A ferida moral*. Petrópolis: Vozes.

_____ (2006a). *Moral e ética: Dimensões intelectuais e afetivas*. Porto Alegre: Artmed.

_____ (2006b). "A importância da generosidade no início da gênese da moralidade na criança". *Psicologia: Reflexão e Crítica*, v. 19, n. 1, pp. 9-17.

_____ (2009). *Formação ética: Do tédio ao respeito de si*. Porto Alegre: Artmed.

_____ (2011). *Ética para meus pais*. Campinas: Papirus.

LAUTERWEIN, Andréa (2009). "Du rire anti-nazi au rire catastrophé". *In*: LAUTERWEIN, Andréa e STRAUSS-HIVA, Colette (orgs.). *Rire, mémoire, Shoah*. Paris: Editions de l'éclat, pp. 78-106.

LAUTERWEIN, Andréa e STRAUSS-HIVA, Colette (orgs.) (2009). *Rire, mémoire, Shoah*. Paris: Editions de l'éclat.

LORENZ, Konrad (1969). *L'agression*. Paris: Flammarion.

LYPOVETSKY, Gilles (1983). *L'ère du vide*. Paris: Gallimard.

MAGALHÃES, Luiz Antonio Mousinho (2004). "Clarice Lispector fã de Chico Buarque". *In*: FERNANDES, Rinaldo de (org.). *Chico Buarque do Brasil*. Rio de Janeiro: Garamond, pp. 297-303.

MATE, Alexandre e SCHWARCZ, Pedro, M. (orgs.)(2012). *Antologia do teatro brasileiro – séc. XIX – Comédia*. São Paulo: Penguin-Companhia das Letras.

MEYER, Michel (1995). *De l'insolence: Essai sur la morale et le politique*. Paris: Grasset.

MINOIS, Georges (2000). *Histoire du rire et de la dérision*. Paris: Fayard.

MOLIÈRE, J.B.P. (1971a). *Le Tartuffe*. Paris: Pléiade.

_____ (1971b). *Le misanthrope*. Paris: Gallimard.

MOURA, Jean Marc (2010). *Le sens littéraire de l'humour*. Paris: PUF.

PAGNOL, Marcel (1990). *Notes sur le rire*. Paris: Editions de Fallois.

PIAGET, Jean (1954). *Les relations entre l'affectivité et l'intelligence*. Paris: Sorbonne.

_____ (1992). *Le jugement moral chez l'enfant*. Paris: PUF.

_____ (1998). *De la pédagogie*. Paris: Odile Jacob.

PLATÃO (2002). *Philèbe*. Paris: Flammarion.

POSSENTI, Sírio (1998). *Os humores da língua*. Campinas: Mercado de Letras.

PROPP, Vladimir (1992). *Comicidade e riso*. São Paulo: Ática.

RABINOVICI, Doron (2009). "Entretien avec Rabinovici". *In*: LAUTERWEIN, Andréa e STRAUSS-HIVA, Colette (orgs.). *Rire, mémoire, Shoah*. Paris: Editions de l'éclat, pp. 279-290.

REY, Anne (1974). *Satien*. Paris: Seuil.

RICOEUR, Paul (1990). *Soi-même comme um autre*. Paris: Seuil.

ROBINSON, David (2011). *Chaplin: Uma biografia definitiva*. São Paulo: Novo Século.

ROCHARD, Loïc (2005). *Brassens par Brassens*. Paris: Le Cherche Midi.

SALIBA, Elias Thomé (2002). *Raízes do riso: A representação humorística na história brasileira – Da Belle Époque aos primeiros tempos do rádio*. São Paulo: Companhia das Letras.

SARTRE, Jean-Paul (1943). *L'être et le neant*. Paris: Gallimard.

SAVATER, Fernando (2000). *Ética como amor-próprio*. São Paulo: Martins Fontes.

SAWECKA, Halina (1993). "L'humour et la satire: Le paradoxe de l'humoriste". *In*: ABRAMOWICZ, Maciej; BERTRAND, Denis e STRÓZYNSKI, Tomasz (orgs.). *L'humour européen 1*. Sèvre: Lublin.

SEMPÉ, Jean-Jacques (2011). *Enfances*. Paris: Editions Denoël & Edtions Martine Gossieaux.

SEPHIHA, Haim Vidal (2009). "Entretient avec Sephiha". *In*: LAUTERWEIN, Andréa e STRAUSS-HIVA, Colette (orgs.). *Rire, mémoire, Shoah*. Paris: Editions de l'éclat, pp. 107-120.

SHREVE, Barry W. e KUNKEL, Mark A. (1991). "Self-psychology, shame and adolescent suicide: Theoretical and practical considerations". *Journal of Counseling and Development*, v. 69, pp. 305-311.

SIBONY, Daniel (2010). *Le sens du rire et de l'humour*. Paris: Odile Jacob.

SMADJA, Eric (1993). *Le rire*. Paris: PUF.

STENDHAL (2005). *Du rire. Essai philosophique sur un sujet difficile et autres essais*. Paris: Rivages Poche.

TAYLOR, Charles (1998). *Les sources du moi*. Paris: Seuil.

VERCORS (1942). *Le silence de la mer*. Paris: Editions de Minuit.

WILLIANS, Bernard (1990). *L'éthique et les limites de la philosophie*. Paris: Gallimard.

ZUIN, Antônio A.S. (2002). *O trote na universidade: Passagem de um rito de iniciação*. São Paulo: Cortez.

ZWEIG, Stefan (1982). *Ivresse de la métamorphose*. Paris: Livre de Poche.

_____ (1987). *Conscience contre violence*. Paris: Le Castor Astral.

Especificações técnicas

Fonte: Weiss BT 12 p
Entrelinha: 17 p
Papel (miolo): Chambril Avena 90 g
Papel (capa): Supremo 250 g
Impressão e acabamento: Paym